关于朝辉（私募）投资管理机构

朝辉（私募）投资管理机构由国内顶级操盘大师伍朝辉先生于1999年在广州发起创立，是一个纯民间私募投资理财组织。朝辉（私募）投资管理机构主要为内部会员提供个性化投资决策、全权委托理财服务，并由伍朝辉先生直接负责指挥操盘。

机构自创立以来，与国内多家证券公司、投资机构均有不同深度的合作，如广发证券、中投证券、联合证券、湘财证券、大鹏证券、光大证券等；近10年来，组织大量资金跟进每波主流行情，内部会员获利极为丰厚。仅2005年以来，内部钻石会员的平均收益率达到468%！白金会员的平均收益率达到300%以上！普通会员平均收益率达到190%以上（普通会员以随机调查取样统计结果）。以2006年12月11日入会的钻石会员邓先生为例：入市资金为132万元，截止2007年12月，资产总额已经达到1595万元，收益率超过10倍！

朝辉（私募）投资管理机构经过10多年的发展，由最初仅1800万元启动资金5个钻石会员客户，到如今，已经拥有200亿以上资金总量，并在全国20个省80多个城市100余家证券公司拥有会员交易账户，从而成为华南地区特大型民间私募组织之一。

特大型私募机构职业操盘手培训教程

《中国证券职业操盘培训教程》系列丛书

道破趋势天机

伍朝辉 著

彩图版

（上册）

必将为你带来终生财富的工具书

廣東省出版集團
广东经济出版社
·广州·

图书在版编目（CIP）数据

道破趋势天机：彩图版．上册 / 伍朝辉著．—广州：广东经济出版社，2013.4

（《中国证券职业操盘培训教程》系列丛书）

ISBN 978－7－5454－1850－7

Ⅰ．①道…　Ⅱ．①伍…　Ⅲ．①股票交易—图解　Ⅳ．①F830.91－64

中国版本图书馆 CIP 数据核字（2013）第 071172 号

出版发行	广东经济出版社（广州市环市东路水荫路 11 号 11～12 楼）
经销	全国新华书店
印刷	佛山市浩文彩色印刷有限公司（南海狮山科技工业园 A 区）
开本	787 毫米×1092 毫米　1/16
印张	15.5　2 插页
字数	160 000 字
版次	2013 年 4 月第 1 版
印次	2013 年 4 月第 1 次
印数	1～10 000 册
书号	ISBN 978－7－5454－1850－7
定价	80.00 元

如发现印装质量问题，影响阅读，请与承印厂联系调换。

发行部地址：广州市环市东路水荫路 11 号 11 楼

电话：(020) 38306055　38306107　邮政编码：510075

邮购地址：广州市环市东路水荫路 11 号 11 楼

电话：(020) 37601950　营销网址：**http://www.gebook.com**

广东经济出版社新浪官方微博：**http://e.weibo.com/gebook**

广东经济出版社常年法律顾问：何剑桥律师

《中国证券职业操盘培训教程》策划手记

《中国证券职业操盘培训教程》系列丛书是我国第一套以证券职业操盘技术为基础、以提高普通投资者投资技能为手段、以规避投资风险为要领、以创造神奇绩效为目的的系统性专业化培训教材。它将开创我国首次将证券职业操盘技术作为一门学科进行理论化研究应用的先例。《中国证券职业操盘培训教程》全套教材设想共分为 10 大系列 80 分册，合计超过 1680 余万字数，超过 18880 幅股票实战图谱，全部按照职业化、系统化、细节化、工具化和模块化的思路来架构，并本着简洁明了、通俗易懂的行文方式来写作。力求做到简明实用、针对性强，以便对投资者有切实的帮助，进而达到职业操盘手的专业水准。

一、《中国证券职业操盘培训教程》系列丛书的显著特色

本套教材具有系统化、模块化、工具化、细节化和职业化等特色。所谓系统化，是指教材根据股市投资操盘技术的各个方面进行系统化分类展开创作和出版。所谓模块化，是指教材的行文格式全面采用图文结构的模块思路。所谓工具化，是指教材的用途力求做到成为中小投资者的操盘技术指导工具。所谓细节化，是指教材根据系统化分类原则，对各个操盘技术分别进行细节性描述，力求精练易懂易学实用。所谓职业化，是指教材突出职业化培训特色，打造职业化投资者队伍，培养投资者的职业素质。

二、《中国证券职业操盘培训教程》系列丛书的发展目标

我们策划出版这套丛书，希望能够成为我国第一套基于中小投资者职业技能与素质教育的培训教材。希望能够获得政府机关、监管部门、行业机构和广大中小投资者一致认可。希望能够成为机构投资者首选职业技能培训教材。而且希望能够争取发行量达到100万套以上。这是我们的追求，这是我们的宏愿，希望能够得到广大朋友们的鼎力支持。

三、《中国证券职业操盘培训教程》系列丛书的出版计划

《中国证券职业操盘培训教程》系列丛书全套教材共80册，每册约20万字和240幅实战图谱，总字数为1600万，共19320幅图谱左右。本教材计划分为10辑，第1辑为入门知识篇，共12册，计划于2012年12月创作完毕并交稿，并于2013年12月出版完毕。以后每年出版一批，力争在10年内完成所有工作。

四、《中国证券职业操盘培训教程》系列丛书的写作规划

《中国证券职业操盘培训教程》系列丛书规模宏大，册数众多，按照规划，将首先出版最基础的入门教程，分别涵盖盘口技术、短线技术、涨停技术、趋势技术、K线技术和选股技术几个方面，这部分内容是最重要的基础知识，将在《道破股市天机》系列丛书的基础上修订，并于2013年完成所有工作。这是第一辑。接下来，还将出版的教材详细计划参见下边的表格所示，这里列举一个例子，供大家参考。例如盘口波形就包括以下内容：

序号	核心教程	内容方案
第1册	试盘波	技术理论、图谱讲解、实战案例
第2册	冲击波	技术理论、图谱讲解、实战案例
第3册	攻击波	技术理论、图谱讲解、实战案例
第4册	回头波	技术理论、图谱讲解、实战案例
第5册	脉冲波	技术理论、图谱讲解、实战案例
第6册	蚯蚓波	技术理论、图谱讲解、实战案例
第7册	震仓波	技术理论、图谱讲解、实战案例
第8册	假升波	技术理论、图谱讲解、实战案例
第9册	瀑布波	技术理论、图谱讲解、实战案例
第10册	跌停波	技术理论、图谱讲解、实战案例

等等，因为内容众多，限于篇幅，不作一一列举，敬请谅解。

《中国证券职业操盘培训教程》系列丛书全套教材通过模块化、工具化、细节化、职业化和系统化的教学程序，让所有的读者得到更全面的指导和更加系统化的职业教育。

《中国证券职业操盘培训教程》系列丛书作为操盘学研究会在新的市场背景下对中国股市作出的重要贡献，同时，也是为我们的机构即将到来的阳光化建立良好的品牌形象。

《中国证券职业操盘培训教程》系列丛书将由操盘学研究会管理人伍朝辉先生授权广东经济出版社独家出版发行，是广东经济出版社在中国证券市场新的发展时期的经典之作。《中国证券职业操盘培训教程》系列丛书既是对中国证券界的杰出奉献，更是里程碑之作。它将标志着我国股民在接受职业化、专业化、系统化投资教育方面步入了一个崭新的时期。因为这套教材的出版问世，将极大地提高普通投资者在中国股市的实战投资技能和抗风险能力，这对我国股市任重道远的风险投资教育而言，起到了一个巨大的推动作用。

《道破趋势天机》彩图版上册前言

股市，历来就是各路英豪聚集的战场，群雄纷起，烽烟连天。资金量的急剧放大和萎缩，直接反映了市场各种投资者的心态、策略、计划和行动。就像战场的烽火，是燃烧？还是熄灭？是星星之火，还是燎原烈焰？

因此，炒股必先学会看势！

学会短线的操盘技巧，你肯定会赚到钱，但不一定会赚到大钱！

学会趋势操盘的投资技巧，你绝对会赚到钱，而且一定会赚到亿万家财！

这绝对不是危言耸听，或者夸大其词，而是资本市场角逐制胜的铁律。

那么，什么是趋势？什么是势？趋势和势有什么区别？这正是笔者在本书当中跟读者要阐述说明的重点。趋势不能代表势，而势，则一定可以反映趋势！

中国自古就有一句名言：顺势者昌，逆势者亡。这句话很经典，可谓是古人留下来的宝贵遗产。3000 多年前的大军事家孙子创作了《孙子兵法》，在其《势篇》中写道：

“……战势不过奇正；奇正之变，不可胜穷也。奇正相生，如循环之无端，孰能穷之？激水之疾，至于漂石者，势也。鸷鸟之疾，至于毁折者，节也。是故善战者，其势险，其节短。势如弩，节如发机……故善战者，求之于势，不贵于人。故能择人而任势。任势者，其战人也，如转木石；木石之性，安则静，危则动，方则止，圆则行。故善战人之势，如转圆石于千仞之山者，势也。”

孙子的话道出了“势”的精髓，他说到了势的力量特征，更说到了运用势的神奇效果。因此，他说“故善战人之势，如转圆石于千仞之山者，势也。”这句话，是相当精辟的!

在股市中要想长久生存，并获得巨大的发展，学会看大趋势，学会顺势而为是最基本的生存法则。从2005年上证指数在998点见底回升以来，到2007年9月于6124点见顶，这一轮惊天动地的大牛市行情中，不会看势，没有学会趋势法则者是不可能赚到大钱的。而顺势而为者，无不赚得金银满屋。这就是不会看势和会看势两者之间的区别。

势有霸者之势、强者之势和弱者之势的区别。趋势则有大趋势、小趋势的运作原理。

霸者之势形成时，有豪气干云，万人仰止的气势，一般人根本不敢接近。反映在股票的涨势特征上是连续的涨停，逼空式上涨，让你喘不过气来。

强者之势形成时，有如大树参天，扶摇直上的气势，具备王者之风范，是众人心中耀眼的领袖。反映在股票的涨势特征上是反复震荡持续盘升，欲跌还涨，志存高远。

弱者之势形成时，则有如大病患者，弱不禁风，气如游丝。气势之弱，人人避之唯恐不及。反映在股票的波动特征上是反复震荡盘跌，大盘涨时它小涨，大盘跌时它大跌，任何时候买进都是亏损。

因此，会看势，会运作势，真的非常非常重要。祝愿所有的读者朋友，所有的投资者在通过学习本书的操作技术之后，能够从此抛弃传统的操盘技术和落后的投资理念，真正走向光明的胜利坦途！如此，则笔者幸甚！

目　录

第一章

趋势与势

在股价运行的一轮大周期性波段行情中，将股价的高点与高点、低点与低点之间以无限延伸的线条进行连结，这种通过线条连结所形成的股价走势特征，就是我们所说的趋势。无论上涨或者下跌，股价总是在固定的趋势通道中运行。因此，趋势不能等同于势，而势可以反映趋势。在股市里，势指的是力量，反映在股价的波动特征上，则有霸者之势、强者之势和弱者之势这三者的区别。可以这样说，学会各种看盘和短线炒股操盘的技术，这只是你走向赚钱致富的基础保障，但最终要想突破简单操盘技术的障碍和传统投资思想的影响，并成为一代宗师，名满江湖，功成千古，则必须要学会趋势投资法则。因为，这是通向股市投资大师的必由之路!

第一节　趋势法则

霸者之势的特点：

霸者之势形成时，有豪气干云，万人仰止的气势，一般人根本不敢接近。反映在股票的涨势特征上是连续的涨停，逼空式上涨，让你喘不过气来。霸者之势容易出现在流通盘比较小的中小板和资产重组板块中的 ST 类个股中间，这是因为由于其流通盘比较小，容易被主力控制。如果题材特殊，其股价的估值空间会放大。因此，反映在股价的走势上会出现连续的逼空上涨特征。如图例 001、002 所示：

【道破趋势天机】实战图谱 001

职业操盘手实训要点：

对照软件，认真观察实战图谱，把它们的走势特点写下来：

（1）趋势的起点位置：____________________

（2）K 线的结构特征：____________________

（3）成交量的结构特征：____________________

（4）MACD 结构特征：____________________

（5）操盘手临盘决策：____________________

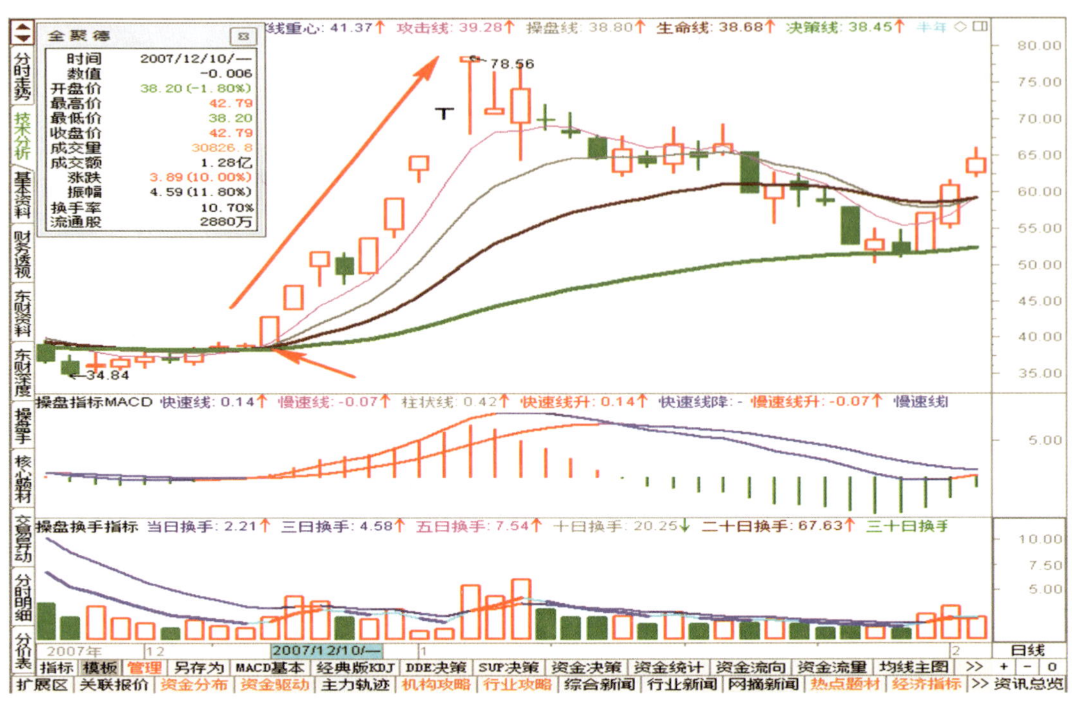

图例 001　全聚德（002186）日 K 线走势图谱

【道破趋势天机】实战图谱 002

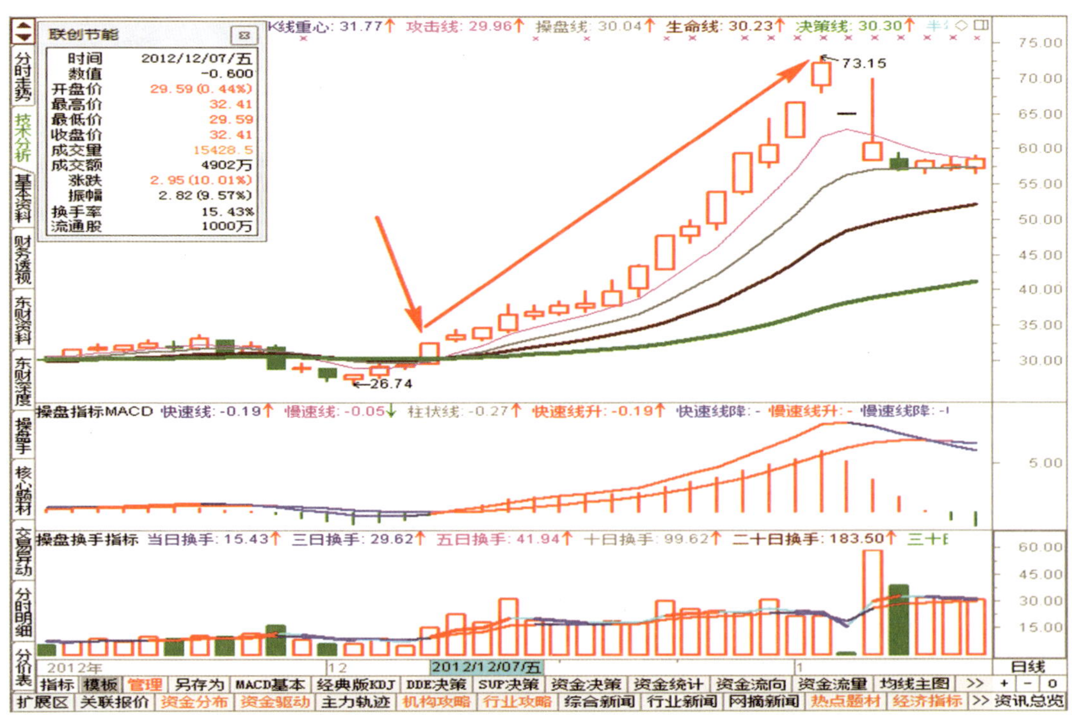

图例 002　联创节能（300343）日 K 线走势图谱

职业操盘手实训要点：

对照软件，认真观察实战图谱，把它们的走势特点写下来：

（1）趋势的起点位置：______

（2）K 线的结构特征：______

（3）成交量的结构特征：______

（4）MACD 结构特征：______

（5）操盘手临盘决策：______

强者之势的特点：

强者之势形成时，有如大树参天，扶摇直上的气势，具备王者之风范，是众人心中耀眼的领袖。反映在股票的涨势特征上则是反复震荡持续盘升，欲跌还涨，志存高远。强者之势容易出现在流通盘比较偏大的大盘绩优蓝筹板块中的个股身上，这是因为由于其流通盘较大，主力建仓时间较长，导致其持仓成本较高。建仓完成之后，由于公司良好的业绩和成长性，可以保证股价长期维持在一个较高的相对合理估值价格空间中运行。因此，大盘绩优蓝筹股的运行趋势会反复呈现波段式震荡盘升的特征。中小投资者任何时候买进，即使被套，也会在不久后就有解套的机会。如图例 003、004 所示：

【道破趋势天机】实战图谱 003

职业操盘手实训要点：

对照软件，认真观察实战图谱，把它们的走势特点写下来：

（1）趋势的起点位置：______

（2）K 线的结构特征：______

（3）成交量的结构特征：______

（4）MACD 结构特征：______

（5）操盘手临盘决策：______

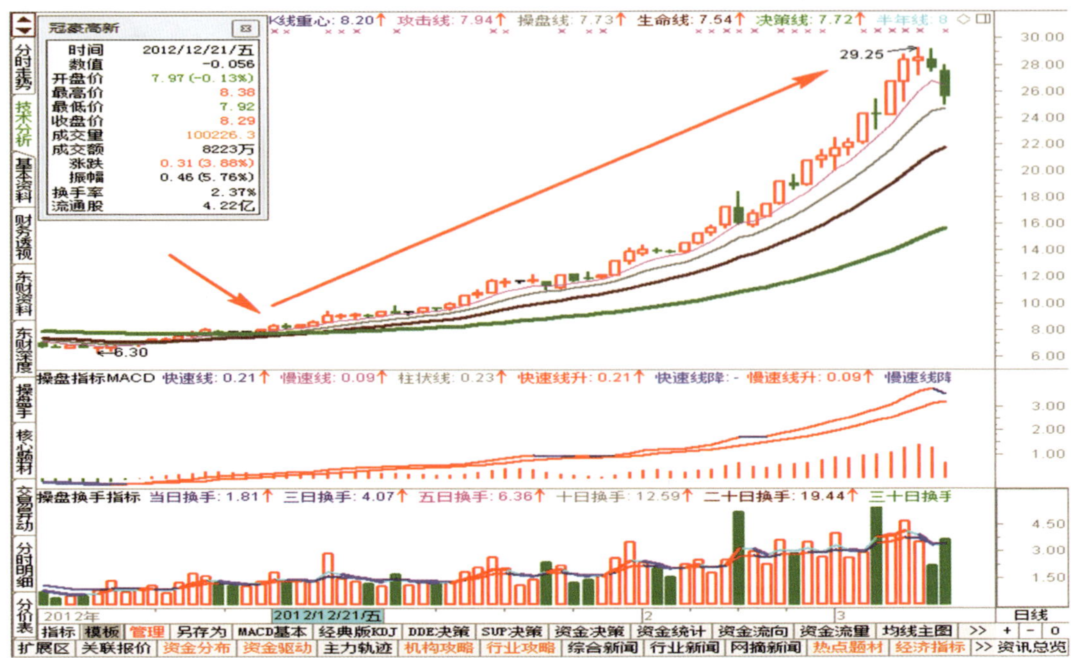

图例 003　冠豪高新（600433）日 K 线走势图谱

【道破趋势天机】实战图谱 004

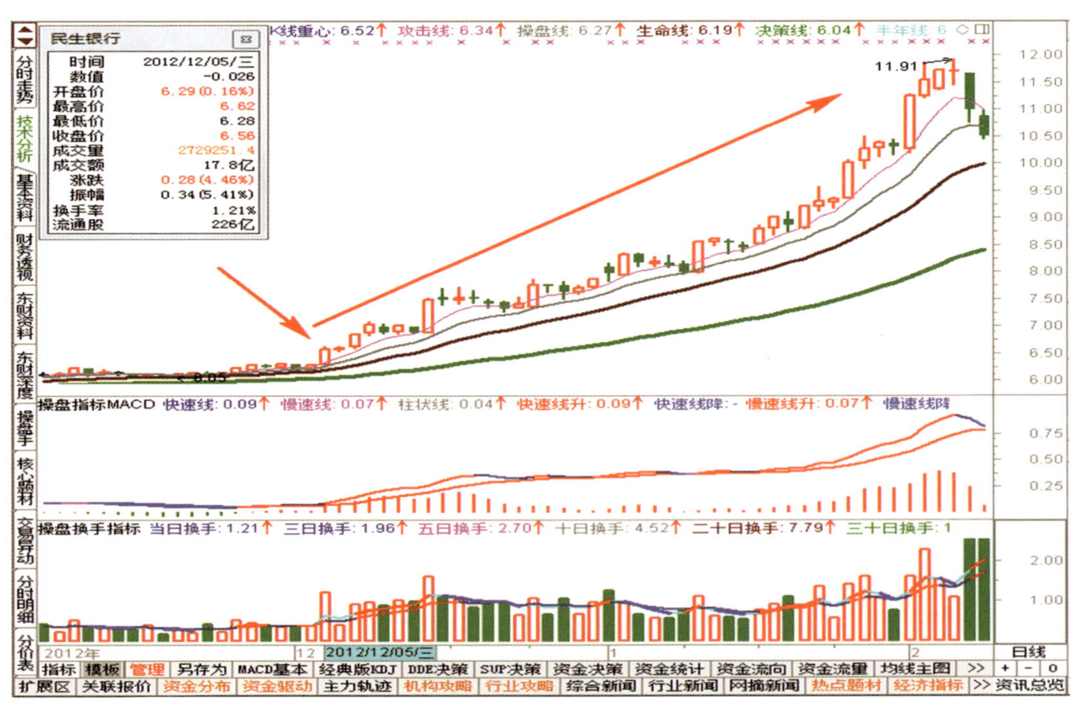

图例 004　民生银行（600016）日 K 线走势图谱

职业操盘手实训要点：

对照软件，认真观察实战图谱，把它们的走势特点写下来：

（1）趋势的起点位置：________

（2）K 线的结构特征：________

（3）成交量的结构特征：________

（4）MACD 结构特征：________

（5）操盘手临盘决策：________

弱者之势的特点：

弱者之势形成时，则有如大病患者，弱不禁风，气如游丝。气势之弱，人人避之唯恐不及。反映在股票的波动特征上则是反复震荡盘跌，大盘涨时它小涨，大盘跌时它大跌，任何时候买进都是亏损。弱者之势容易出现在流通盘中性，业绩一般，行业背景一般，公司成长性一般或者处于退市边缘的 ST 类个股中间。这类个股因其缺乏较好的成长性，没有巨大的题材支撑，因而其股性表现呆滞。大部分主力均不会选择此类个股建仓。因此，其股价走势在缺乏主力资金关照的情况下，自然会表现疲弱。大盘上涨时，几乎跟它无关。而大盘下跌时，因为盘中散户的恐慌和厌恶情绪漫延而出现持续抛售，所以导致股价会出现加速度下跌。如图例 005、006 所示：

【道破趋势天机】实战图谱 005

职业操盘手实训要点：

对照软件，认真观察实战图谱，把它们的走势特点写下来：

（1）趋势的起点位置：________

（2）K 线的结构特征：________

（3）成交量的结构特征：________

（4）MACD 结构特征：________

（5）操盘手临盘决策：________

图例 005 春兰股份（600854）日 K 线走势图谱

【道破趋势天机】实战图谱 006

图例 006 西部证券（002673）K 线走势图谱

职业操盘手实训要点：

对照软件，认真观察实战图谱，把它们的走势特点写下来：

（1）趋势的起点位置：________________________________

（2）K 线的结构特征：________________________________

（3）成交量的结构特征：______________________________

（4）MACD 结构特征：________________________________

（5）操盘手临盘决策：________________________________

趋势经典法则：

趋势法则没有复杂的大道理，只有两条，具体如下：

第一，认清趋势。

当趋势形成时，你必须要看得清，看得准。很多投资者其实手中拿住的是一只大牛股，但经常因为看不清趋势，看不准形势，所以很茫然。以至于在股价阶段性调整或者洗盘中仓惶出逃，错失了赚大钱的机会。而另一部分投资者因为买了正处于下降趋势的熊股，错把垃圾当金子，盲目看好其股价未来趋势，结果导致越来越套越套越深，最终饮恨一生。

那么，如何认清趋势？

这正是本书所要告诉给投资者的。你想要的，正是笔者要给你的。

在接下来的章节中会详细阐述关于趋势的轨道特征、趋势的空间特征、趋势的转折点、大小趋势和各种形态趋势等。在这里，你会最终发现，原来认清趋势是多么的重要！

在此，笔者要先提醒读者朋友：认清趋势的核心首先要认清大趋势，如果大趋势是向上的，那么小趋势的下跌就不重要。如果大趋势是下降的，则小趋势的上涨仅仅是暂时的现象，最终还是会反复下跌。

第二，顺势而为。

顺势而为看起来简单，其实很多人做不到。为什么呢？主要还是来自两个方面的影响：其一，没有真正地看准趋势。股价行进在上升途中的半路上，很多人会掉队会突然离开，因为他们没有真正看清趋势的前进方向和目标，思想出现动摇了。其二，人性最大的弱点是贪婪。这山望到那山高，西边的月亮要比东边圆。心里老是觉得自己的股票不怎么样，涨得太慢。这样一来，就会导致持股信心受到影响。

股市里的诱惑实在太多，天天都有涨停板的股票。有些股票确实在十来天内就能涨 50% 以上，甚至翻倍，很诱人！没有一定定力的投资者很容易陷入追涨杀跌的怪圈之中不能自拔。其实自己手中握着的可能就是一匹大黑马大白马，只不过该股主力有自己的操盘计划，真正大涨的时机还不成熟而已。（关于这一点，建议大家阅读《道破盘口天机实战案例版》一书的投资思路和操盘策略。）这个时候，投资者就要做两个方面的功夫了。首先要看清楚该股的大趋势究竟是什么方向的，这点关系重大，如果大趋势向上，基本上问题就不大了。其次要研究该股的基本面，有没有大题材支撑，业绩的成长性和产品的市场占有率如何等等，这个方面主要是判断公司属于哪一类型的股票，是传统绩优蓝筹，还是新生代的高长成性蓝筹，这个决定了公司股价的估值空间，是最终走向大黑马和大白马的重要基础。

上述两大趋势法则，虽然谈不上字字珠玑，但在笔者看来，却是句句经典。这也是笔者纵横股市 10 余年来的最大心得和心血结晶。有缘的读者朋友，若是能够理解字句之间的用心和含意，则笔者这本书就算没有白写。

可以这样说，学会各种看盘和短线炒股操盘的技术，这只是你走向赚钱致富的基础保障，但最终要想突破简单操盘技术的障碍和传统投资思想的影响，并成为一代宗师，名满江湖，功成千古，则必须要学会趋势投资法则。因为，这是通向股市投资大师的必由之路！

第二节 轨道理论

选择股票运行的阶段性高低点，分别用上下两条趋势线连接起来，就会形成趋势的轨道。任何股票的运行均有其规律可寻，而轨道是反映股价运行规律和趋势的重要工具。如图例 007 所示：

【道破趋势天机】实战图谱 007

职业操盘手实训要点：

对照软件，认真观察实战图谱，把它们的走势特点写下来：

（1）趋势的起点位置：______________________

（2）K 线的结构特征：______________________

（3）成交量的结构特征：______________________

（4）MACD 结构特征：______________________

（5）操盘手临盘决策：______________________

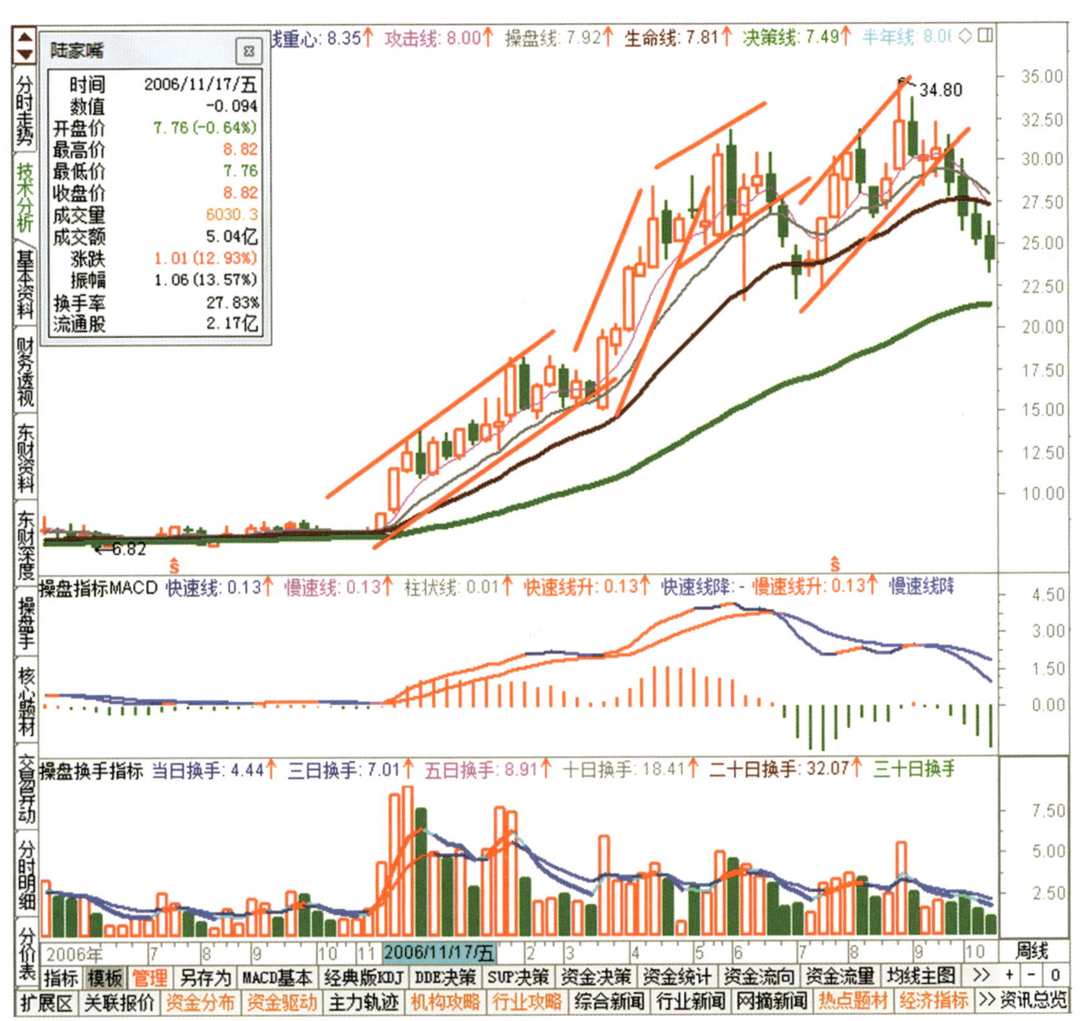

图例 007　陆家嘴（600663）周 K 线走势图谱

轨道的划分：

轨道有宽轨和窄轨之分。

股价在一个较大价格区间范围内进行剧烈的震荡波动，根据其高点与高点、低点与低点之间的连线，就会形成宽轨。一般情况下，宽轨的波动空间以最高点和最低点的价格进行测量，其标准幅度通常在 40% ~60% 之间，有些甚至会达到 100% 左右。通过对一只股票的周 K 线图进行轨道测量，较易发现股价的宽轨特征。如图例 008 所示：

【道破趋势天机】实战图谱 008

图例 008　北海港（000582）周 K 线走势图谱

职业操盘手实训要点：

对照软件，认真观察实战图谱，把它们的走势特点写下来：

（1）趋势的起点位置：________________

（2）K 线的结构特征：________________

（3）成交量的结构特征：________________

（4）MACD 结构特征：________________

（5）操盘手临盘决策：________________

股价沿着一个较小的价格震幅范围内进行上升或者下跌，根据其高点与高点、低点与低点之间的连线，就会形成窄轨。一般情况下，窄轨的波动空间以最高点和最低点的价格进行测量，其标准幅度往往在 5%～10% 之间，即使最多也仅在 15% 左右。通过对一只股票的日 K 线图进行轨道测量，较易发现股价的窄轨特征。如图例 009 所示：

【道破趋势天机】实战图谱 009

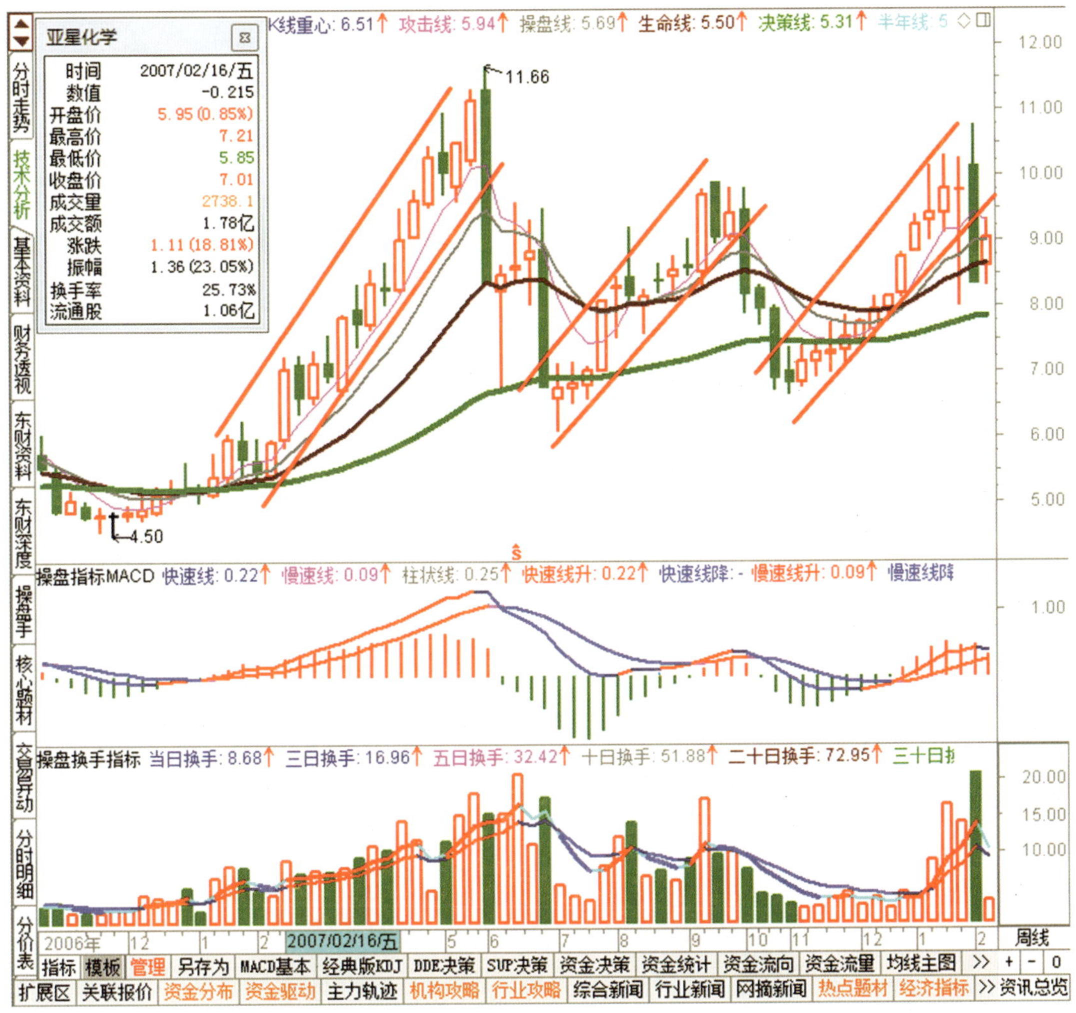

图例 009 亚星化学（600319）日 K 线走势图谱

职业操盘手实训要点：

对照软件，认真观察实战图谱，把它们的走势特点写下来：

（1）趋势的起点位置：________________________________

（2）K 线的结构特征：________________________________

（3）成交量的结构特征：________________________________

（4）MACD 结构特征：________________________________

（5）操盘手临盘决策：________________________________

轨道的特征：

轨道的特征主要体现在以下三个方面：

第一，助涨推力特征。

股价运行在一轮上升行情中，轨道的低点连线就会形成强大的支撑，并因为轨道所带来的趋势作用，因而形成较好的向上助推力，促使股价持续展开震荡盘升。

在一轮上升行情中，主力机构因其操盘计划的严谨性，有意识地通过对股价的价格空间和波动节奏进行控制，因而，股价会形成一个良好的健康的上升轨道，轨道波动幅度越宽，其向上的推力就越强，反映在股价的走势上就会出现加速度上涨状态。如图例 010 所示。

【道破趋势天机】实战图谱 010

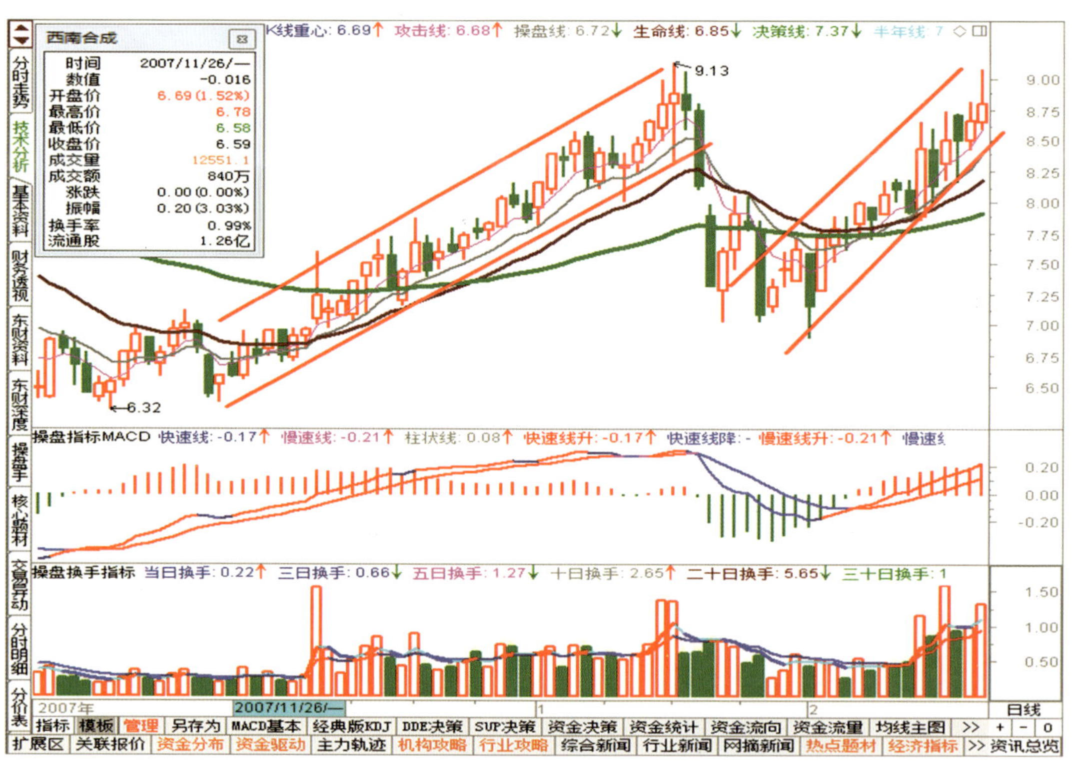

图例 010　西南合成（000788）日 K 线走势图谱

职业操盘手实训要点：

对照软件，认真观察实战图谱，把它们的走势特点写下来：

（1）趋势的起点位置：________________

（2）K 线的结构特征：________________

（3）成交量的结构特征：________________

（4）MACD 结构特征：________________

（5）操盘手临盘决策：________________

第二，助跌惯性特征。

股价运行在一轮中级下跌波段行情中，轨道的高点连线就会形成巨大的压制力，并因为轨道所带来的趋势作用，因而形成极为凶险的向下惯性力，促使股价持续反复震荡盘跌。

大多数情况下，股价出现中级大波段式的下跌均是由主力机构出货所造成的。主力出货后，股价从高位下跌，在缺乏有效控制的情况下，加上散户投资者的抛售，因而导致股价的下跌之势愈来愈大，所以会形成恐怖的下跌轨道。下跌轨道波动幅度越窄，其向下的惯性力就会越强。反映在股价的走势上就会出现加速度下跌的形态。如图例 011 所示。

【道破趋势天机】实战图谱 011

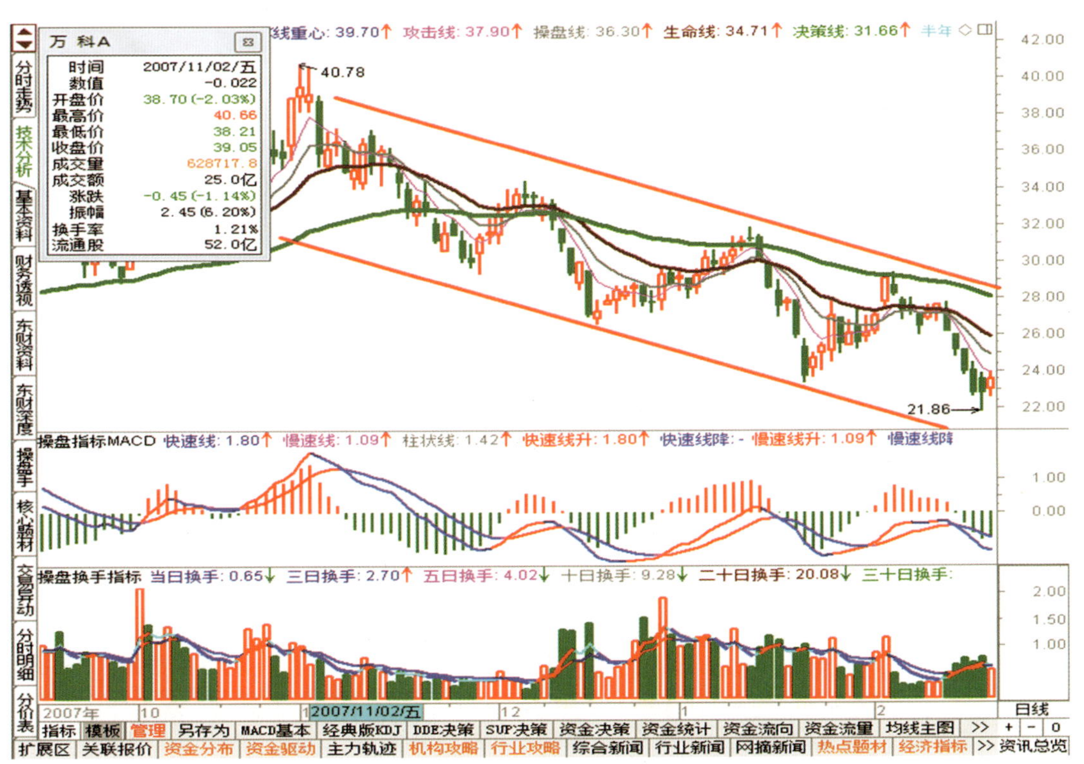

图例 011　万科 A（000002）日 K 线走势图谱

职业操盘手实训要点：

对照软件，认真观察实战图谱，把它们的走势特点写下来：

（1）趋势的起点位置：______________________________

（2）K 线的结构特征：______________________________

（3）成交量的结构特征：______________________________

（4）MACD 结构特征：______________________________

（5）操盘手临盘决策：______________________________

第三，多级变轨特征。

因股价内在的有机或随机波动作用，股价不会永远沿着一个单一的轨道运行。因此，轨道有着特殊的“多级变轨”特征。一般情况下，在一轮中级波段上升行情中，主力至少会对股价实施二级或者三级变轨，每次变轨，都会促使股价进行加速度上涨。当最后一级变轨完成之后，股价就将出现阶段性见顶特征。如图例 012 所示：

【道破趋势天机】实战图谱 012

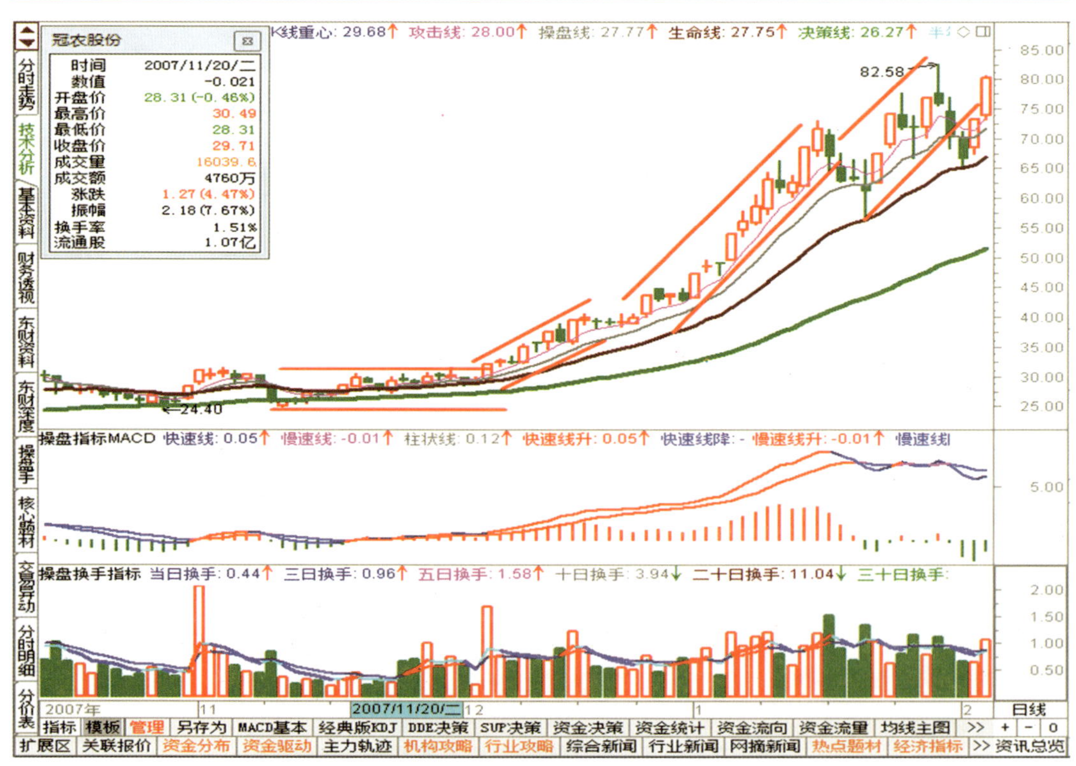

图例 012 冠农股份（600251）日 K 线走势图谱

职业操盘手实训要点：

对照软件，认真观察实战图谱，把它们的走势特点写下来：

（1）趋势的起点位置：________________

（2）K 线的结构特征：________________

（3）成交量的结构特征：________________

（4）MACD 结构特征：________________

（5）操盘手临盘决策：________________

普通级别的上升行情，一般只有二级变轨，而较少发生三级以上的变轨。这是因为主力将股价维持在一个阶段性价格空间进行中级调整所致。如图例 013 所示：

【道破趋势天机】实战图谱 013

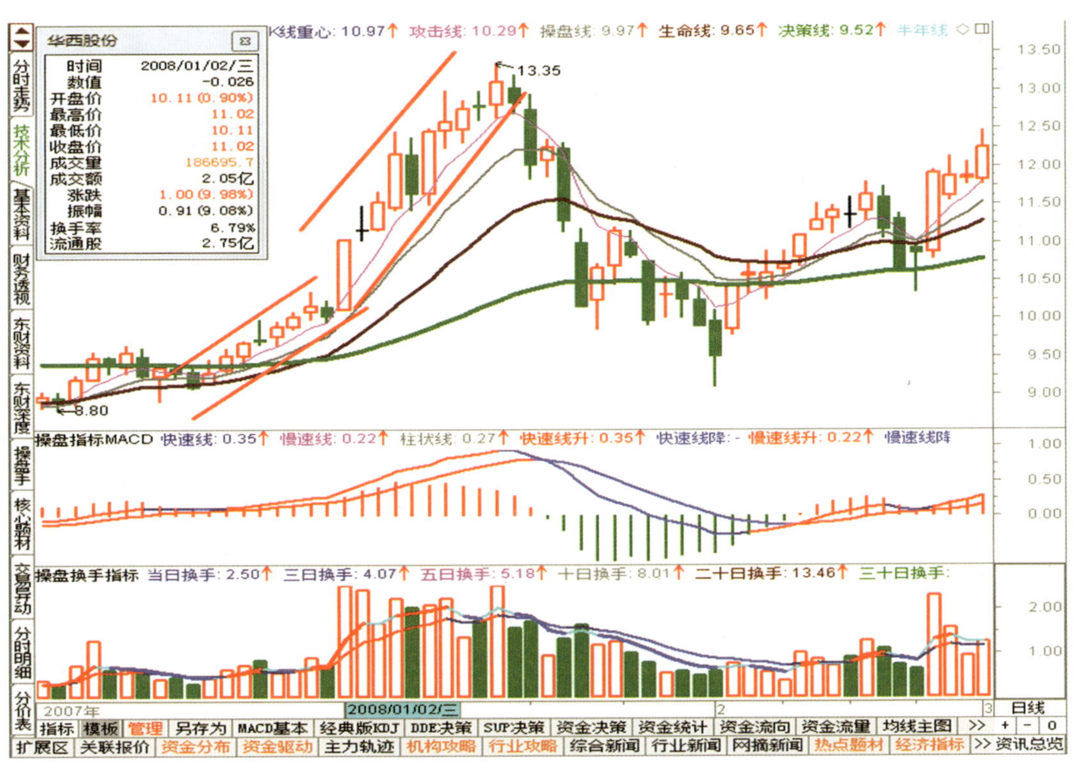

图例 013　华西股份（000936）日 K 线走势图谱

职业操盘手实训要点：

对照软件，认真观察实战图谱，把它们的走势特点写下来：

（1）趋势的起点位置：________________

（2）K 线的结构特征：________________

（3）成交量的结构特征：______________________

（4）MACD 结构特征：______________________

（5）操盘手临盘决策：______________________

股价在上升阶段初期所形成的轨道特征，称之为“一级轨道”，我们也叫“近地轨道”。这是因为股价刚刚从阶段性底部区间震荡盘升形成突破所致。如图例 014 所示：

【道破趋势天机】实战图谱 014

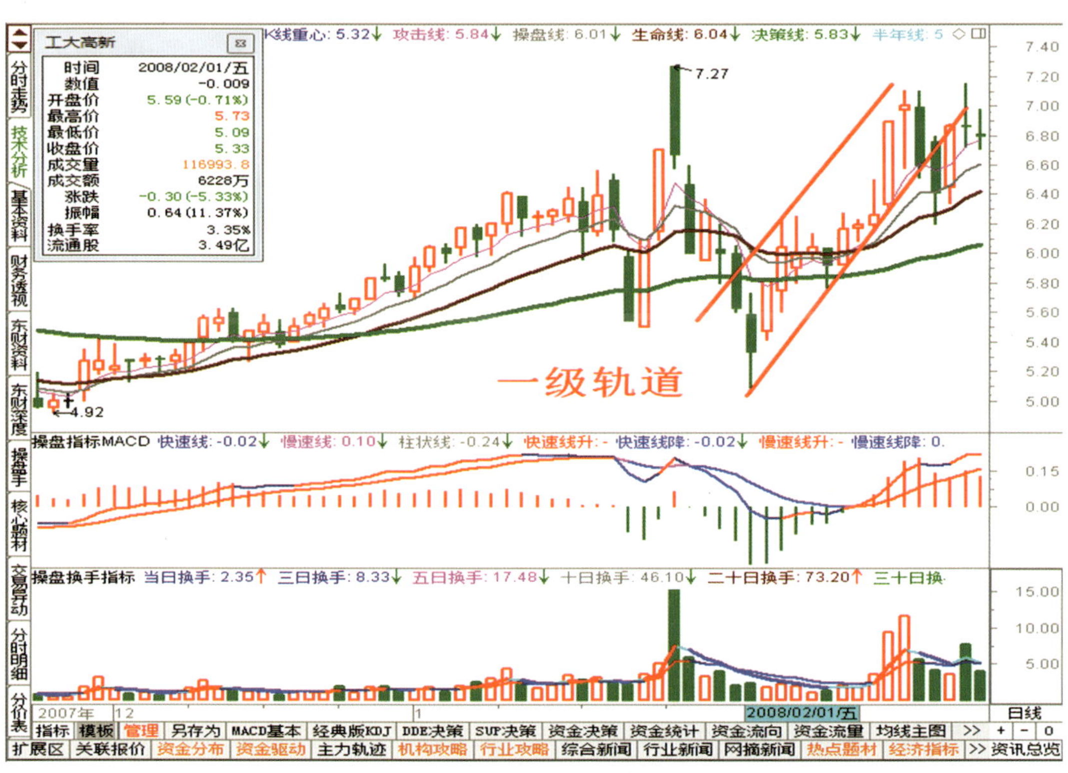

图例 014　工大高新（600701）日 K 线走势图谱

职业操盘手实训要点：

对照软件，认真观察实战图谱，把它们的走势特点写下来：

（1）趋势的起点位置：______________________

（2）K 线的结构特征：______________________

（3）成交量的结构特征：______________________

（4）MACD 结构特征：______________________

（5）操盘手临盘决策：________________

股价从一级轨道经过变轨后，股价再次放量反复震荡盘升上涨所形成的轨道特征，称之为“二级轨道”，我们也叫“远地轨道”。这一轨道通常会形成股价上涨的中继部分，震幅较大，轨道较长，这是主力按计划运用滚动式操盘手法反复震荡盘升所致。如图例015所示：

【道破趋势天机】实战图谱 015

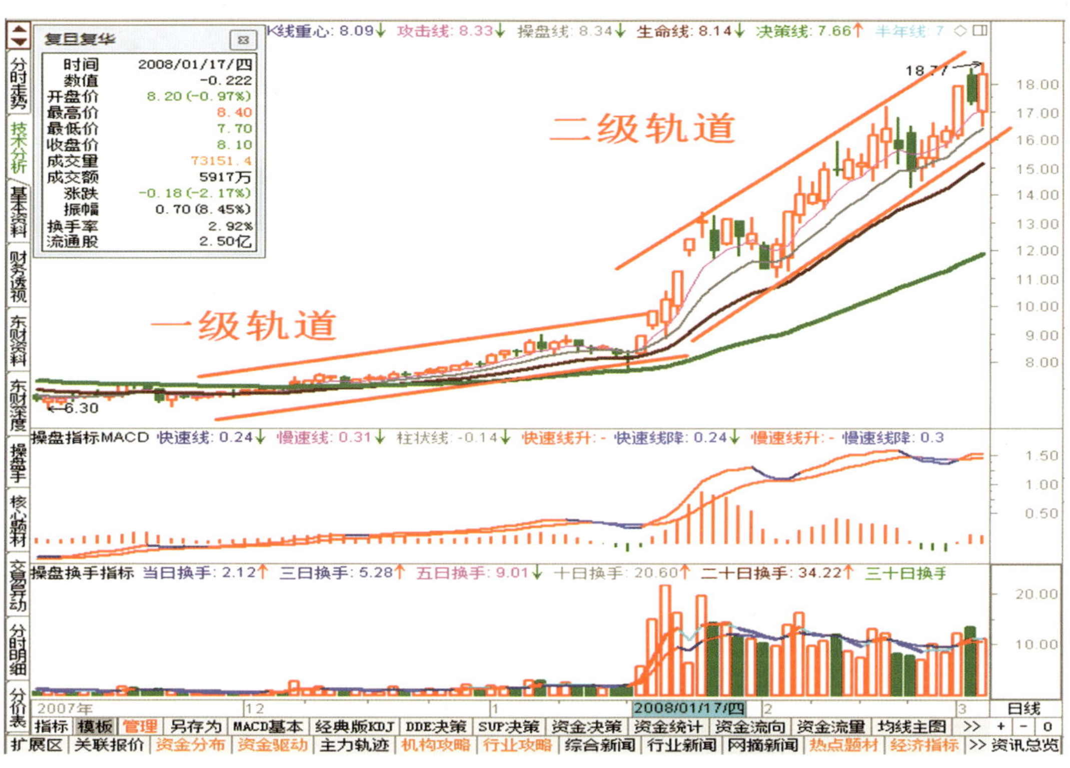

图例 015　复旦复华（600624）日 K 线走势图谱

职业操盘手实训要点：

对照软件，认真观察实战图谱，把它们的走势特点写下来：

（1）趋势的起点位置：________________

（2）K 线的结构特征：________________

（3）成交量的结构特征：________________

（4）MACD 结构特征：________________

（5）操盘手临盘决策：________________

股价从二级轨道经过变轨后，股价再次放量或者甚至无量加速上涨所形成的轨道特征，称之为“三级轨道”，我们也叫“太空轨道”。这一轨道通常会形成股价上涨的最后见顶部分，具有速度快，轨道短促有力的特征，这是主力因操盘计划的紧迫性直接运用大资金逼空式拉升股价所致。如图例016所示：

【道破趋势天机】实战图谱016

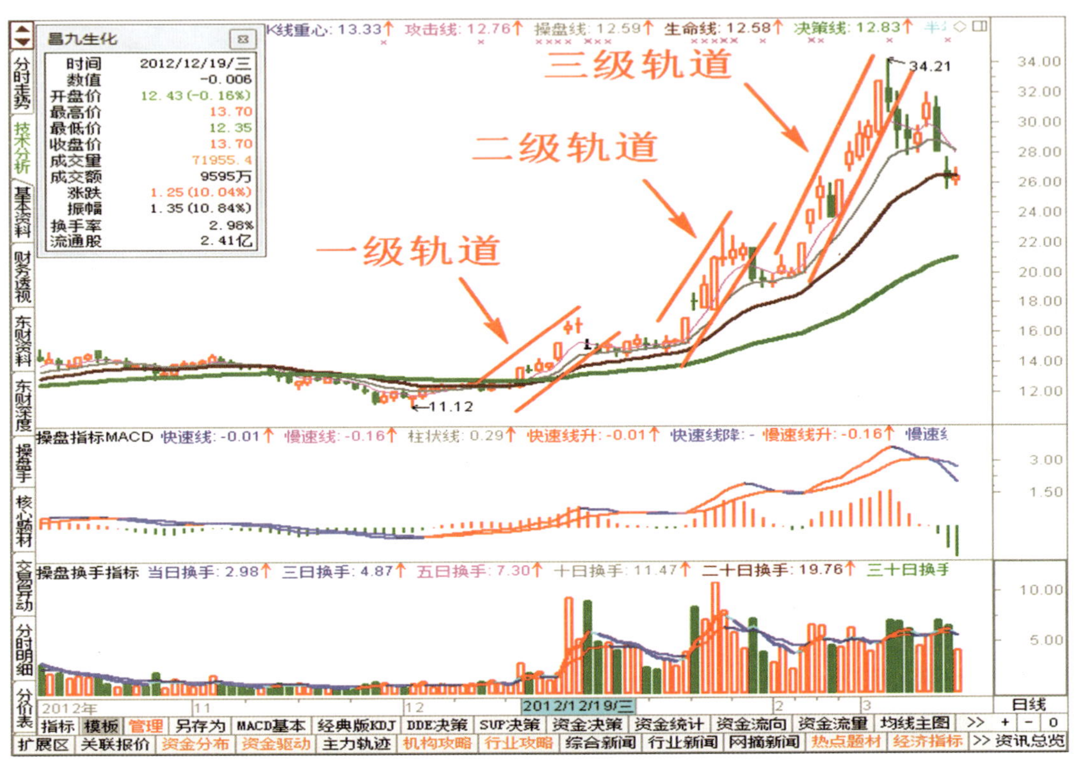

图例016　昌九生化（600228）日K线走势图谱

职业操盘手实训要点：

对照软件，认真观察实战图谱，把它们的走势特点写下来：

（1）趋势的起点位置：______

（2）K线的结构特征：______

（3）成交量的结构特征：______

（4）MACD结构特征：______

（5）操盘手临盘决策：______

同样，在一轮中级波段下跌行情中，股价因为惯性的作用，也会出现至少二级或者三级变轨，每次变轨，都会促使股价进行加速度下跌。当最后一级变轨完成之后，股价就将出现阶段性底部止跌特征。如图例017所示：

【道破趋势天机】实战图谱 017

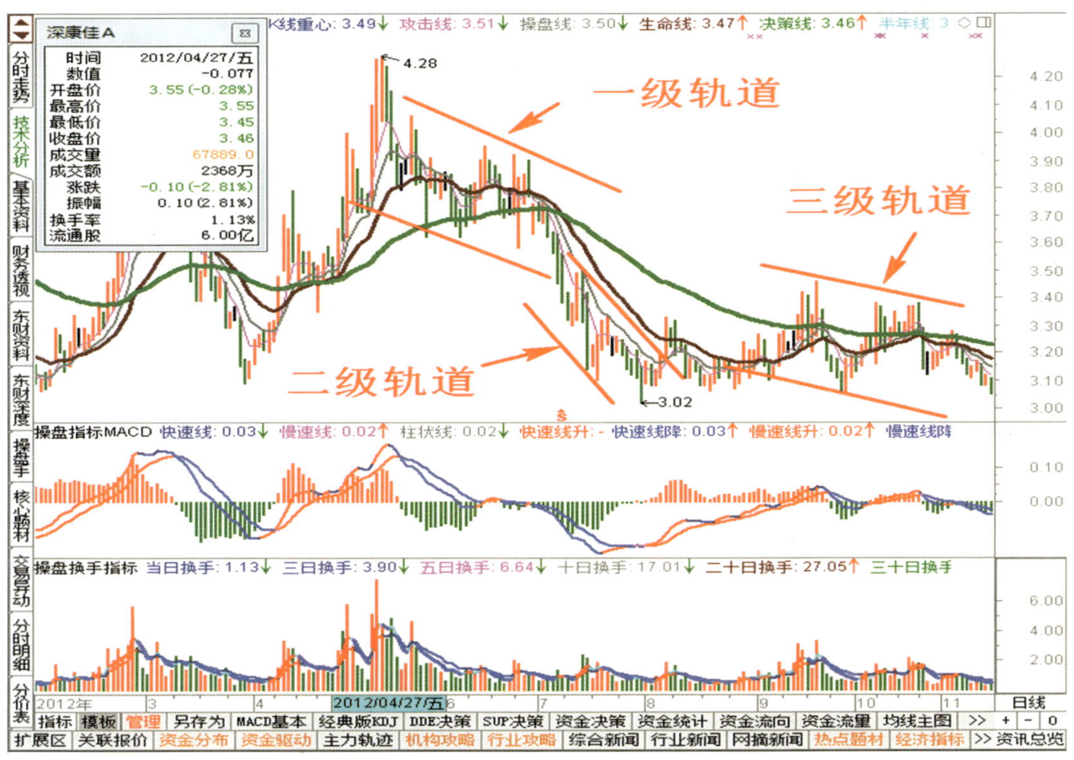

图例 017　深康佳 A（000016）日 K 线走势图谱

职业操盘手实训要点：

对照软件，认真观察实战图谱，把它们的走势特点写下来：

（1）趋势的起点位置：________________

（2）K 线的结构特征：________________

（3）成交量的结构特征：________________

（4）MACD 结构特征：________________

（5）操盘手临盘决策：________________

在一轮较小级别的阶段性调整市况中，股价因其主力建仓的缘故，不会促使股价出现破位下跌的技术形态。因而，股价会较少出现二级以上的变轨。一般均会控制在二级以内。当二级变轨形成之时，即意味着股价即将见底了，反弹即将展开。如图例 018 所示：

【道破趋势天机】实战图谱 018

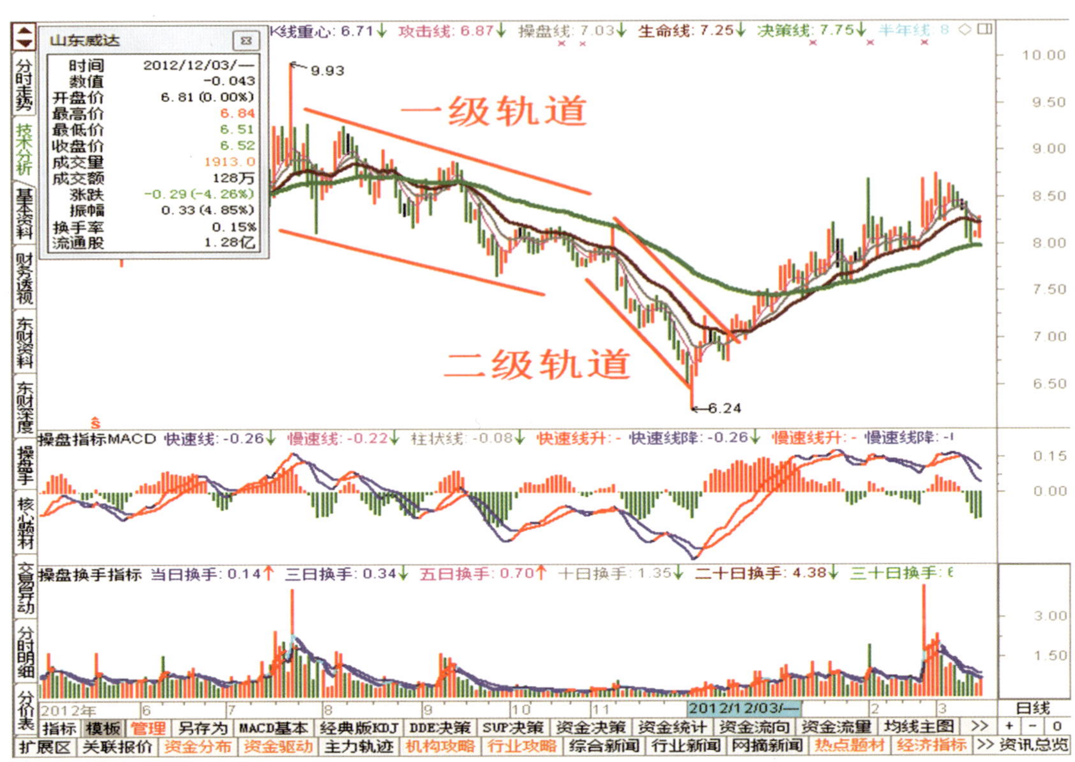

图例 018　山东威达（002026）日 K 线走势图谱

职业操盘手实训要点：

对照软件，认真观察实战图谱，把它们的走势特点写下来：

（1）趋势的起点位置：________________

（2）K 线的结构特征：________________

（3）成交量的结构特征：________________

（4）MACD 结构特征：________________

（5）操盘手临盘决策：________________

国际最负盛名的投资大师道琼斯先生在百年前发明了“股价趋势理论”。和艾略特的“波浪理论”一样，已经成为国际期货和股票投资界的技术经典。这些前辈顶级投资大师对股价内在运行趋势规律的研究，为后人带来了巨大的财富和宝贵的经验。

笔者在研究这些前辈投资大师经典技术理论的基础上，独创了这套“轨道理论”。

关于“轨道理论”的系统性理论研究，至少会有数十万字的详细阐述，限于本书的篇幅，在此仅选择其中的精要向各位读者朋友展示，希望能够指导更多的投资者在股市投资这条道路上从此走向辉煌！更多的内容请参见《道破轨道天机》彩图版上下册。

第三节　空间理论

股价在轨道中运行，它的目标涨跌幅由趋势的空间来决定。那么，什么是趋势空间？趋势空间用什么方式来测量？它对股价的意义有哪些？下面我们来对此进行一一定义和阐述。

趋势空间的定义

将股价在涨跌波段运行的高点和低点分别用趋势线进行连接，就会形成趋势轨道。股价在轨道的上轨和下轨之间进行有规律的运行波动。这种在从下轨至上轨之间有限空间内的运行特征，称之为趋势空间，也通称轨道空间。趋势空间有内空间和外空间之分。内空间是指在一个固定的轨道空间内波动特征。而当股价进行一级或者二级变轨，脱离原轨道空间进入另一个轨道中运行时，外空间就产生了。如图例 019 所示：

【道破趋势天机】实战图谱 019

职业操盘手实训要点：

对照软件，认真观察实战图谱，把它们的走势特点写下来：

（1）趋势的起点位置：____________________

（2）K 线的结构特征：____________________

（3）成交量的结构特征：____________________

（4）MACD 结构特征：____________________

（5）操盘手临盘决策：____________________

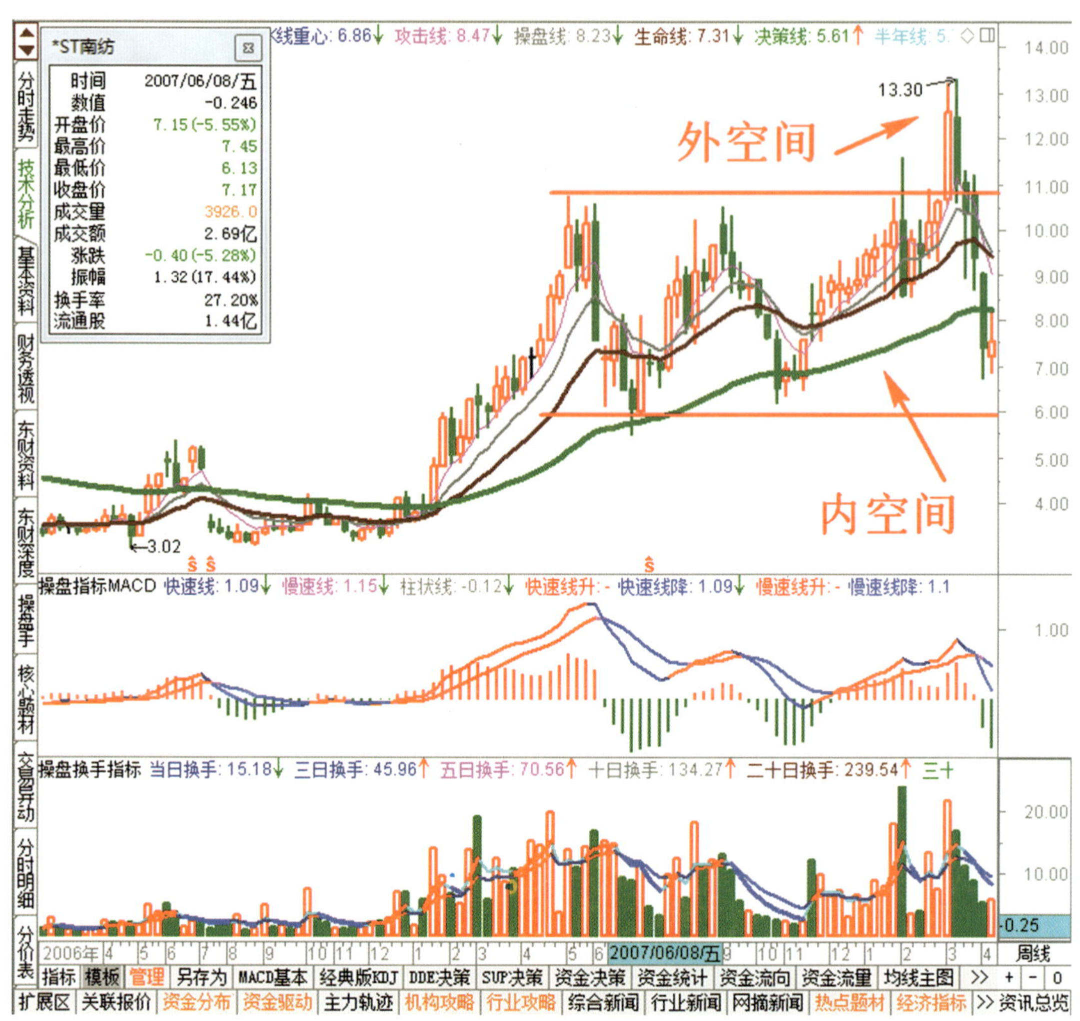

图例 019 南纺股份（600250）周 K 线走势图谱

趋势空间的结构特征：

趋势空间具有两大典型的特征：

其一，固定规律性。股价在内空间中运行时，具有极强的波动规律，每一轮的涨跌波幅基本相同，成交量也会呈现有规律性的缩放。股价不会轻易突破空间上轨，也绝不会轻易跌破空间下轨。如图例 020 所示：

【道破趋势天机】实战图谱 020

职业操盘手实训要点：

对照软件，认真观察实战图谱，把它们的走势特点写下来：

（1）趋势的起点位置：________________

（2）K 线的结构特征：______________________________

（3）成交量的结构特征：______________________________

（4）MACD 结构特征：______________________________

（5）操盘手临盘决策：______________________________

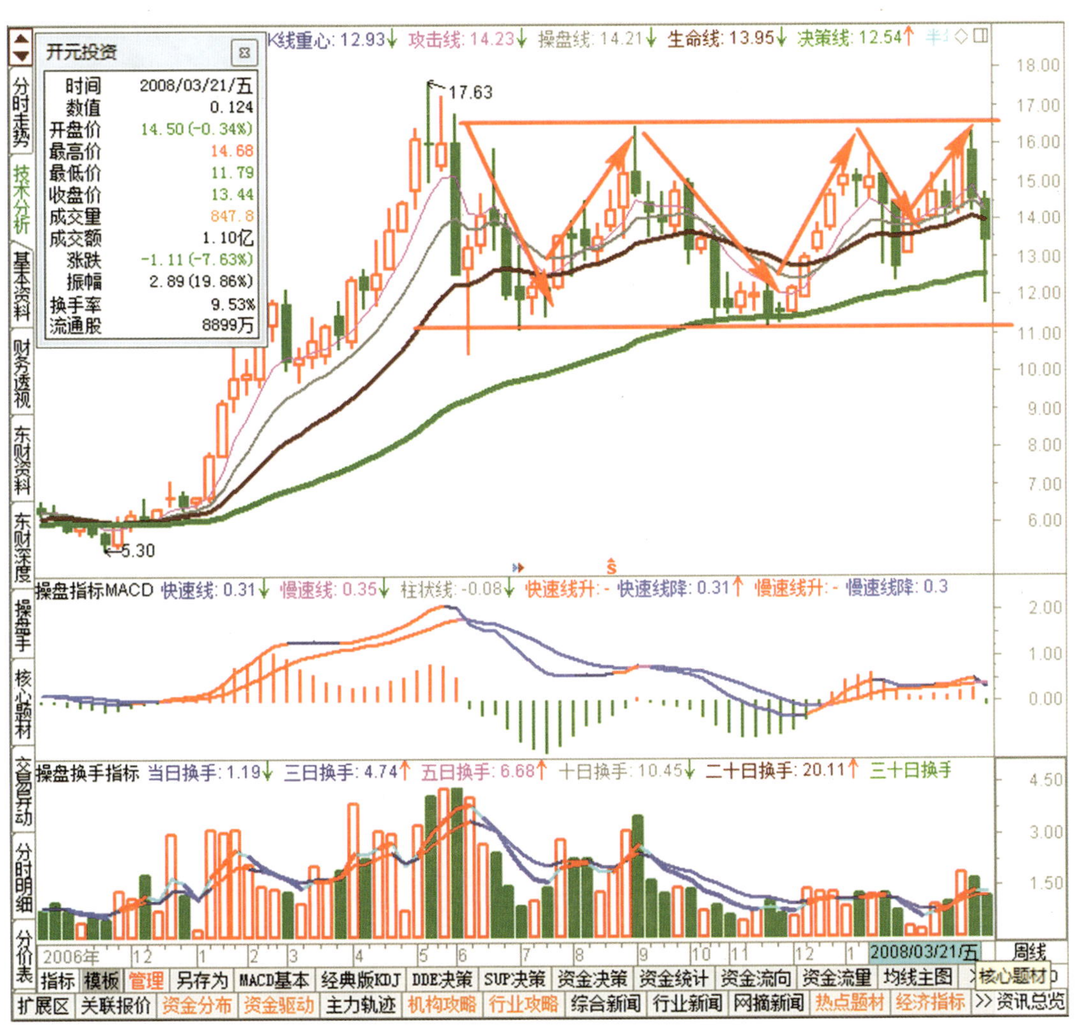

图例 020　开元投资（000516）周 K 线走势图谱

其二，有限扩展延伸性。股价经过二级变轨或者三级变轨，就会突破内空间，进入外空间中运行。在这种情况下，股价因多级变轨所形成的张力作用，而使股价的外空间得到有限延伸。无论上涨还是下跌，当内空间被突破之时，其外空间的宽度与高度必须重新进行测量。如图例 021 所示：

【道破趋势天机】实战图谱 021

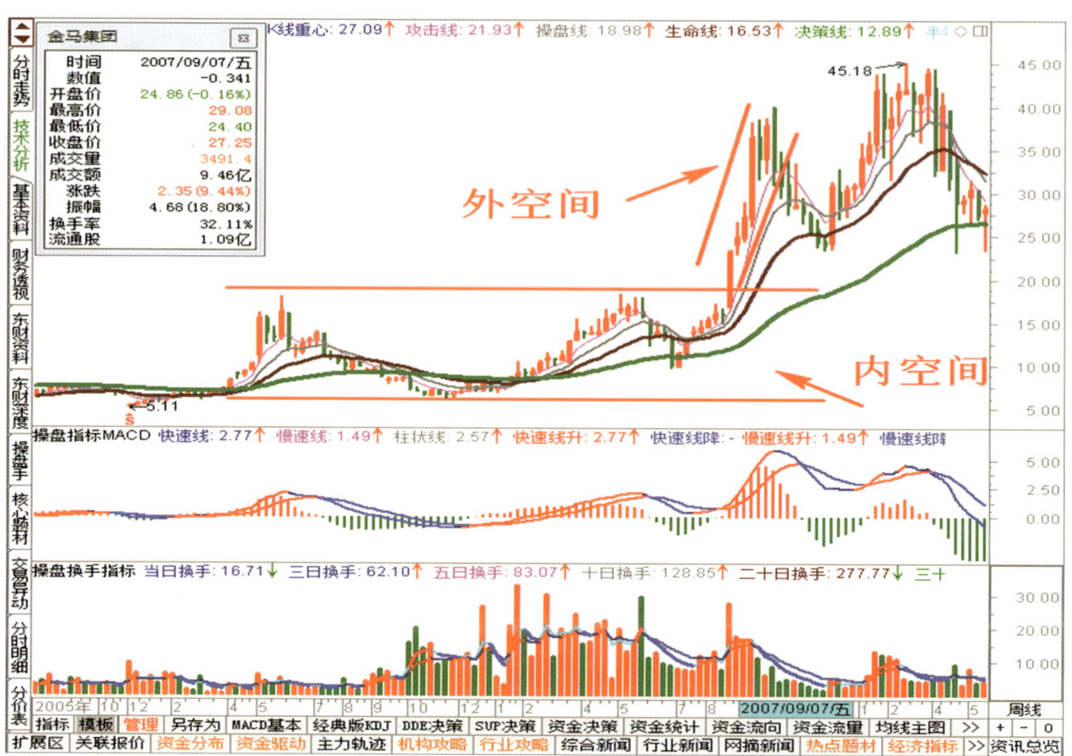

图例 021　金马集团（000602）周 K 线走势图谱

职业操盘手实训要点：

对照软件，认真观察实战图谱，把它们的走势特点写下来：

（1）趋势的起点位置：____________

（2）K 线的结构特征：____________

（3）成交量的结构特征：____________

（4）MACD 结构特征：____________

（5）操盘手临盘决策：____________

趋势空间的测量标准：

趋势空间的测量标准共有两大测量方法，分别为黄金分割率测量法和时间测量法，但必须要根据内空间和外空间的不同特征来进行制定，具体如下：

（1）内空间的测量标准

内空间由于具有固定规律性的重要特征，其空间测量非常容易把握。运用上轨和下轨之间的黄金分割率就可以轻易地测出股价的运行波动值。

通常情况下，黄金分割率常用的数值由0．382、0．5、0．618、0．897和1．00这五个倍数组成。在固定规律性的作用下，股价的内空间上下波动幅度极限为1．00倍。假定股价内空间的上轨值为10元，而下轨值为5元，则空间值为5元。股价每轮涨跌的极限幅度为5元。如果股价上升，则由下轨值向上测量，分别是0．382倍的6．91元、0．5倍的7．5元、0．618倍的8．09元、0．890倍的9．48元和1．00倍的10元。

时间测量法则以股价每次涨跌波幅所花费的时间来进行测量。如从股价内空间的下轨上涨至内空间的上轨，共花费了20个交易日。则同理，股价从上轨再跌回下轨所需要的时间将缩短三分之一，即用黄金分割法来切割时间，一般所需时间为上升阶段20个交易日的0．618倍，也就是12~13天之间。这是一个非常有意思的现象。为何下跌要比上涨的时间缩短这么多？看来，我们只能在地球的引力中去寻找答案了。如图例022所示：

【道破趋势天机】实战图谱022

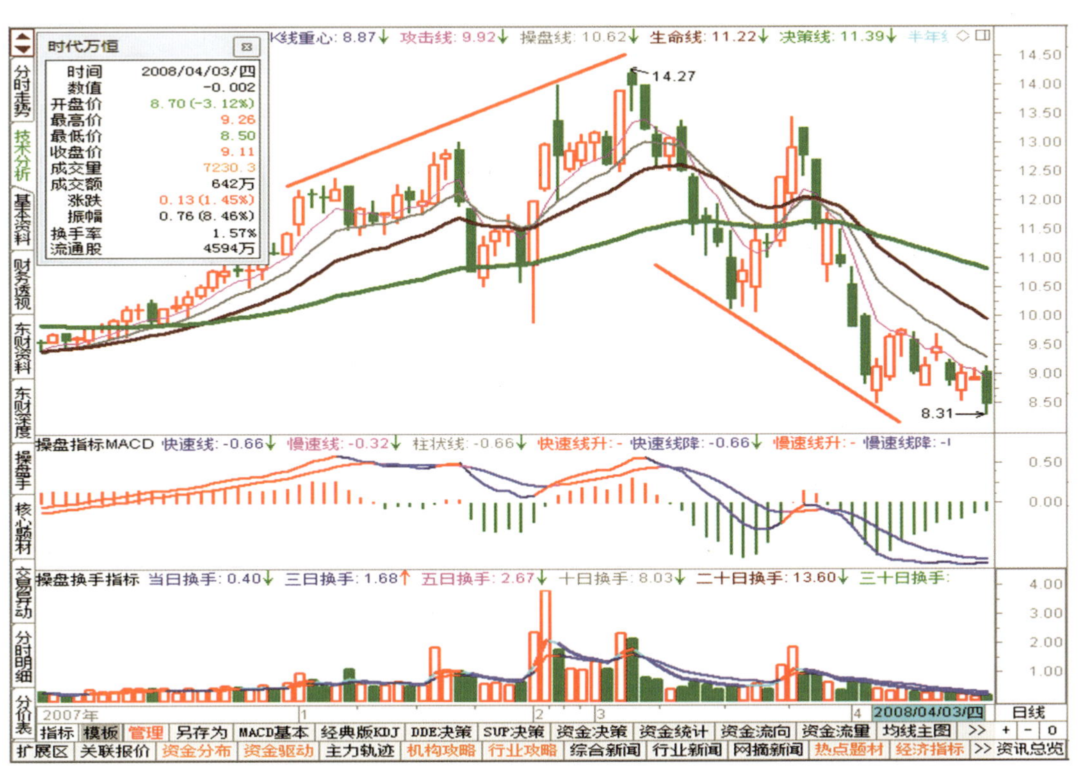

图例022　时代万恒（600241）日K线走势图谱

职业操盘手实训要点：

对照软件，认真观察实战图谱，把它们的走势特点写下来：

（1）趋势的起点位置：________________

（2）K 线的结构特征：________________

（3）成交量的结构特征：________________

（4）MACD 结构特征：________________

（5）操盘手临盘决策：________________

（2）外空间的测量标准

外空间由于具备有限扩展延伸性的重要特征，其空间测量较难把握。根据国际投资界大师们的经验表明，运用黄金分割率是一个不错的法则。著名投资大师江恩发明了“江恩理论”，也是一个有效的测量股价外空间的法则。以黄金分割率来进行测量，一般情况下，股价外空间的涨幅有着与内空间高度对称性的特征。如此，则分别以 1．00、1．382、1．50、1．618、1．890 和 2．00 这六组黄金分割率的数值进行测量，可以基本测量出股价的外空间有限高度。

股价在外空间运行，其波动规律与其在内空间的运行特征基本一致。根据时间测量法的原则，如股价在内空间从下轨至上轨的涨幅花费了 20 个交易日，则股价自突破内空间后，每轮涨幅的波动时间基本与内空间涨幅的波动时间等同。用一个最简单的数 K 线方法，当股价在内空间每轮上涨的波段 K 线为 20 根，则其在外空间每轮上涨的波段 K 线也将在 20 根左右。股价上涨时间达到规律值后，就会出现阶段性见顶现象。

趋势空间是主力操盘的直接结果。在内空间阶段，基于主力建仓时期的操盘计划和建仓成本预算的严格控制，主力必须将股价维系在一个固定的空间范围内进行波动，通过反复震荡，在运动中逐步消耗散户的持仓信心，因而达到顺利建仓的目的。因此，股价运行在内空间中的规律性波动，就是主力直接建仓的结果。

股价经过二级变轨或者三级变轨进入外空间后，由于主力已经完成了前期在内空间的建仓性操盘计划，因而发动拉升行情。二级变轨和三级变轨均是主力加速拉升，脱离持仓成本区所进行的滚动操盘计划。这一阶段，既是主力进行远地轨道的操盘，也是主力实现外空间探索的重要过程，其目的是要重新打造一个外空间模型。

当股价经过多级变轨成功打造外空间之后，主力所要做的工作是阶段性派发手中的筹码。因为主力此时已经获利十分巨大，必须通过抛售来进行变现。此时，主力会将股价维系一个全新的内空间中运行。在这一阶段性，如主力操盘计划已经实现，则会在本阶段性以全部出货行情为主。如主力操盘计划还未完成，则主力还将实施再次变轨突破内空间，展开新的外空间探索之旅。

趋势空间既然是主力直接操盘的必然产物，那么其实战价值自然不言而喻。通过总结前面的空间法则，我们可以发现趋势空间的实战价值具体可以表现在以下三个方面：

其一，高抛低吸与突破狙击的实战价值。股价处在内空间阶段，职业投资者可以根据股价运行的规律，完全与主力同步操盘实施高抛低吸的操盘策略。即在空间的下轨价值区域买进建仓，而至空间的上轨价值区域果断卖出，不断来回滚动操盘，其盈利能力极强，而风险性极少。当股价突破内空间的上轨进入“近地轨道”时，投资者可在股价突破时实施即时狙击操盘策略，这样可以及时保证与主力向外空间延伸的操盘计划同步，从而达到波段操盘完胜的实战目的。

其二，发现主力操盘规律的实战价值。股价在内空间阶段时，主力由于操盘计划的严谨性，因而导致其涨跌与震幅均有极强的波动规律，而成交量的放大和缩小也由于主力在严格的资金管理下而呈现规律性缩放特征，这些规律是投资者在分析判断主力操盘行为，辨别主力实力级别的有效资讯。

其三，有限盈利的实战价值。无论股价处在内空间还是外空间，投资者均可以通过空间测量的两大方法来预算持仓的目标盈利，这样容易避免普通投资者主观意识的盲目乐观行为，最大限度地保证投资的有限盈利目标得以实现。

第二章

趋势转折点

股价经过一轮较大幅度上升或者下跌波段之后，当天于盘中突然力竭而发生逆转，这种逆转的现象就是形成股价向另一个方向运动的转折点。趋势的转折，动于阴末阳升之初，止于阳极阴升之时。反映在股价日K线图上就会出现阴阳十字星K线、长上影或长下影线K线、阴包阳或阳包阴K线等特征。同时，成交量出现相应的放大或者萎缩特征。转折点是主力直接介入扭转单极趋势的操盘结果，在一个阶段反映了主力操盘计划与企图。因此，在阶段性低位出现的转折点，我们称之为上涨转折点；而在阶段性高位出现的转折点，则称之为下降转折点。炒股要学会辨势。而转折点是炒股技术中最符合"高抛低吸"原则的精髓。更是及时辨别趋势逆转的重要指标。

第一节　上涨转折点

一、何谓上涨转折点

股价经过一轮较大幅度的下跌之后，于阶段性低点出现明显的止跌信号，并不再下跌时，便形成上涨转折点。一般情况下，上涨转折点较易发生在生命20线、决策60线、趋势120线和年线240均线区域。当天股价受到这些均线区域的价格支撑而获得止跌，从而发生逆转。因此，所有的上涨转折点均是主力实施阶段性操盘计划的直接结果，是主力向上涨方向进行战略转移的重要标志。

二、上涨转折点的结构特征

上涨转折点具备四大明显的技术特征：

（1）经过一轮较大幅度的下跌，跌幅至少达到30%以上。

（2）出现明显的十字星、长下影线或者阳包阴K线结构。

（3）成交量已经萎缩至阶段性地量。

（4）在对应阶段的均线上获得明显支撑。

三、上涨转折点的市场意义

（1）上涨转折点代表股价从下跌趋势向上涨趋势逆转的重要标志。

（2）代表了主力从一个下跌阶段向另一个上涨阶段过渡性操盘的重要体现。

（3）同时，更说明低风险的建仓时机已经来临。

四、上涨转折点与主力操盘计划

（1）股价在生命 20 线上止跌，并形成上涨转折点时，说明主力短期波段性调整已经结束，新一轮短中线波段上涨即将开始。

（2）股价在决策 60 线上止跌，并形成上涨转折点时，说明主力短中期波段性调整已经结束，新一轮中级波段上涨即将开始。

（3）股价在趋势 120 线上止跌，并形成上涨转折点时，说明主力中期阶段性调整已经结束，新一轮中期上涨即将开始。

（4）股价在年线 240 线上止跌，并形成上涨转折点时，说明主力中长期周期性调整已经结束，新一轮周期性上涨即将开始。

五、上涨转折点的最佳狙击时机

（1）短线投资。股价在生命 20 线形成转折点的当天，可以即时介入狙击。

（2）中线投资。股价在决策 60 线或者趋势 120 线形成转折点时，可以逐步实施中线阶段性建仓计划。

（3）中长线和长线投资。股价在趋势 120 线和年线 240 线形成转折点时，可以逐步实施中长线或者长线阶段性建仓计划。

【道破趋势天机】实战图谱 023

图例 023　万鸿集团（600681）日 K 线走势图谱

技术研判与操盘决策：

股价在 2008 年 2 月 4 日击穿年线 240 线出现第一个上涨转折点。当天放量止跌，换手率达到 4% 以上。股价第二次击穿年线 240 线是在 2008 年 2 月 26 日，出现第二个上涨转折点。当天以十字星报收，成交量萎缩，换手率仅为 1. 52%。出现典型筑底形态。第三次击穿年线是在 2008 年 3 月 5 日，出现第三个上涨转折点。当天仍以十字星报收，换手率为 2% 以上，略有放大。股价三次上涨转折点信号技术形态显示，底部低点逐步抬高，中级别反弹一触即发。第一阶段反弹目标测量可至 7 元，是否能实现要根据市场实际走势决定。

【道破趋势天机】实战图谱 024

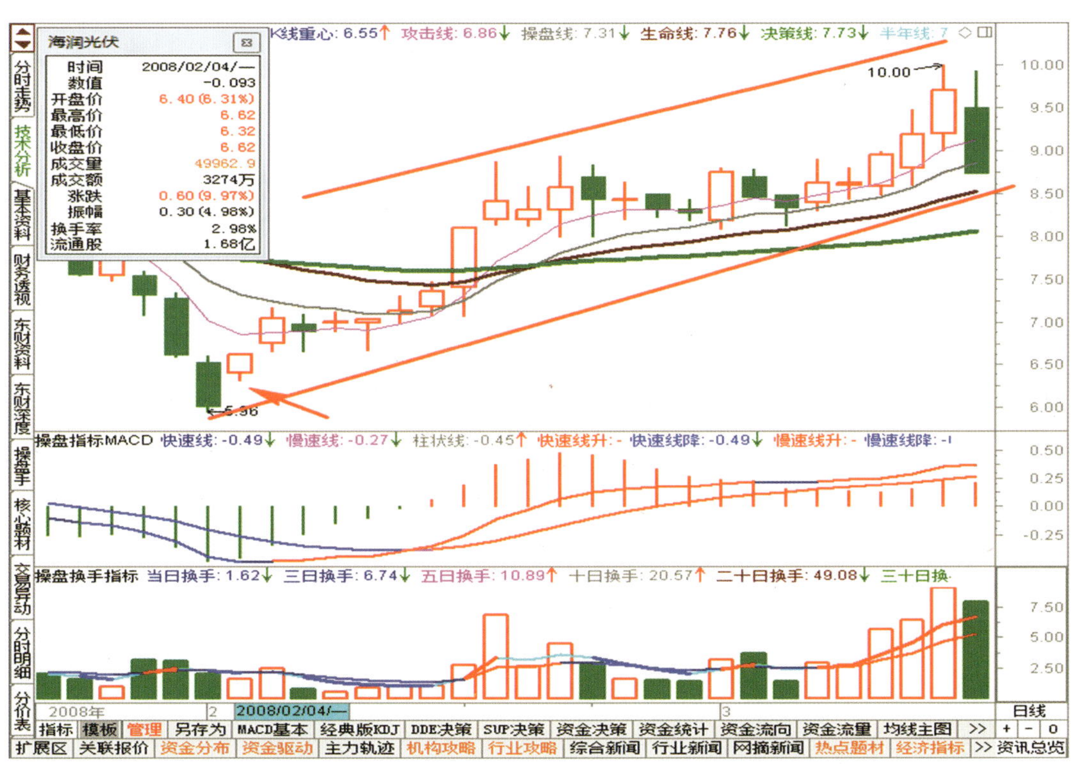

图例 024 海润光伏（600401）日 K 线走势图谱

技术研判与操盘决策：

股价在 2008 年 2 月 4 日在年线 240 线受到支撑涨停，因而出现第一个上涨转折点。当天成交量大幅萎缩，换手率仅为 2%。股价经过连续反弹分别突破趋势 120 线、决策 60 线和生命 20 线。反弹幅度达到 30% 后，回调在生命 20 线受到支撑。至 2008 年 3 月 10 日，股价连续在生命 20 线上进行窄幅整理，出现第二个上涨转折点区域。转折点区域的K线结构呈现小阳线和十字星形态，成交量逐步温和放大。股价重心正在逐步上移过程中，再次拉升行情一触即发。第二阶段反弹目标测量可至10元前高区域附近。

【道破趋势天机】实战图谱025

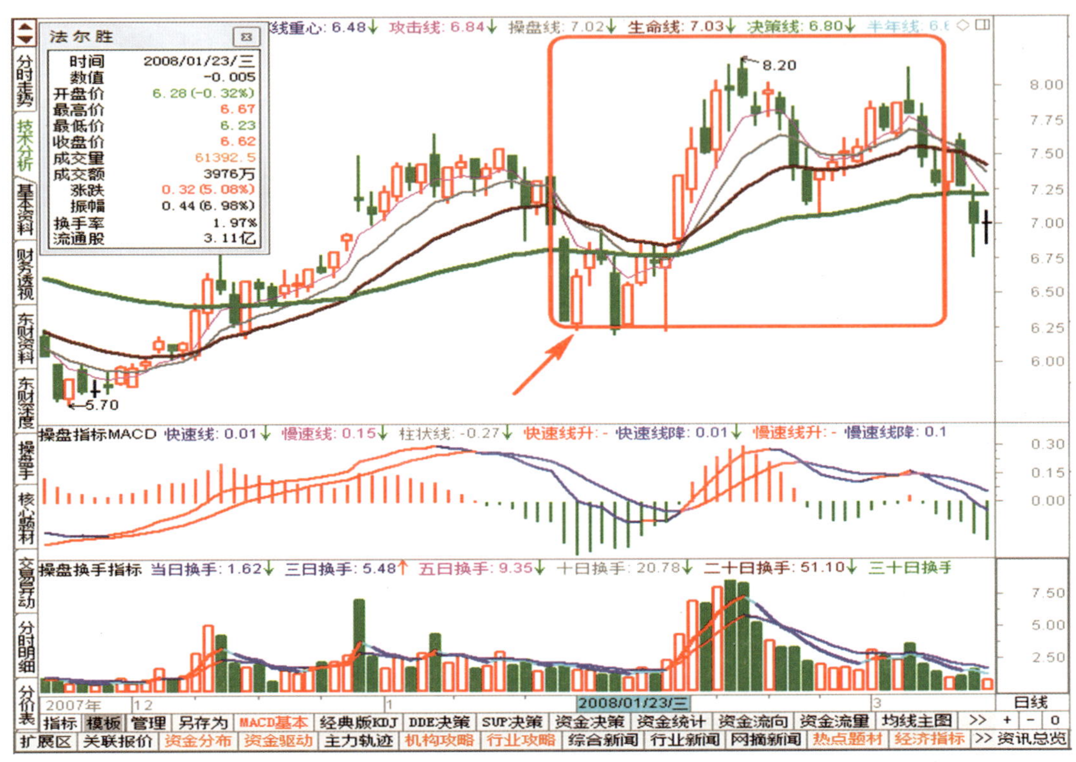

图例025　法尔胜（000890）日K线走势图谱

技术研判与操盘决策：

股价在2008年1月23日、29日和2月1日连续三次在年线240线受到支撑，出现第一个上涨转折点区域。成交量大幅萎缩，说明底部已经形成。股价经过30%以上的大幅反弹后，再次回调生命20线是在2008年2月26日，当天出现第二个上涨转折点。当天以长下影线的十字星报收，成交量萎缩，换手率仅为2%。出现典型止跌形态。第三次回调是在2008年3月10日。当天仍以十字星报收，成交量萎缩至地量，换手率仅为0．7%。该股已经经过两次较大幅度的反弹，因此，今日的十字星结构暂不能作为上涨转折点信号。预计股价还有进一步下跌的动能，并将再次测试年线支撑。

【道破趋势天机】实战图谱 026

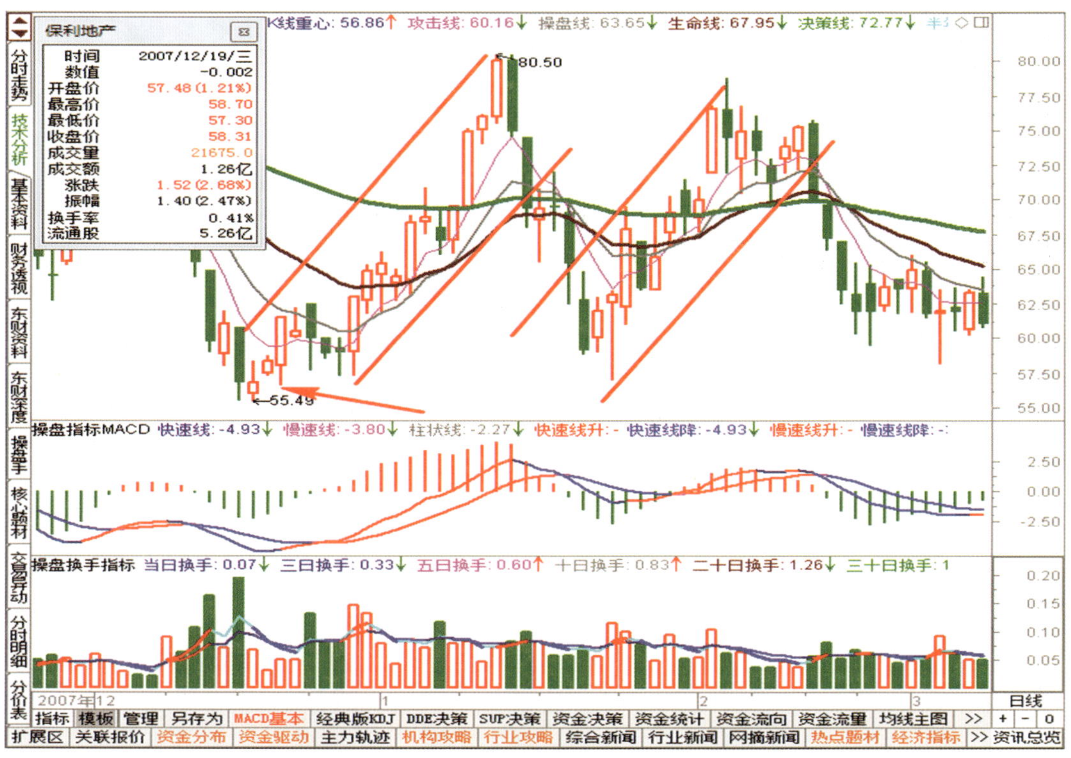

图例 026 保利地产（600048）日 K 线走势图谱

技术研判与操盘决策：

股价在 2007 年 12 月 18 日受到年线 240 线支撑，出现第一个上涨转折点。当天缩量止跌，换手率仅为 0. 9%，与昨日放量下跌形成鲜明对比。其后股价反弹幅度达到 30% 以上。

股价回调第二次受到年线 240 线支撑是在 2008 年 1 月 23 日和 24 日，出现第二个上涨转折点。当天以小阳线和十字星报收，成交量温和放大，平均换手率为 1%。出现典型止跌形态。股价本次反弹幅度仍达到 20% 以上，但未能突破前一波反弹的高点。股价第三次回调年线 240 线受到支撑，连续出现十字星 k 线结构，似乎止跌。由于股价已经经过两次反弹，因此，第三次在年线的支撑将受到质疑。成交量并未出现萎缩迹象，说明主力利用年线支撑出货的可能性极大。因此，宜谨慎观望。

【道破趋势天机】实战图谱 027

图例 027 光华控股（000546）日 K 线走势图谱

技术研判与操盘决策：

股价在 2008 年 2 月 26 日击穿年线 240 线诱空第三天，出现第一个上涨转折点。当天形成长下影 K 线结构，缩量止跌，换手率仅为 1．48%。其后股价迅速反弹，幅度达到 30% 以上。股价第二次回调年线 240 线支撑是在 2008 年 3 月 10 日。当天成交量迅速减少，说明股价还没有止跌迹象。从该股主力的操盘手法看，股价再次击穿年线支撑的可能性极大。因此，临盘应考虑股价在第一个上涨转折点区间止跌时再进行狙击。

【道破趋势天机】实战图谱 028

图例 028 ST 兴业（600603）日 K 线走势图谱

技术研判与操盘决策：

股价在 2008 年 2 月 4 日受到决策 60 线支撑，出现第一个上涨转折点。当天缩量止跌，换手率为 1．66%，与昨日放量下跌形成鲜明对比。股价第二次回调击穿决策 60 线后，受到趋势 120 线，支撑是在 2008 年 2 月 26 日。当天以小阳线报收，成交量再次萎缩，换手率为 1%。形成第二个上涨转折点。股价本次反弹幅度接近 20%。股价在 2008 年 3 月 10 上午放量滞涨，出现十字星 k 线结构，是反弹见顶信号。股价再次出现下跌的可能性极大。有下试趋势 120 线支撑的可能性。短线应考虑出局。

【道破趋势天机】实战图谱 029

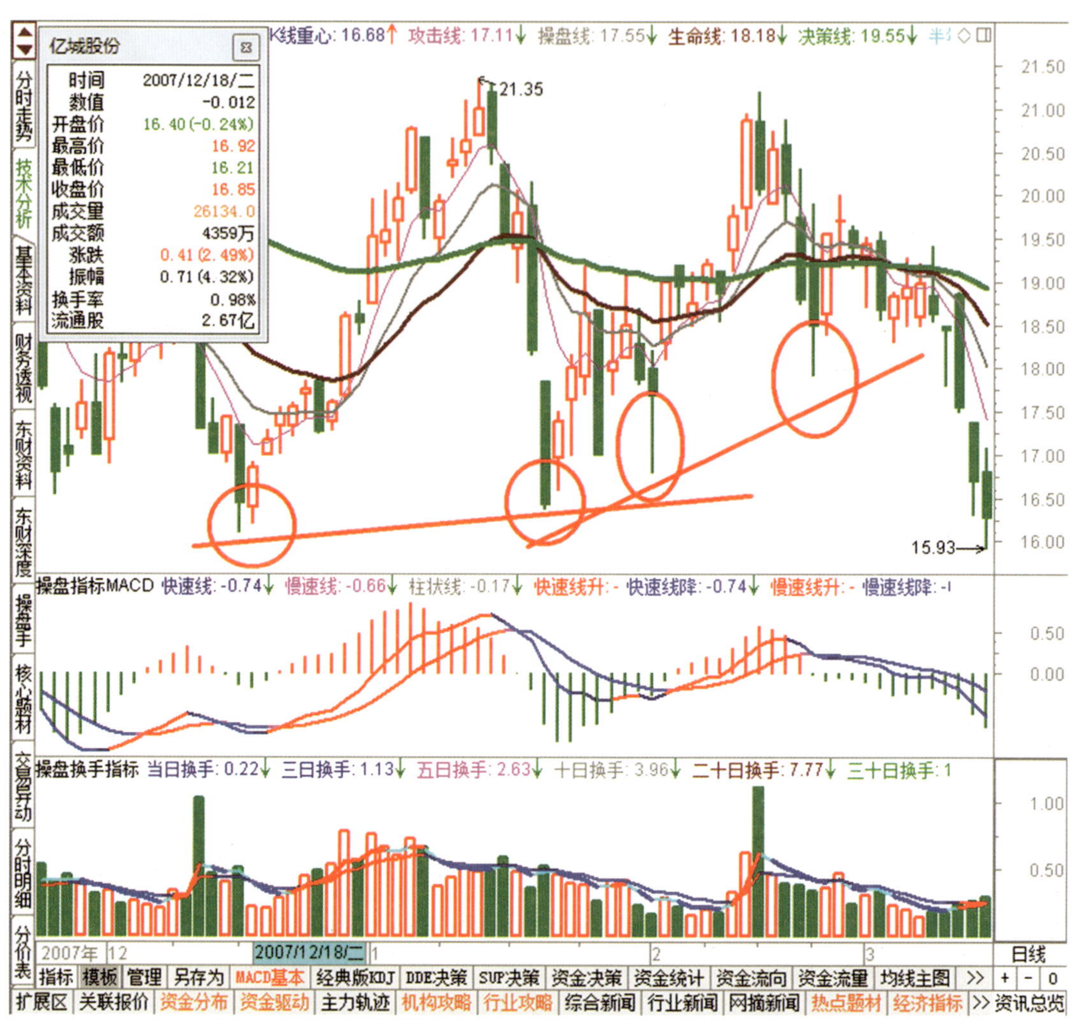

图例 029　亿城股份（000616）日 K 线走势图谱

技术研判与操盘决策：

股价在 2007 年 12 月 18 日受到年线 240 线支撑，出现第一个上涨转折点。当天缩量止跌，换手率仅为 0. 98%。其后股价反弹幅度达到 30% 以上。股价回调第二次受到年线 240 线支撑是在 2008 年 1 月 23 日，出现第二个上涨转折点。当天以小阳线报收，成交量温和放大，换手率达到 2% 以上。出现典型止跌形态。股价本次反弹幅度仍达到 20% 以上，但未能突破前一波反弹的高点。股价第三次回调年线 240 线受到支撑是在 2 月 27 日，似乎止跌。由于股价已经经过两次反弹，因此，第三次在年线的支撑将受到质疑。成交量并未出现萎缩迹象，说明主力利用年线支撑出货的可能性极大。因此，宜谨慎观望。

【道破趋势天机】实战图谱 030

图例 030　中恒集团（600252）日 K 线走势图谱

技术研判与操盘决策：

股价在 2008 年 2 月 1 日受到年线 240 线支撑，出现第一个上涨转折点。当天放量止跌，换手率达到 2% 以上。其后股价反弹力度微弱，幅度仅在 15% 以内。股价回调第二次受到年线 240 线支撑是在 2008 年 2 月 26 日，出现第二个上涨转折点。当天以小阴十字星报收，成交量略微萎缩，换手率为 1%。出现典型止跌形态。股价本次反弹幅度仍在 10% 区间，反弹力度再次减弱。股价第三次回调年线 240 线受到支撑，连续出现十字星k线结构，似乎止跌。由于股价已经经过两次非常微弱的反弹，因此，第三次在年线的支撑将受到质疑。成交量并未出现萎缩迹象，说明主力利用年线支撑出货的可能性极大。因此，宜谨慎观望。

【道破趋势天机】实战图谱031

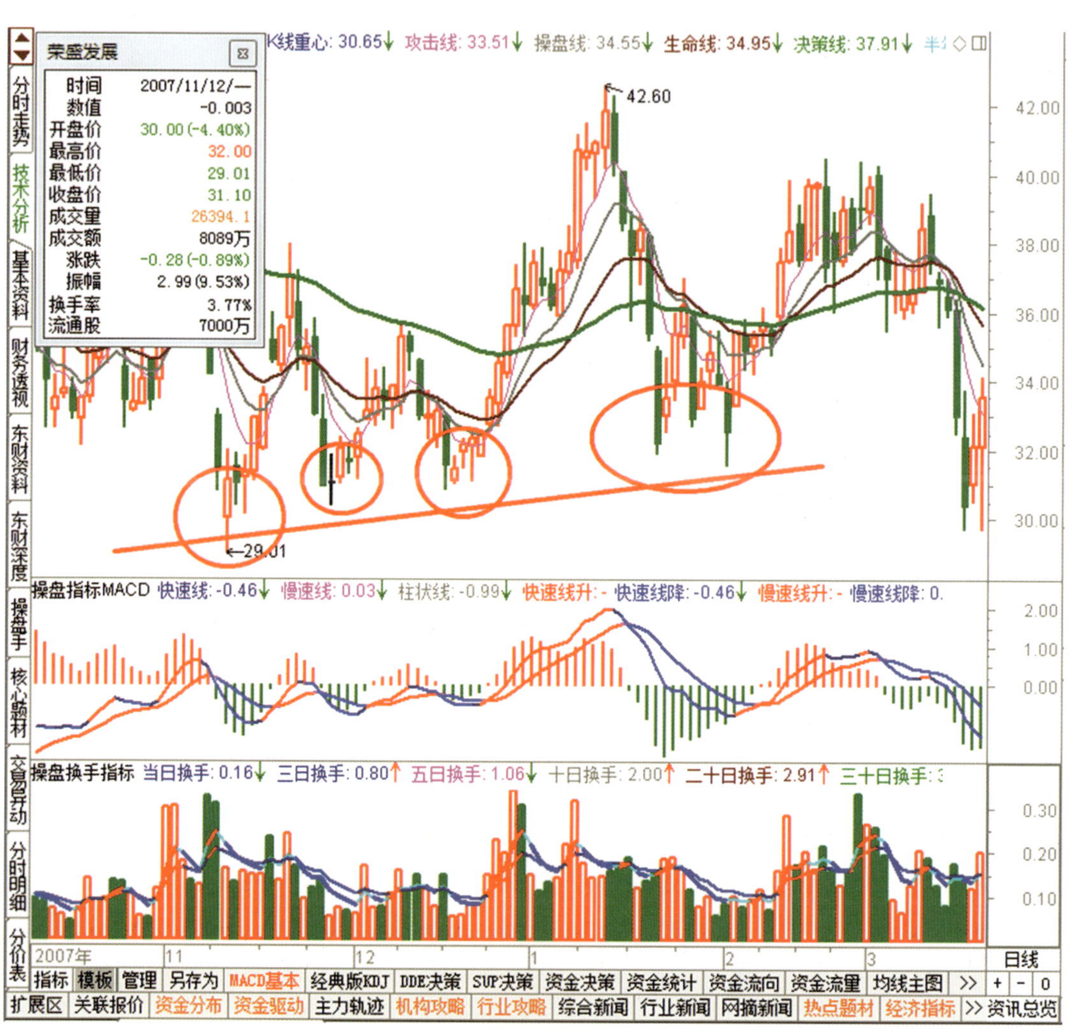

图例031 荣盛发展（002146）日K线走势图谱

技术研判与操盘决策：

股价在2007年11月12日经过连续三天放量下跌后以带长下影线的阳K线报收。当天成交量略有减少，但换手率仍达到3%以上，出现第一个上涨转折点。。其后股价继续在11月28日和12月18出现第二和第三个上涨转折点。股价反弹幅度达到40%。股价第四次形成上涨转折点是在2008年1月23～2月4日之间。股价本次反弹幅度仍达到30%以上，但未能突破前一波反弹的高点。股价第五次回调生命线30线受到支撑，连续出现十字星k线结构，似乎止跌。由于股价已经经过两次反弹，因此，第三次在生命线的支撑将受到质疑。

成交量大幅放大，说明主力进行滚动操盘阶段性建仓的可能性极大。因此，宜谨慎观望。

【道破趋势天机】实战图谱032

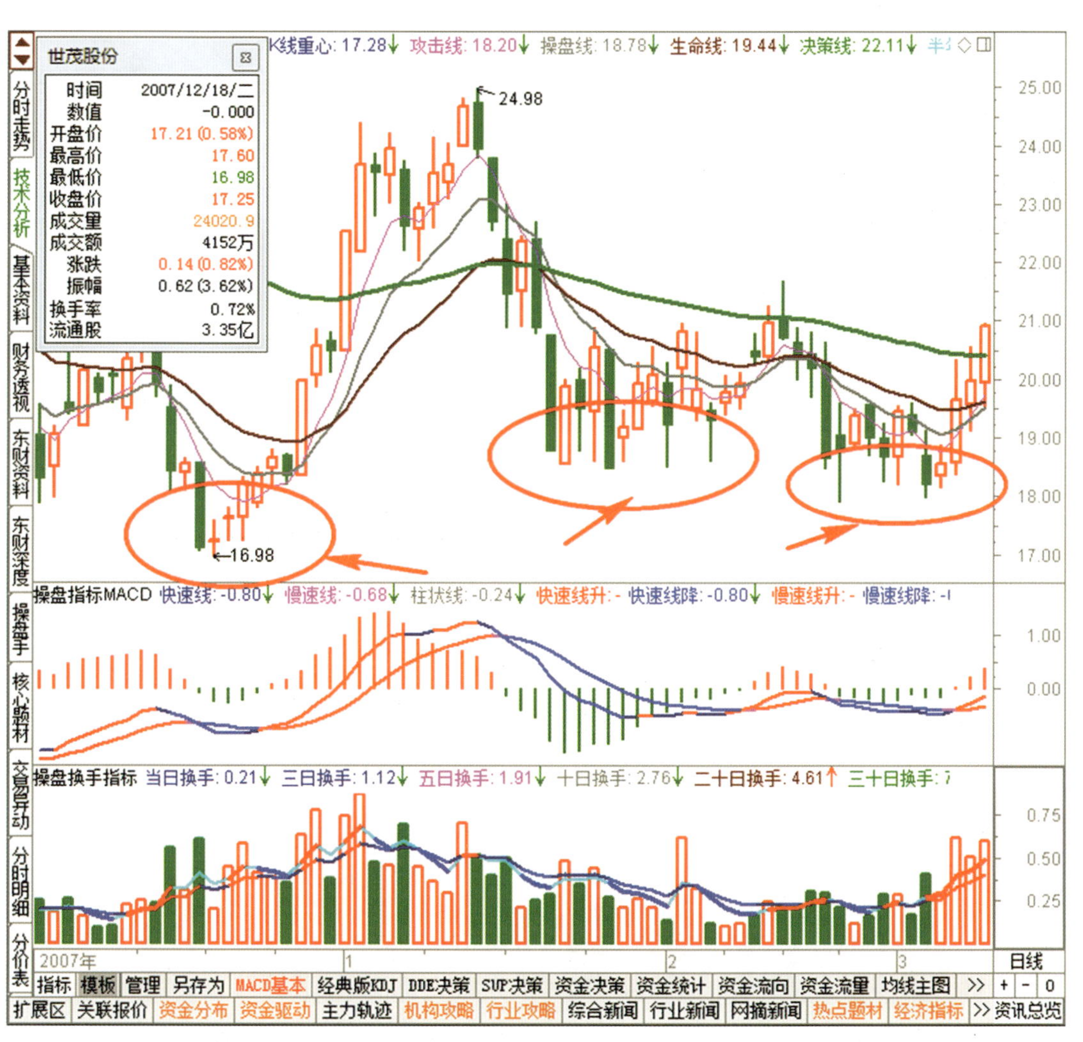

图例032　世茂股份（600823）日K线走势图谱

技术研判与操盘决策：

股价在2007年12月18日受到年线240线支撑，出现第一个上涨转折点。当天缩量止跌，换手率仅为0. 72%，与昨日放量下跌形成鲜明对比。其后股价反弹幅度达到30%以上。股价回调第二次受到年线240线支撑是在2008年1月23日，出现第二个上涨转折点。当天以小阳线报收，成交量温和放大，换手率为1．67%。出现典型止跌形态。股价本次反弹力度微弱，未能形成强势反弹。股价第三次回调年线240线并击穿支撑，连续出现十字星k线结构，似乎止跌。由于股价在第二次反弹失败，因此，第三次在击穿年线后的止跌形成反弹的可能性极大。成交量并未出现萎缩迹象，说明主力阶段性出货动作明显。临盘宜谨慎。

【道破趋势天机】实战图谱033

图例033 京能置业（600791）日K线走势图谱

技术研判与操盘决策：

股价在2007年12月3日和18日连续受到年线240线支撑，出现两个上涨转折点。

当天以带长下影线中阳线和小阳线报收，放量止跌，平均换手率达到3%以上。其后股价反弹幅度达到40%以上。股价第三次和第四次回调受到年线240线支撑是在2008年2月4日和26日。成交量略有萎缩，平均换手率为1%以上，形成典型止跌形态，出现第三、四个上涨转折点。股价本次反弹力度微弱，未能形成强势反弹特征。由于股价已经连续四次测试年线支撑，因此，股价继续反弹的技术特征将受到质疑。成交量并未出现萎缩迹象，说明主力利用年线支撑出货的可能性极大。因此，宜谨慎观望。

【道破趋势天机】实战图谱034

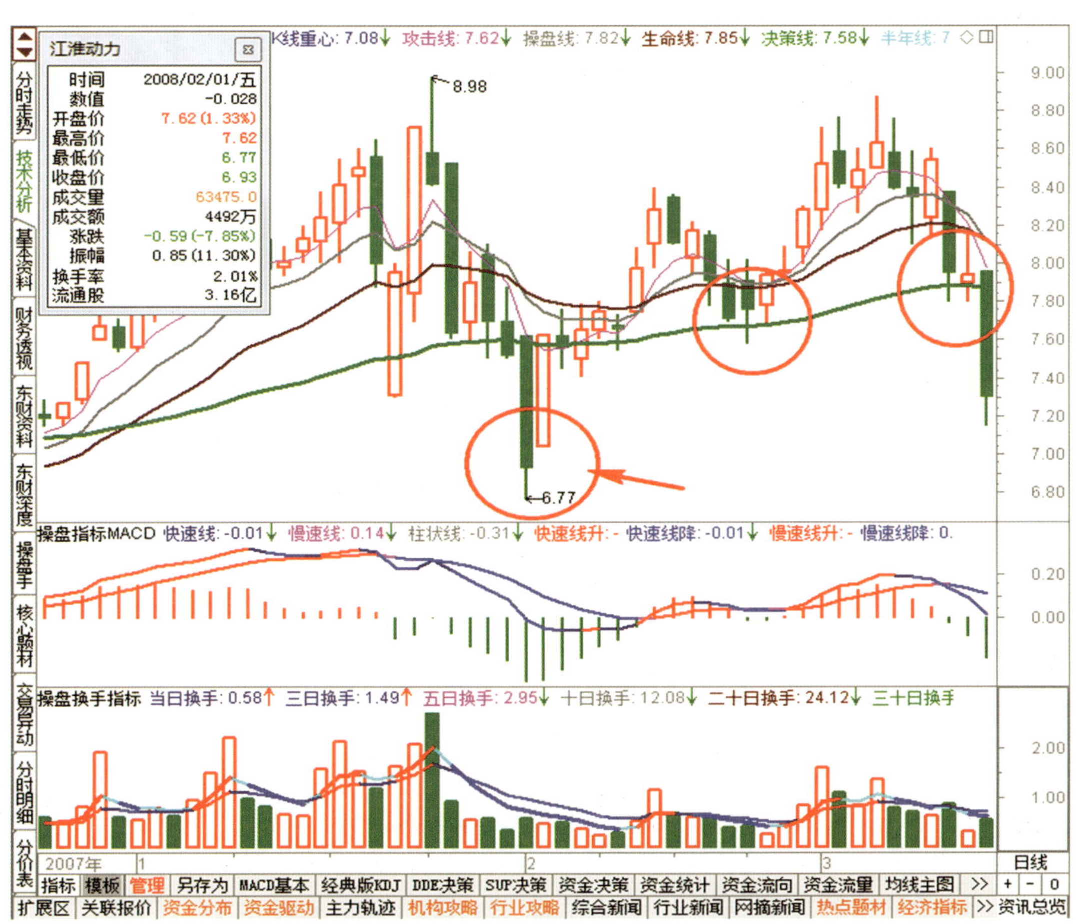

图例034　江淮动力（000816）日K线走势图谱

技术研判与操盘决策：

股价在2008年2月3日缩量杀跌受到年线240线支撑，2月4日高开涨停，出现上涨转折点。当天以大阳线报收，缩量止跌，股价重回决策60线之上。其后股价反弹幅度接近20%。股价第二次回调受到趋势120线支撑是在2008年2月26日和27日。成交量继续萎缩，平均换手率为1%，形成典型止跌形态，出现第二个上涨转折点。股价本次反弹幅度再次接近20%。由于股价已经形成两个波段的反弹，整体反弹幅度已经接近40%。因此，股价第三次出现回调时，应以谨慎观望为宜。

【道破趋势天机】实战图谱035

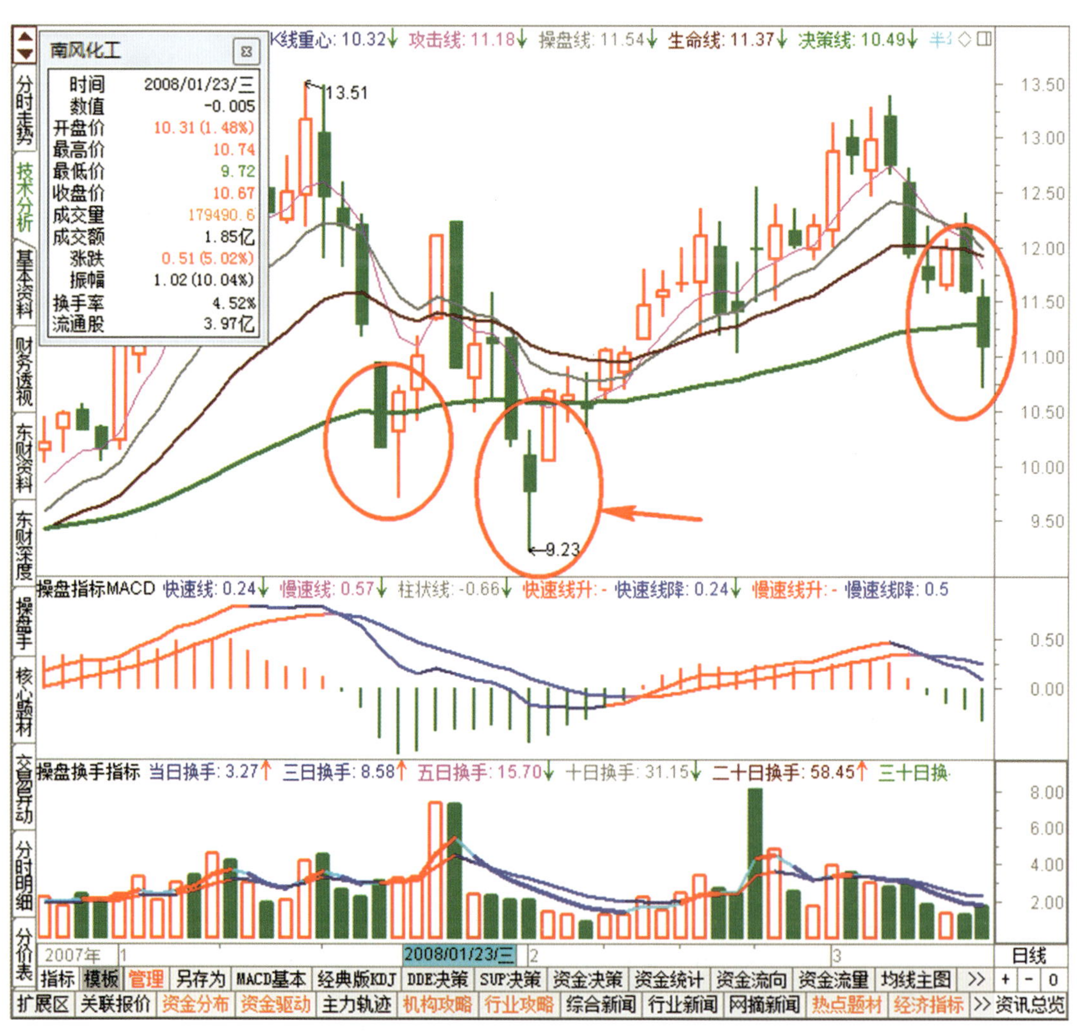

图例035　南风化工（000737）日K线走势图谱

技术研判与操盘决策：

股价在2008年1月23日受到决策60线支撑，出现第一个上涨转折点。当天以带长下影线中阳线报收，放量止跌，换手率达到4%以上。股价第二个上涨转折点出现在2008年2月1日。当天以带长下影线中阴线报收，缩量止跌，换手率为2.88%。其后股价展开反弹，幅度达到30%以上。由于股价在前高13.51元区域受阻，因此，股价再次回调趋势线支撑的可能性极大。股价在见顶回落的过程中，量能持续放大，短线还未止跌，谨慎观望为宜。

【道破趋势天机】实战图谱036

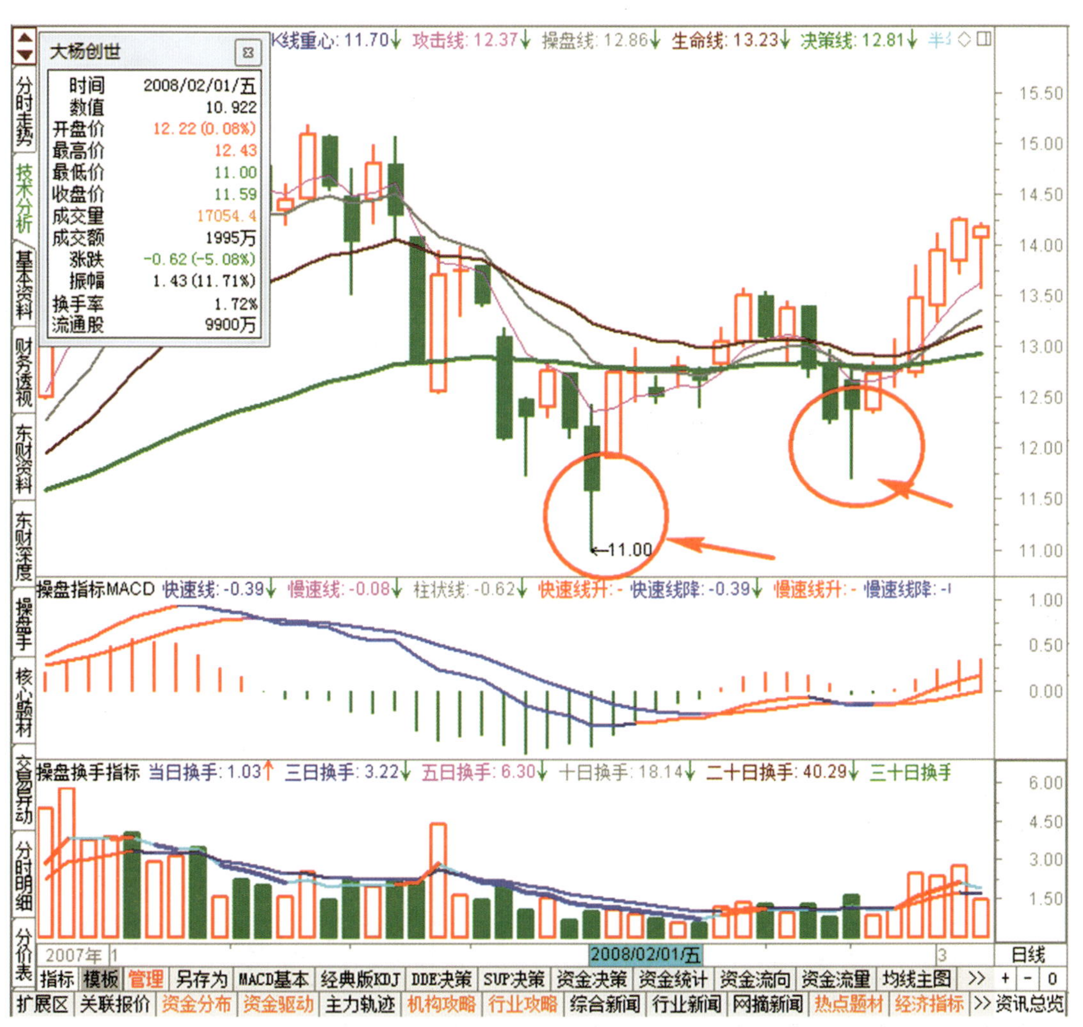

图例036　大杨创世（600233）日K线走势图谱

技术研判与操盘决策：

股价在 2008 年 2 月 1 日击穿趋势 120 线后受到年线 240 线支撑，出现第一个上涨转折点。当天以带长下影线中阴线报收，缩量止跌，换手率为 1．77%。股价第二个上涨转折点出现在 2008 年 2 月 26 日，股价在趋势 120 线上受到支撑。当天再次以带长下影线中阴线报收，温和放量止跌，换手率为 2．79%。其后股价展开反弹，幅度达到 20% 以上。股价连续反弹时，于 3 月 10 日上午出现放量滞涨现象，因此，股价再次回调的可能性极大。从盘口看，主力还在建仓性操盘阶段中，反复震荡整理，短线应谨慎观望为宜。

【道破趋势天机】实战图谱 037

图例 037 紫江企业（600210）日 K 线走势图谱

技术研判与操盘决策：

股价在 2008 年 2 月 4 日展开反弹，突破决策 60 线支撑，出现第一个上涨转折点。当天以带长中阳线报收，缩量止跌，换手率为 1．63%。股价第二个上涨转折点出现在 2008 年 2 月 26 日。当天以带长下影线小阴线报收，缩量止跌，换手率为 1．39%。其后股价展开反弹，幅度达到 20% 以上。股价连续创出新高后，量能配合较好，明显有中长线主力在场中操盘。连续三天回调，短线还未止跌，应谨慎观望为宜。如股价回调至趋势 120 线上，则是中线最佳建仓机会。

【道破趋势天机】实战图谱 038

图例 038　昌九生化（600228）日 K 线走势图谱

技术研判与操盘决策：

股价在2007年10月26日受到年线240线支撑，出现第一个上涨转折点。当天以带下影线小阳线报收，缩量止跌，换手率为5%。随后股价展开反弹，涨幅达到40%以上。股价第二个上涨转折点出现在2008年2月1日。当天以带长下影线中阴线报收，缩量止跌，换手率为2.36%。股价于次日迅速展开反弹，波段幅度达到30%以上。由于股价在前高13.51元区域受阻，因此，股价再次回调趋势线支撑的可能性极大。股价在见顶回落的过程中，量能持续放大，短线还未止跌，应谨慎观望为宜。

【道破趋势天机】实战图谱039

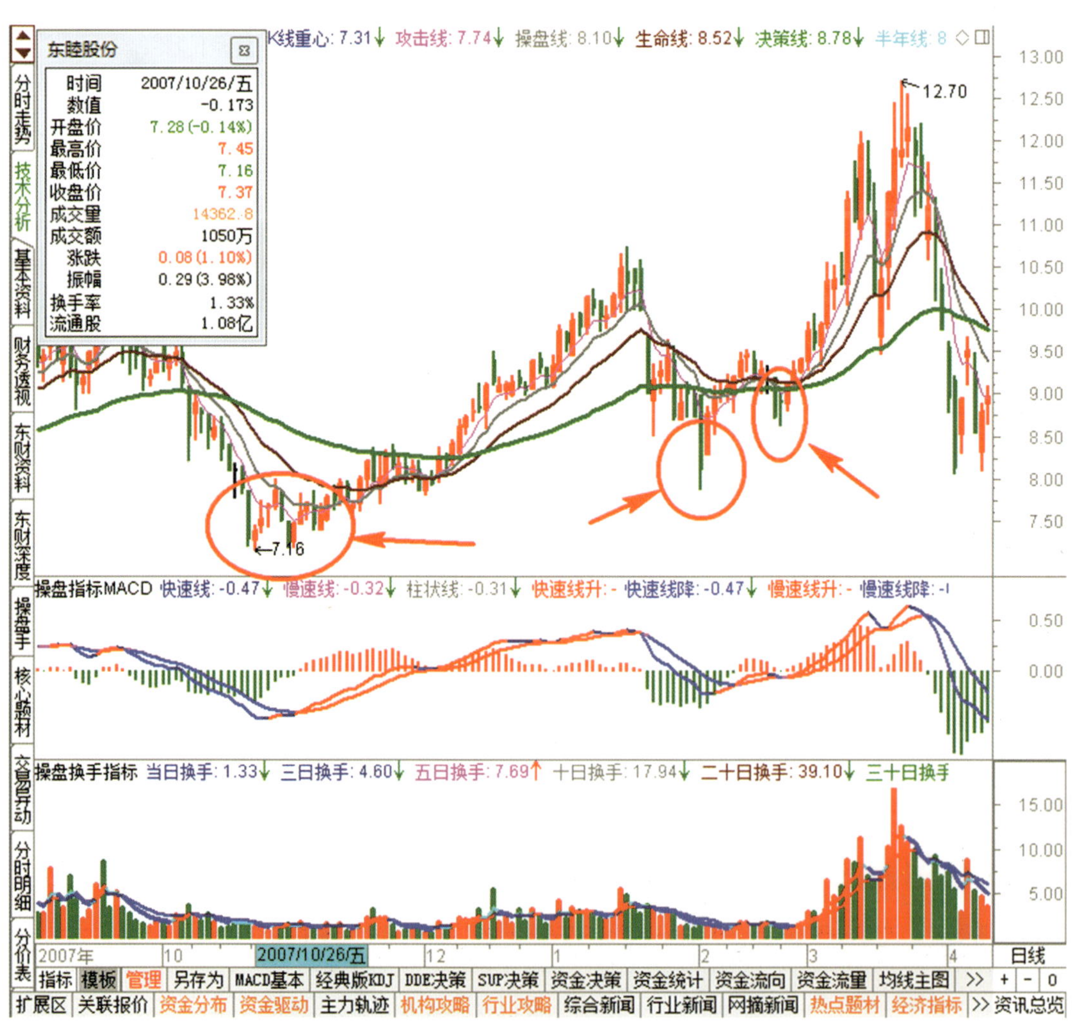

图例039 东睦股份（600114）日K线走势图谱

技术研判与操盘决策：

股价在 2007 年 10 月 26 日、11 月 5 日连续受到年线 240 线支撑，出现第一个上涨转折点区域。当天均以带下影线小阳线报收，缩量止跌，平均换手率为 1%。随后股价展开强势反弹，涨幅达到 50% 以上。股价第二个上涨转折点出现在 2008 年 2 月 4 日。第三个上涨转折点信号出现在 2008 年 2 月 26 日。股价再次展开强势反弹，预计波段涨幅将达到 50% 左右。盘中量价配合十分健康，中线主力波段操盘特征明显。因此，临盘还可追击。

【道破趋势天机】实战图谱 040

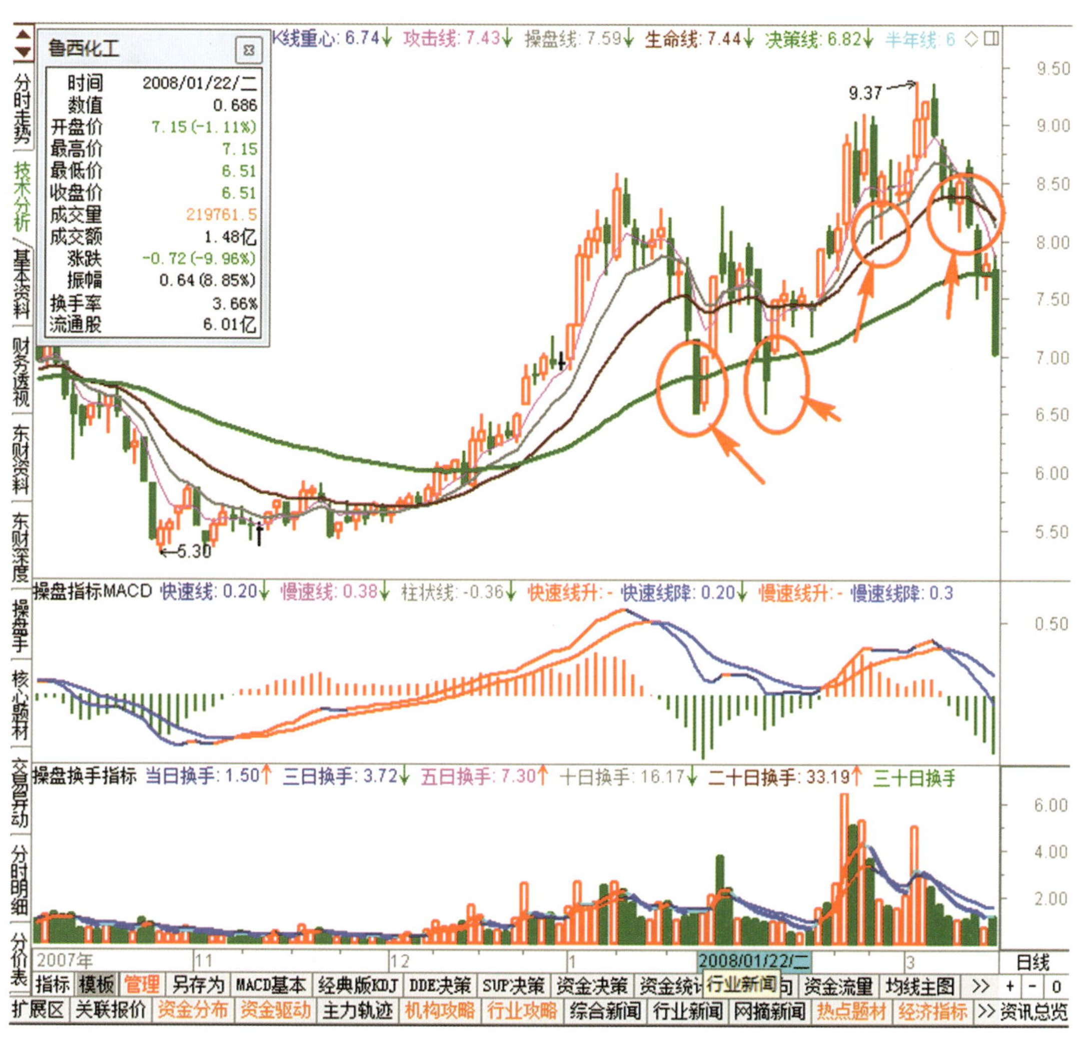

图例 040 鲁西化工（000830）日 K 线走势图谱

技术研判与操盘决策：

股价在 2008 年 1 月 23 日和 2 月 1 日连续受到年线 240 线支撑，出现两个上涨转折点区域。随后股价展开强势反弹，涨幅达到 30% 以上。股价在创出 9. 37 元新高后，出现明显放量滞涨现象。上图中最后一个圆圈所指 2008 年 3 月 10 日上午出现下跌抵抗形态。从趋势上判断，该股不会在此止跌，后续下跌风险较大。由于该股已经出现中线主力建仓性操盘特征。因此，回调到趋势 120 线之上可中线建仓。

【道破趋势天机】实战图谱 041

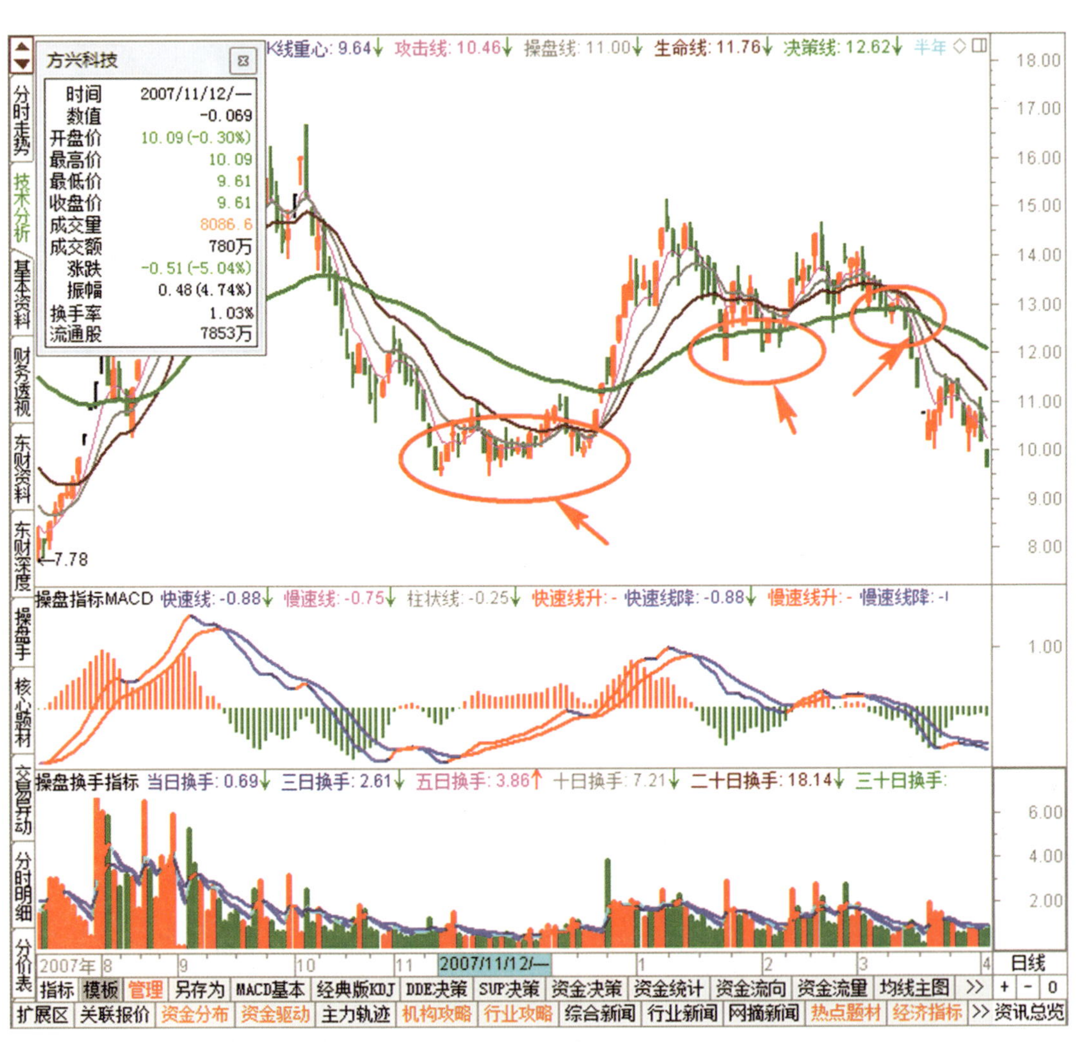

图例 041　方兴科技（600552）日 K 线走势图谱

技术研判与操盘决策：

股价在 2007 年 11 月 13 日～12 月 18 日连续受到年线 240 线支撑，出现第一个上涨转折点区域。当天均以带下影线小阳线报收，缩量止跌，平均换手率为 1%。随后股价展开强势反弹，涨幅达到 40% 以上。股价第二个上涨转折点出现在 2008 年 1 月 23 和 2 月 4 日。股价再次展开反弹，但涨势力度明显减弱，反弹高度未能突破前高。该股整体量能已经放大，中线主力建仓性滚动操盘特征明显。上图中圆圈 3 所指位置股价调整还未到位，股价有击穿年线 240 线的技术动能。如股价击穿年线支撑后，应是诱空建仓手法，因此，临盘应考虑中线建仓。

【道破趋势天机】实战图谱 042

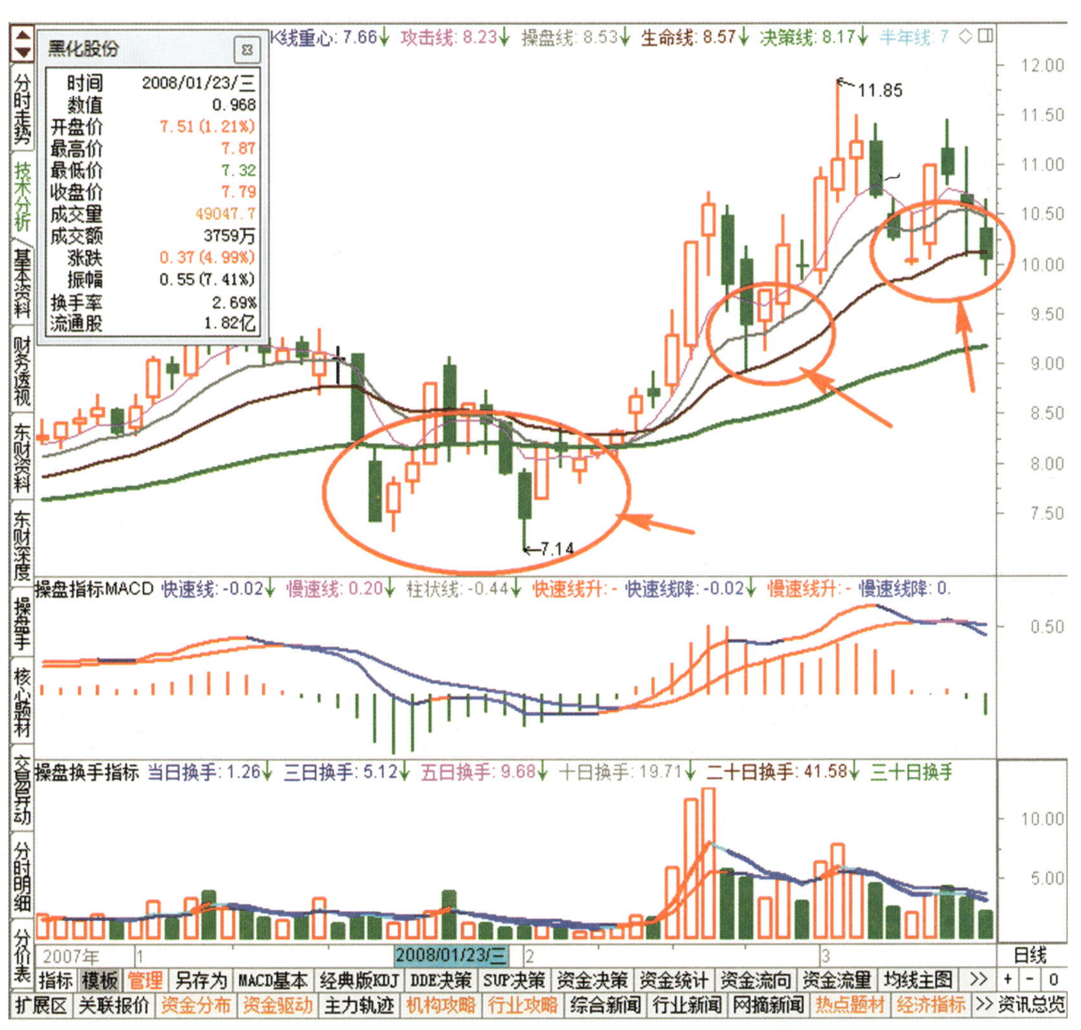

图例 042　黑化股份（600179）日 K 线走势图谱

技术研判与操盘决策：

股价在 2008 年 1 月 23 日、2 月 1 日连续受到年线 240 线支撑，出现第一个上涨转折点区域。当天均以带下影线小阳线、小阴线报收，缩量止跌，平均换手率为 1% 以上。随后股价展开强势反弹，涨幅达到 40% 以上。股价第二个上涨转折点出现在 2008 年 2 月 27 日，这是中继性上涨形态。上图中圆圈 3 所指位置是股价阶段性见顶后的技术性回调。盘中量价特征发现有中线主力滚动操盘特征。股价再次回调趋势 120 线止跌时，可考虑中线建仓。

【道破趋势天机】实战图谱 043

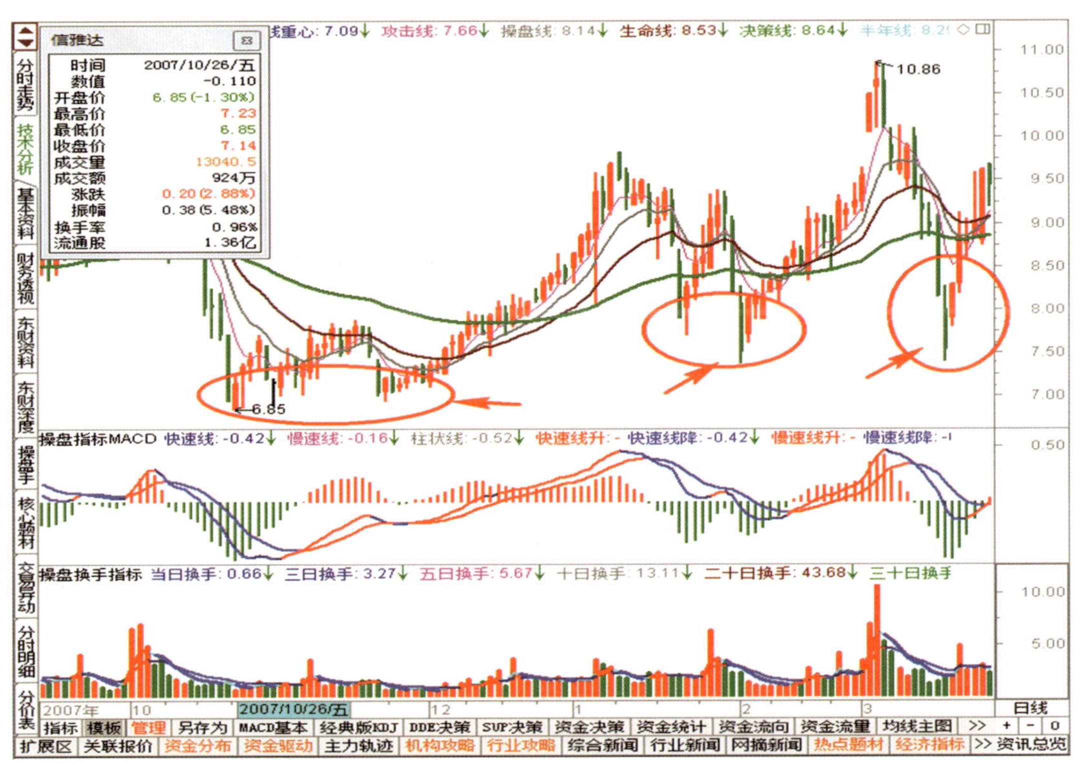

图例 043　信雅达（600571）日 K 线走势图谱

技术研判与操盘决策：

股价在 2007 年 10 月 26 日、11 月 23 日连续受到年线 240 线支撑，出现第一个上涨转折点区域。随后股价展开强势反弹，涨幅达到 40% 以上。股价第二个上涨转折点区域出现在 2008 年 1 月 23 日和 2 月 4 日。其后再次展开强势反弹，波段涨幅将达到 50% 以上。盘中量价配合十分健康，中线主力建仓性滚动操盘特征明显。上图中最后一个圆圈显示股价反弹受阻，还将展开大幅回调。如股价回调到第二个上涨转折点区域价位时，临盘应考虑中线建仓。

第二节　下降转折点

一、何谓下降转折点

股价经过一轮较大幅度的上升之后，盘中出现放量滞涨迹象，日K线以十字星、长上影线阴K线、高开长阴或者阴包阳等K线结构报收，此时，说明下降转折点已经形成。一般情况下，短中期波段升幅达到30%以上较易形成短期下降转折点；中期波段升幅达到45%以上较易形成中期阶段下降转折点；中长期波段升幅达到60%以上较易形成中长期阶段下降转折点。下降转折点是主力实施波段或者阶段性操盘的重要特征，说明主力阶段性上涨目标已经到达，调整或者下跌将成为下一阶段的操盘计划。

二、下降转折点的结构特征

下降转折点具备三大明显的技术特征：

其一，经过一轮较大幅度的上涨，短期波段升幅至少在20%～30%以上，中期波段升幅至少在35%～45%以上，中长期波段升幅至少在50%～60%以上。

其二，日K线出现十字星、长上影线K线、高开长阴或者阴包阳等K线结构。

其三，成交量逐步减少，表明上涨动能衰弱。同时，当天即时盘中出现放量滞涨迹象。

三、下降转折点的市场意义

下降转折点是主力实施波段操盘计划目标到达后的重要表现。直接表明波段或者阶段性上涨趋势的终结。同时，也说明了新一轮调整趋势的来临。更是短线投资、中线投资或者中长线投资获利出局的重要信号。

四、下降转折点与主力操盘计划

股价升幅达到20%～30%以上，临盘出现下降转折点，这是主力进行短期洗盘和短期波段调整的重要标志，临盘应观察操盘线的支撑力。如果操盘线不破，则说明是短线洗盘行为；如果操盘线被击穿，则说明主力要进行短期波段调整。

股价升幅达到35%～45%以上，临盘出现下降转折点，这是主力进行中期阶段调整的重要标志，临盘应观察操盘线的支撑力。如果操盘线不破，则说明是短线洗盘行为；如果操盘线被击穿，则说明股价中期头部已经形成，阶段性大调整即将展开。

股价升幅达到50%～60%以上，临盘出现下降转折点，这是主力进行中期或者中长期阶段性调整的重要标志，临盘应观察操盘线的支撑力。如果操盘线不破，则说明是洗盘行为，股价还有一段升幅。如果操盘线被击穿，则说明中长期阶段性头部已经出现，阶段性大调整已经展开。

五、下降转折点的最佳狙击时机

短线投资。当股价升幅达到20%～30%以上，盘中出现下降转折点信号时，临盘应果断卖出。如果操盘线被击穿不被收复时，临盘更要及时清仓。

中线投资。当股价升幅达到35%～45%以上，盘中出现下降转折点信号时，临盘应阶段性卖出。如果操盘线被击穿，临盘更要果断清仓。

中长线和长线投资。当股价升幅达到50%～60%以上，盘中出现下降转折点信号时，临盘应实施第一阶段卖出。如果操盘线被击穿，临盘则实施第二阶段卖出。卖出仓位比例应达到60%左右。

【道破趋势天机】实战图谱044

图例044　弘业股份（600128）日K线走势图谱

技术研判与操盘决策：

股价在 2008 年 1 月 9 日冲高回落，出现第一个下降转折点信号。当天以带长上影线小阴线报收，盘中放量滞涨。随后股价展开回落，波段跌幅达到 30% 以上。股价第二个下降转折点出现在 2008 年 3 月 6 日。本次下降转折点信号是在股价再次形成 50% 的涨幅后出现。

股价在盘中明显放量滞涨，这是阶段性见顶的重要信号。临盘应果断出局。从该股两次涨跌运行状态分析，该股主力波段性规律性操盘特征十分明显。

该股主力有演变成中长线持股趋势。

【道破趋势天机】实战图谱 045

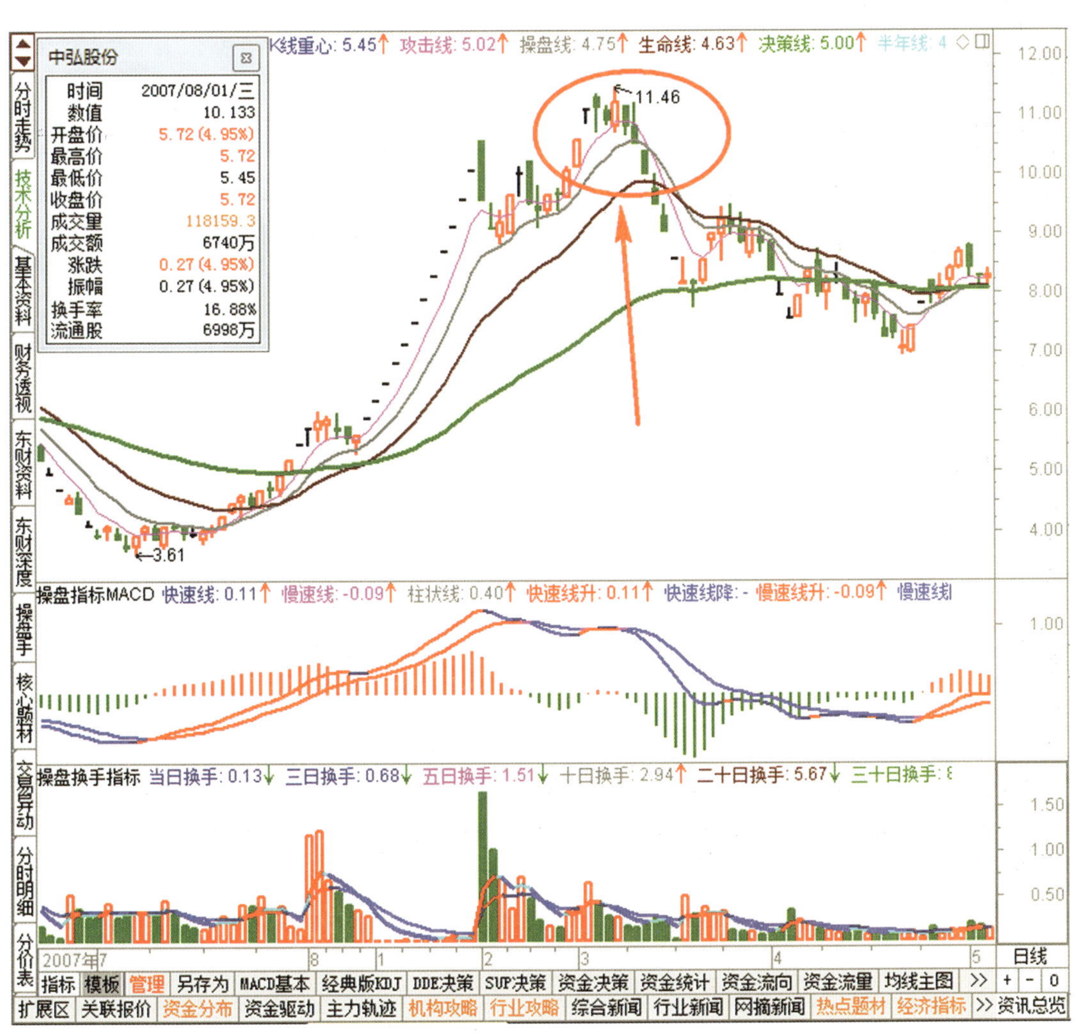

图例 045 中弘股份（000979）日 K 线走势图谱

技术研判与操盘决策：

股价在 2008 年 3 月 5 日 ~3 月 6 日持续震荡盘跌，出现下降转折点信号。由于该股前期已经经历大幅上涨，盘中筹码套现的技术性要求巨大。股价在盘中明显放量滞涨，这是阶段性见顶的重要信号。临盘应果断出局。从该股见顶后放量换手情况分析，主力大规模出货性操盘特征十分明显。该股波段行情已经终结，临盘出局是唯一的选择。

【道破趋势天机】实战图谱 046

图例 046　隆平高科（000998）日 K 线走势图谱

技术研判与操盘决策：

股价在 2008 年 2 月 1 日明显在年线 240 线上止跌，形成上涨转折点信号。股价随即经历大幅上涨，波幅达到40%以上。2008年3月6日复牌后，股价明显出现放量滞涨状态。当天以带长上影线的中阴线报收，换手率达到12%以上。主力拉高出货特征十分明显，盘中形成典型下降转折点信号。股价后续下跌将继续展开，临盘应果断出局避险。量价结构显示该股属于中长线主力波段操盘特征。股价回调至年线240线附近还有短线狙击机会。

【道破趋势天机】实战图谱047

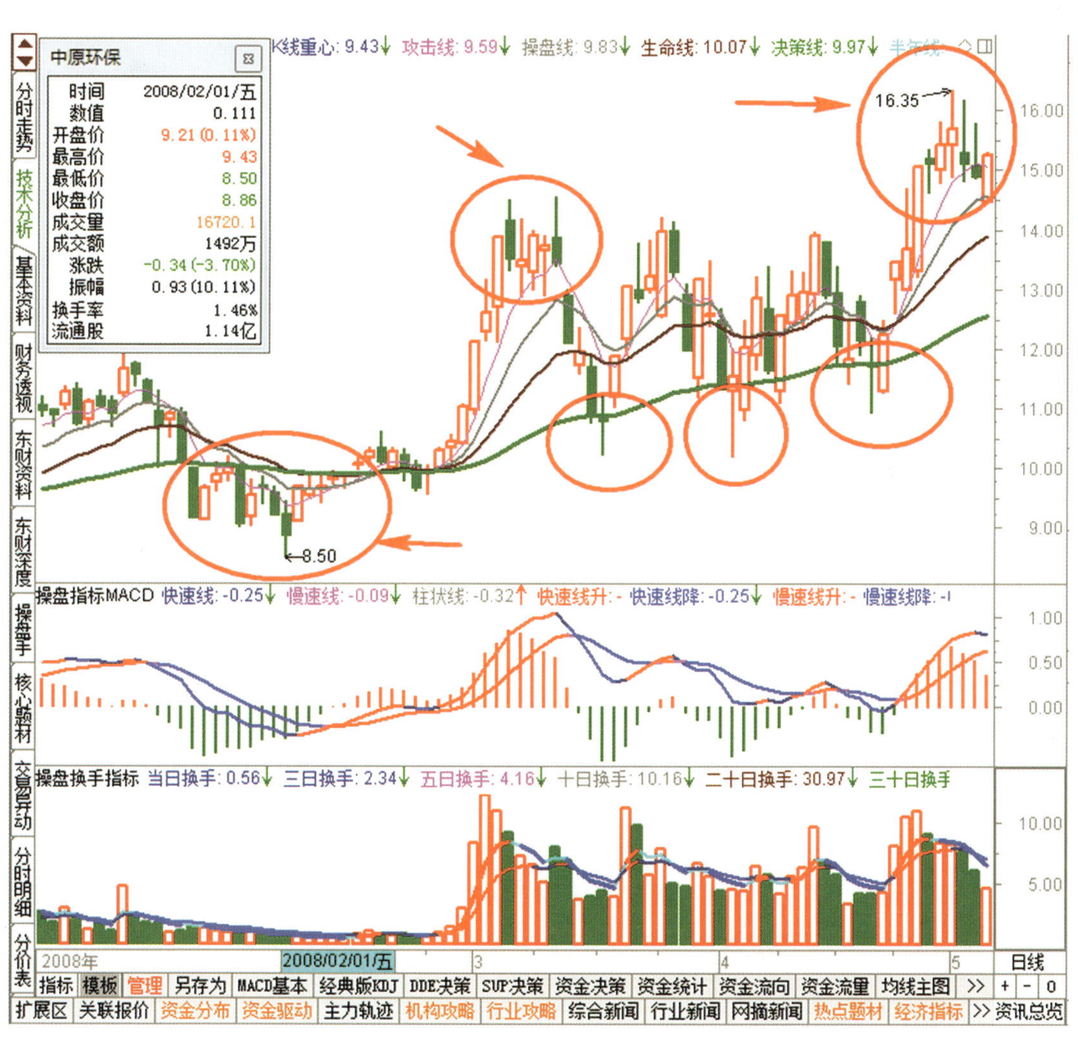

图例047　中原环保（000544）日K线走势图谱

技术研判与操盘决策：

股价在2008年3月6日冲高回落，出现第一个下降转折点信号。当天以带长上影线中阴线报收，盘中放量滞涨。本次下降转折点信号是在股价再次形成40%以上的涨幅后出现。盘中明显放量滞涨，这是阶段性见顶的重要信号。临盘应果断出局。从该股本波段运行状态分析，属于短线主力突击性操盘特征十分明显。但短期内无法快速完成所有仓位的出货计划。因此，该股再次回调决策 60 线附近还有短线狙击机会。

【道破趋势天机】实战图谱 048

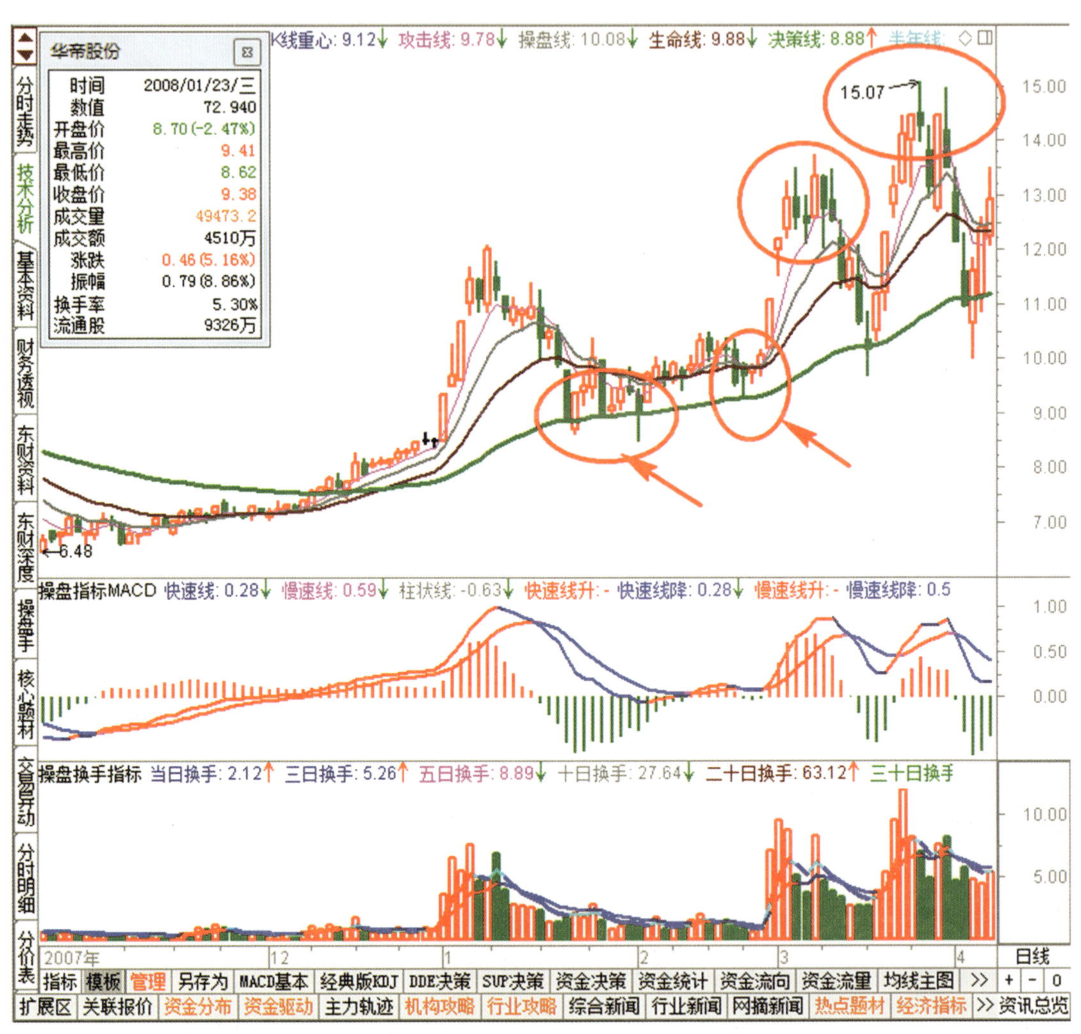

图例 048　华帝股份（002035）日 K 线走势图谱

技术研判与操盘决策：

股价在 2008 年 3 月 6 日冲高回落，出现下降转折点信号。当天以带长上影线中阴线报收，盘中放量滞涨。本次下降转折点信号是在股价再次形成 30% 的涨幅后出现。股价在盘中明显放量滞涨，这是阶段性见顶的重要信号。临盘应果断出局。从该股两次涨跌运行状态分析，该股主力波段性规律性操盘特征十分明显。量价结构显示，该股为中线主力操盘特征。

股价中线行情已经启动，再次回调到决策60线之上可考虑建仓狙击。

【道破趋势天机】实战图谱049

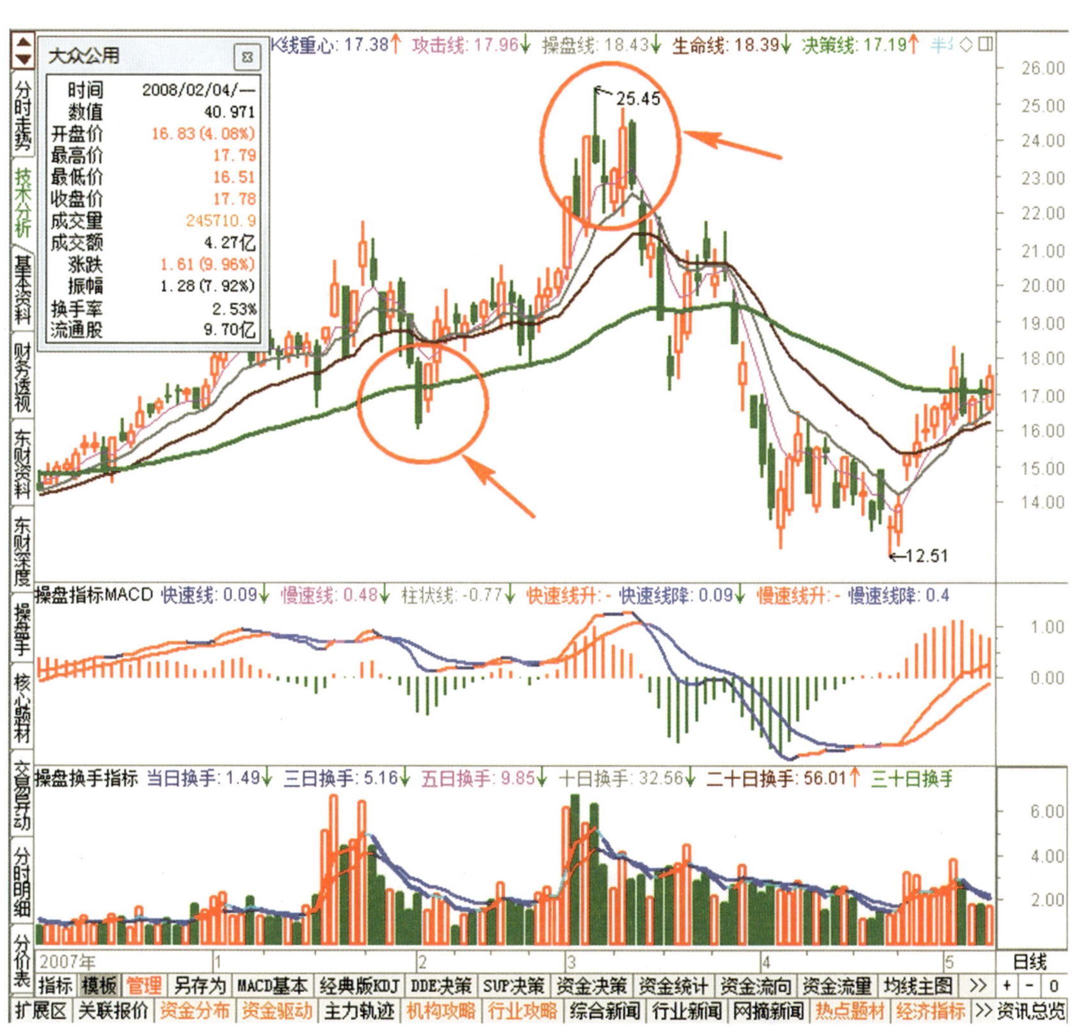

图例049 大众公用（600635）日K线走势图谱

技术研判与操盘决策：

股价在2008年3月6日早盘出现回头波打压，冲高回落，出现下降转折点信号。当天以带长上影线中阴线报收，盘中放量滞涨。本次下降转折点信号是在股价再次形成30%的涨幅后出现。股价在盘中明显放量滞涨，这是阶段性见顶的重要信号。从该股量价结构分析，该股主力中长线操盘特征十分明显。盘中放量滞涨，说明主力拉高出货。临盘应果断出局。

【道破趋势天机】实战图谱 050

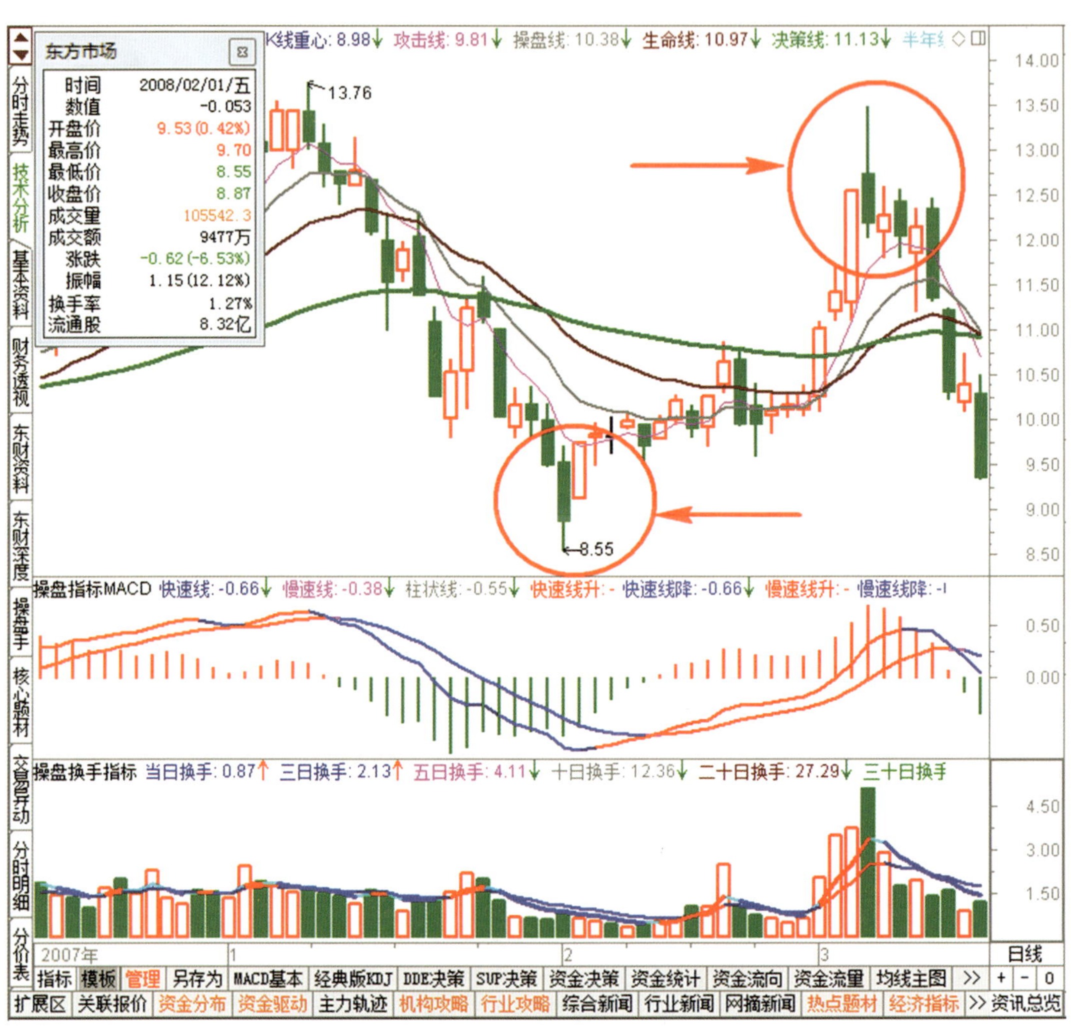

图例 050　丝绸股份（000301）日 K 线走势图谱

技术研判与操盘决策：

股价在 2008 年 3 月 6 日早盘出现回头波打压，冲高回落，出现下降转折点信号。当天以带长上影线中阴线报收，盘中放量滞涨。本次下降转折点信号是在股价再次形成 20% 以上的涨幅后出现。股价在盘中明显放量滞涨，这是阶段性见顶的重要信号。从该股量价结构分析，该股为短线主力操盘特征十分明显。盘中放量滞涨，说明主力拉高出货。临盘应果断出局。该股目前处在阶段性底部，股价回调 9

元附近应还有短线狙击机会。

【道破趋势天机】实战图谱 051

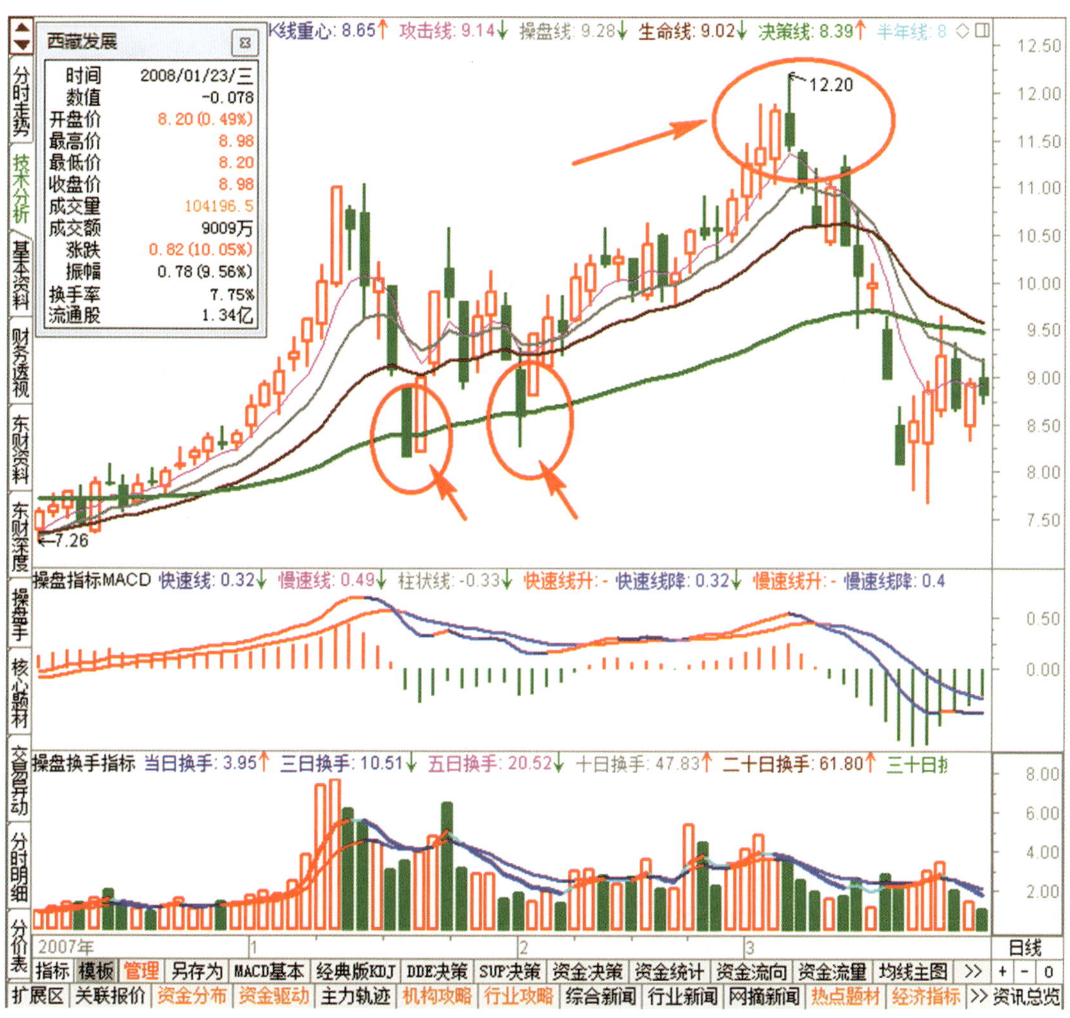

图例 051 西藏发展（000752）日 K 线走势图谱

技术研判与操盘决策：

股价在 2008 年 3 月 6 日中盘出现回头波打压，冲高回落。当天以带长上影线中阴线报收，盘中放量滞涨，并出现典型下降转折点信号。本次下降转折点信号是在股价再次形成 40% 以上的涨幅后出现。股价在盘中明显放量滞涨，这是阶段性见顶的重要信号。从该股量价结构分析，该股主力中长线操盘特征十分明显。盘中放量滞涨，说明主力波段性滚动操盘，有出货的嫌疑。临盘应果断出局。如股价再次回调决策线止跌时，应考虑中线建仓。

【道破趋势天机】实战图谱 052

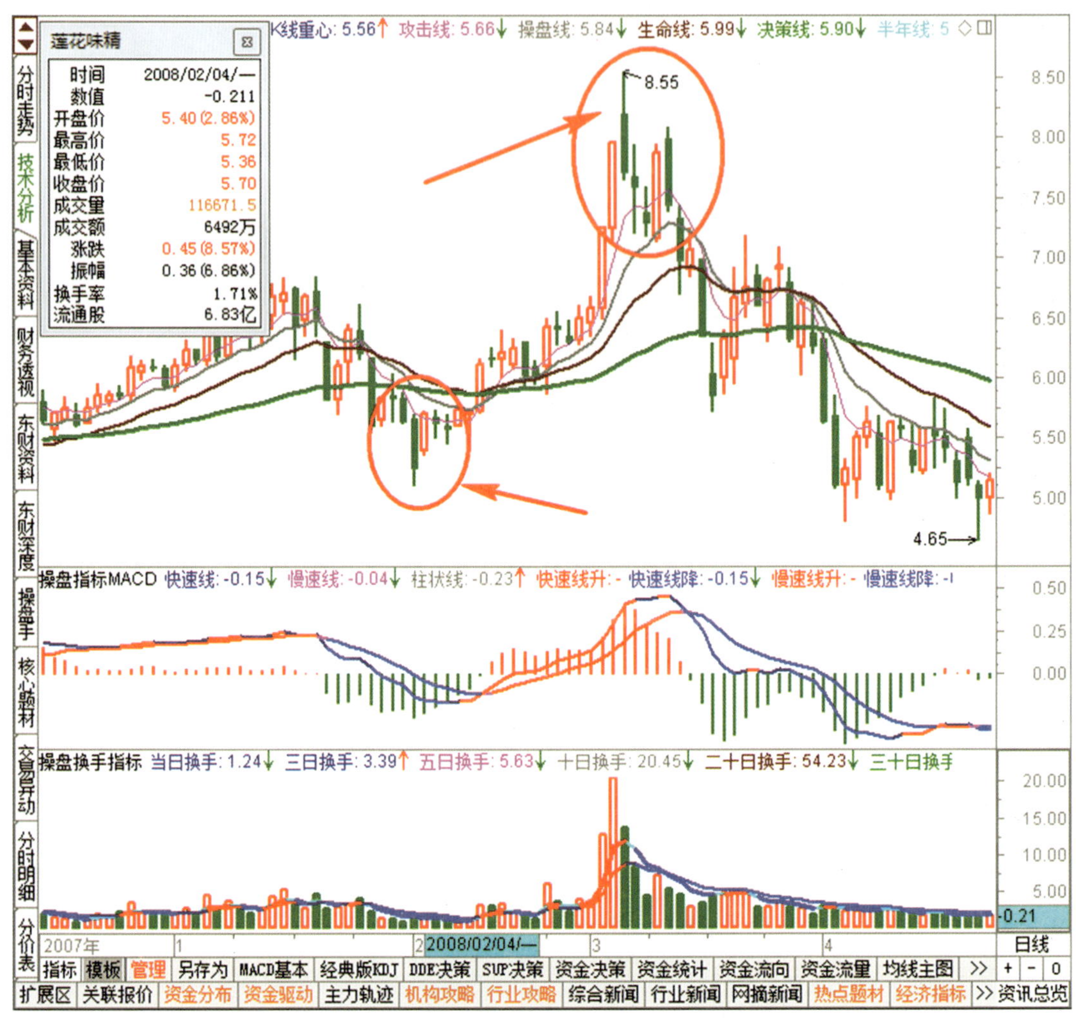

图例 052　莲花味精（600186）日 K 线走势图谱

技术研判与操盘决策：

股价在 2008 年 3 月 6 日中盘复牌后出现回头波打压，冲高回落。当天以带长上影线中阴线报收，盘中放量滞涨。出现典型下降转折点信号。本次下降转折点信号是在股价再次形成 40% 以上的涨幅后出现。股价在盘中明显放量滞涨，这是阶段性见顶的重要信号。从该股量价结构分析，该股为主力中线操盘特征十分明显。盘中放量滞涨，说明主力波段性滚动操盘，有出货的嫌疑。临盘应果断出局。如股价再次回调决策线止跌时，应考虑中线建仓。

【道破趋势天机】实战图谱 053

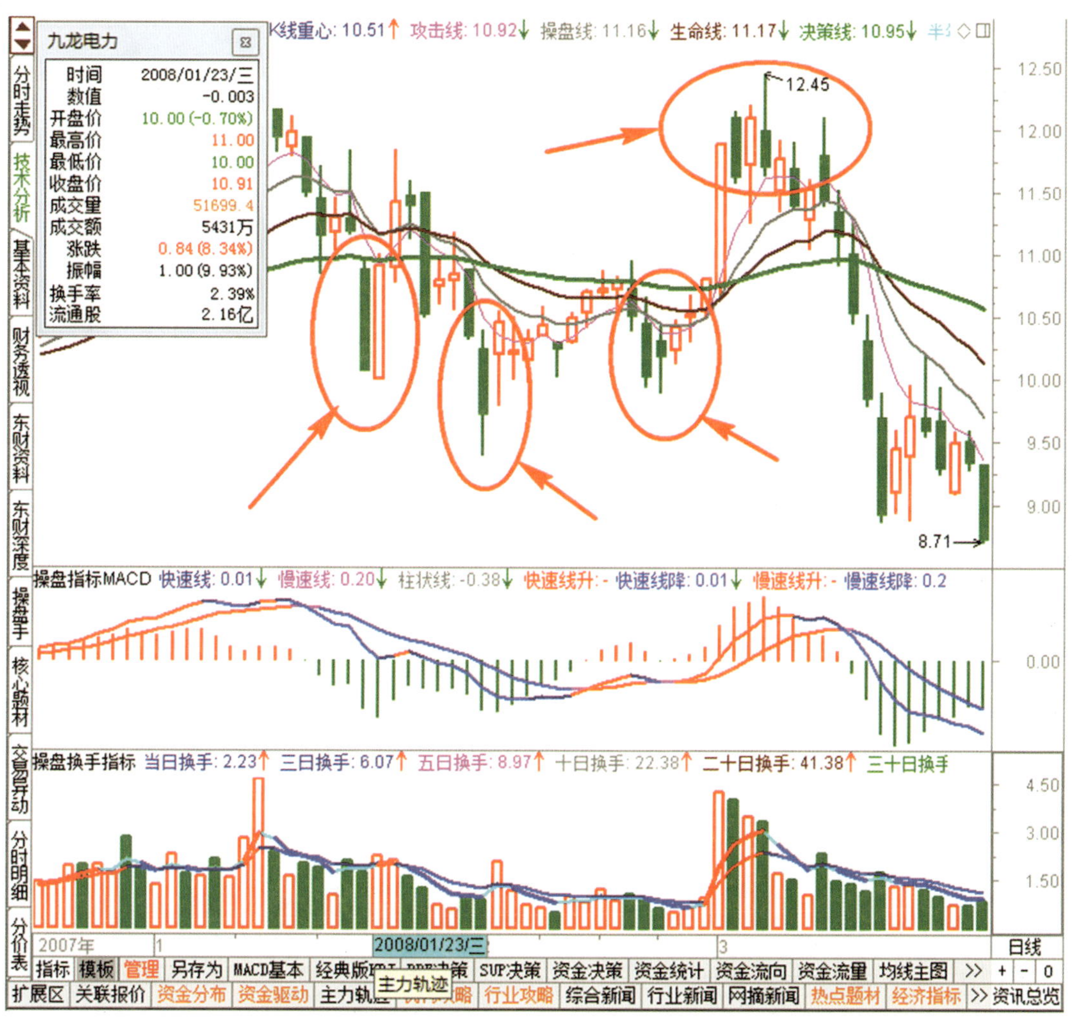

图例 053 九龙电力（600292）日 K 线走势图谱

技术研判与操盘决策：

股价经过两天洗盘调整后，在 2008 年 3 月 6 日盘中攻击无力，并出现回头波打压技术形态。当天以带长上影线中阴线报收，盘中放量滞涨。出现典型下降转折点信号。本次下降转折点信号是在股价接近 20% 的涨幅后出现。股价在盘中明显放量滞涨，这是阶段性见顶的重要信号。从该股量价结构分析，该股为中线主力底部建仓性操盘特征。盘中放量滞涨，说明主力波段性滚动操盘，还将进一步打压筹码，因此，临盘应果断出局。如股价再次回调决策线之下止跌时，应考虑中线建仓。

【道破趋势天机】实战图谱 054

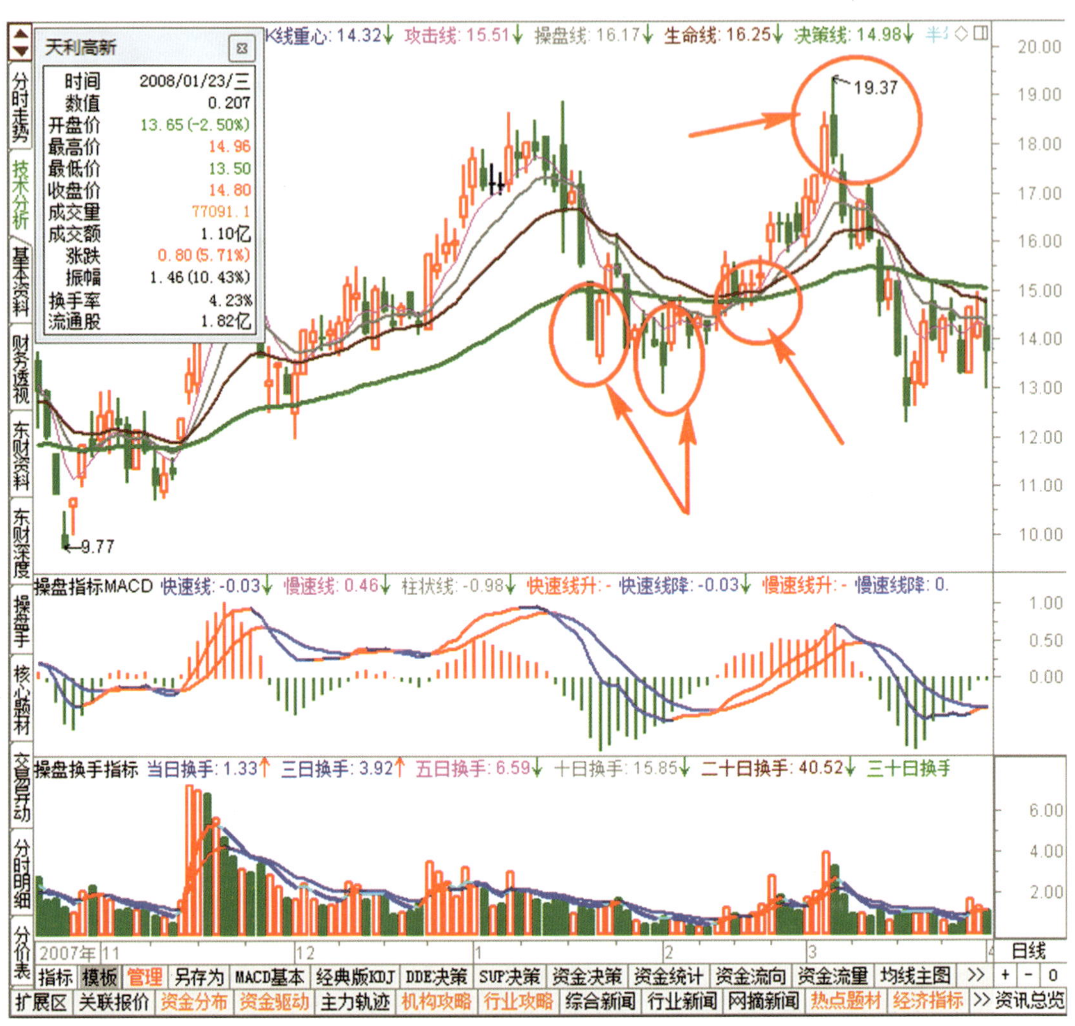

图例 054　天利高新（600339）日 K 线走势图谱

技术研判与操盘决策：

股价在 2008 年 3 月 6 日于 1 区盘中出现回头波打压，冲高回落。当天以带长上影线中阴线报收，盘中放量滞涨。出现典型下降转折点信号。本次下降转折点信号是在股价再次形成 40% 以上的涨幅后出现。股价在盘中明显放量滞涨，这是阶段性见顶的重要信号。从该股量价结构分析，该股为中线主力波段性操盘特征。盘中放量滞涨，说明主力滚动性操盘，有阶段出货嫌疑。应果断出局。如后市再次回调决策线之下止跌时，应考虑中线建仓。

【道破趋势天机】实战图谱 055

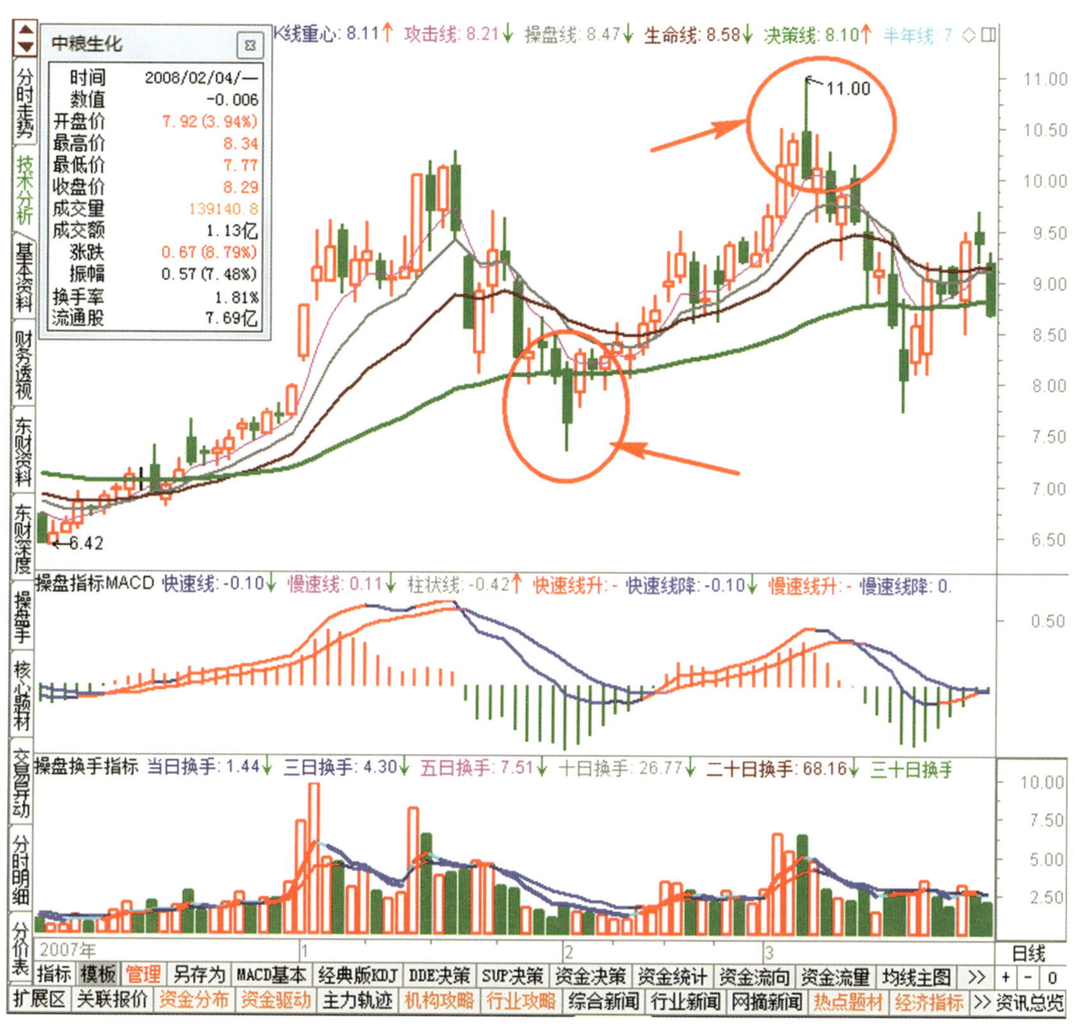

图例 055 丰原生化（000930）日 K 线走势图谱

技术研判与操盘决策：

股价在 2008 年 3 月 6 日早盘冲高后出现回头波打压技术手法。当天以带长上影线中阴线报收，盘中放量滞涨。出现典型下降转折点信号。本次下降转折点信号是在股价再次形成 40% 以上的涨幅后出现。股价在盘中明显放量滞涨，这是阶段性见顶的重要信号。从该股量价结构分析，该股为中线主力波段性操盘特征。盘中放量滞涨，说明主力滚动操盘，有阶段性出货的迹象。临盘应果断出局。如股价后市再次回调决策线之下止跌时，应考虑中线建仓。

【道破趋势天机】实战图谱 056

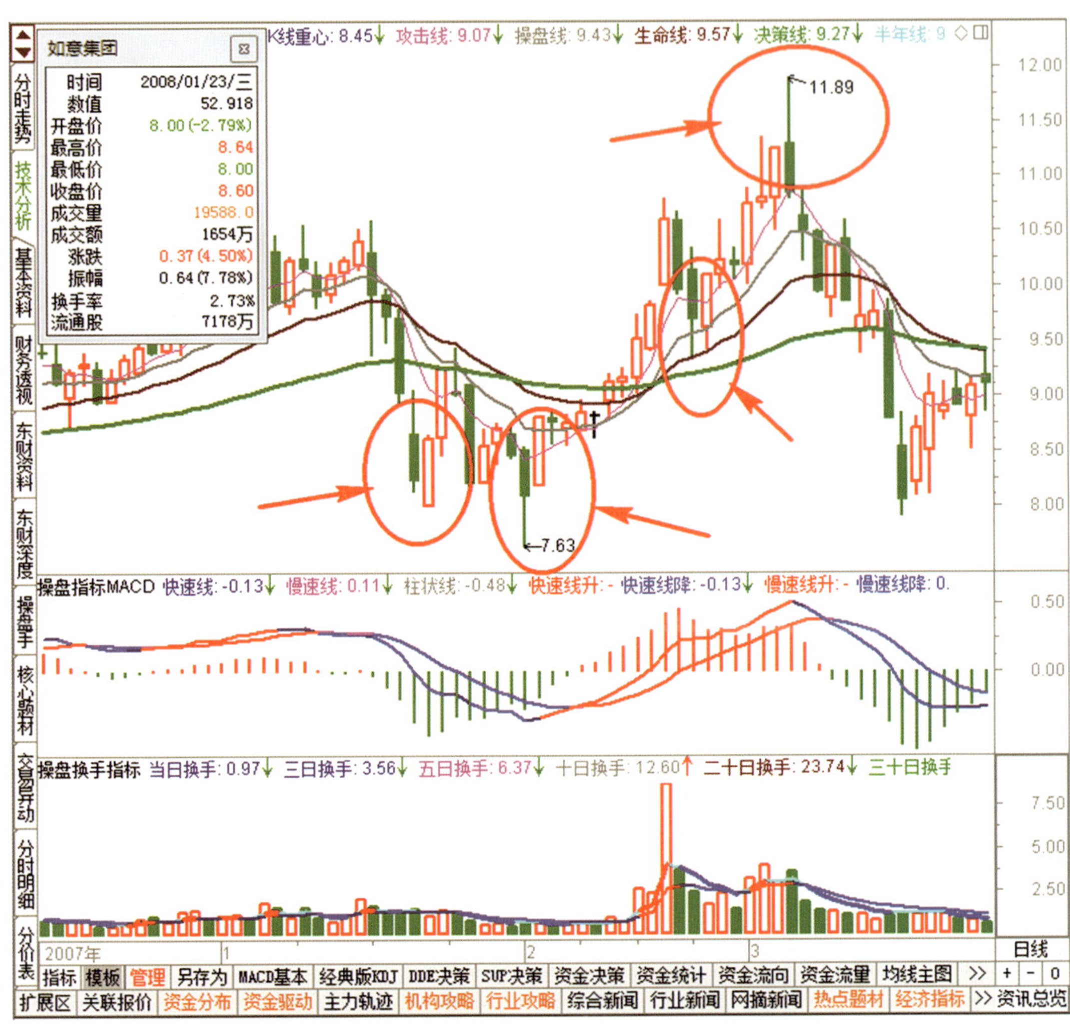

图例 056　如意集团（000626）日 K 线走势图谱

技术研判与操盘决策：

股价在 2008 年 3 月 6 日早盘冲高后出现回头波打压技术特征。当天以带长上影线中阴线报收，盘中放量滞涨。出现典型下降转折点信号。本次下降转折点信号是在股价再次形成 40% 以上的涨幅后出现。股价在盘中明显放量滞涨，这是阶段性见顶的重要信号。从该股量价结构分析，该股为主力中线操盘特征十分明显。盘中放量滞涨，说明主力波段性滚动操盘，有出货的嫌疑。临盘应果断出局。如股价再次回调决策线之下止跌时，应考虑中线建仓。

【道破趋势天机】实战图谱 057

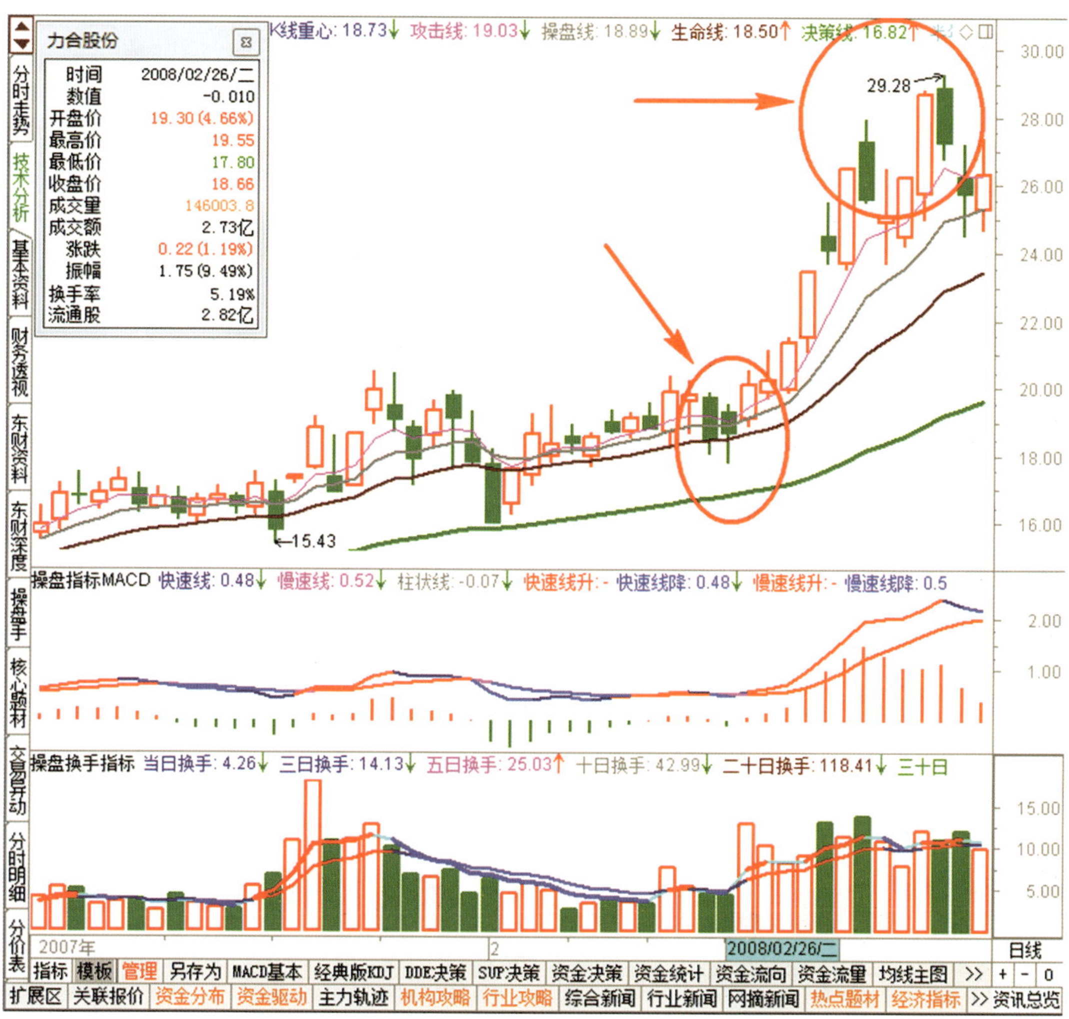

图例 057 力合股份（000532）日 K 线走势图谱

技术研判与操盘决策：

股价在 2008 年 3 月 6 日中盘复牌后出现回头波打压，冲高回落。当天以带长上影线中阴线报收，盘中放量滞涨。出现典型下降转折点信号。本次下降转折点信号是在股价再次接近 40% 的涨幅后出现。股价在盘中大幅震荡明显放量滞涨，这是阶段性见顶的重要信号。从该股量价结构分析，该股为主力中长线操盘特征。盘中放量滞涨，说明主力滚动操盘，已经在盘中大规模出货。临盘应果断出局。如股价再次回调决策线之上止跌时，应考虑中线波段性建仓狙击。

【道破趋势天机】实战图谱 058

图例 058　中路股份（600816）日 K 线走势图谱

技术研判与操盘决策：

股价经过连续三天调整后，在 2008 年 3 月 6 日早盘冲高出现回头波打压技术手段。当天以带长上影线中阴线报收，盘中放量滞涨。出现典型下降转折点信号。本次下降转折点信号是在股价形成 40% 以上的波段涨幅后出现。股价在盘中明显放量滞涨，这是阶段性见顶的重要信号。从该股量价结构分析，该股为中线主力滚动操盘特征。盘中放量滞涨，说明主力已经在实施阶段性出货。临盘应果断出局。如股价再次回调决策线止跌时，应考虑短线建仓狙击反弹。

【道破趋势天机】实战图谱 059

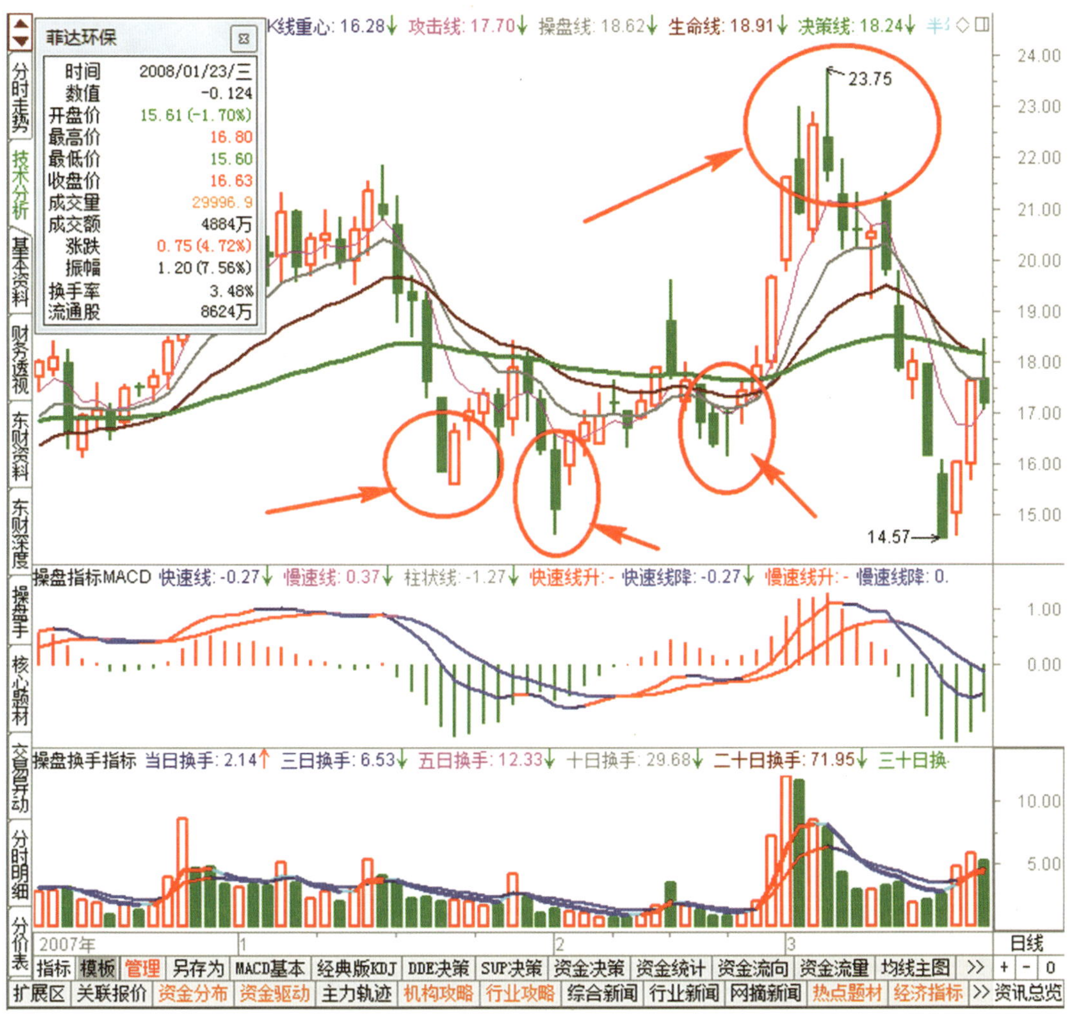

图例 059　菲达环保（600526）日 K 线走势图谱

技术研判与操盘决策：

经过三天调整，股价在 2008 年 3 月 6 日早盘出现回头波打压，冲高回落。当天以带长上影线中阴线报收，盘中放量滞涨。出现典型下降转折点信号。本次下降转折点信号是在股价再次形成 30% 以上的涨幅后出现。股价在盘中明显放量滞涨，这是阶段性见顶的重要信号。从该股量价结构分析，该股为主力中长线滚动操盘特征。盘中放量滞涨，说明主力阶段性滚动操盘，有拉高出货的迹象。临盘应果断出局。如股价再次回调决策线之下缩量止跌时，应考虑短线建仓狙击波段反弹行情。

【道破趋势天机】实战图谱 060

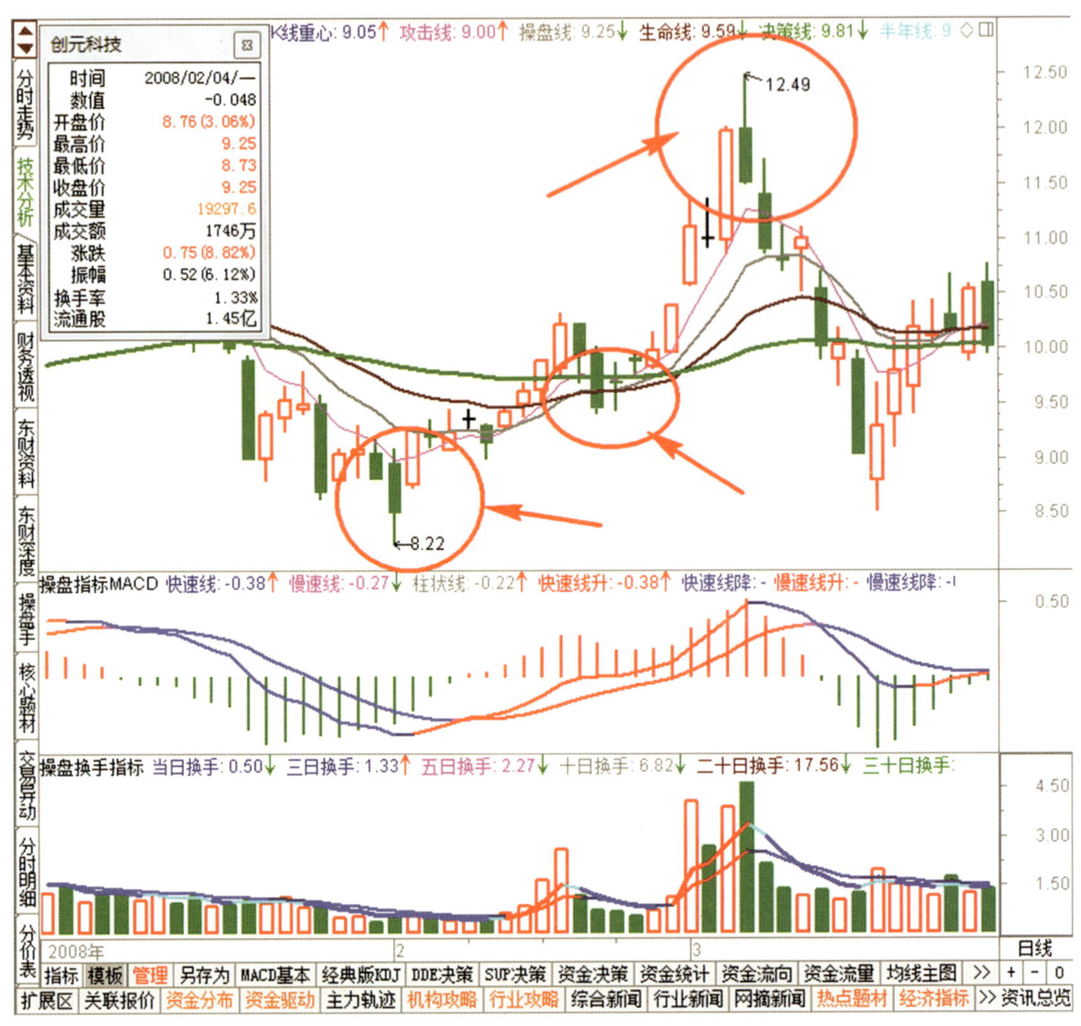

图例 060　创元科技（000551）日 K 线走势图谱

技术研判与操盘决策：

股价在 2008 年 3 月 6 日早盘冲高后出现回头波技术性打压手法。当天以带长上影线中阴线报收，盘中放量滞涨。出现典型下降转折点信号。本次下降转折点信号是在股价形成 40% 以上的波段涨幅后出现。股价在盘中明显放量滞涨，这是阶段性见顶的重要信号。从该股量价结构分析，该股为中线主力滚动操盘特征。盘中放量滞涨，说明主力波段性滚动操盘，有阶段性出货的嫌疑。临盘应果断出局。如股价再次回调决策线之下缩量止跌时，应考虑中线建仓狙击第二波段行情。

【道破趋势天机】实战图谱 061

图例 061　冠豪高新（600433）日 K 线走势图谱

技术研判与操盘决策：

股价在 2008 年 3 月 6 日中盘复牌后出现回头波打压，当天以带长上影线中阴线报收。

盘中放巨量滞涨，换手率达到 22% 以上。出现典型下降转折点信号。本次下降转折点信号是在股价再次形成 30% 以上的涨幅后出现。股价在盘中明显放量滞涨，这是阶段性见顶的重要信号。从该股量价结构分析，该股为中线主力滚动操盘特征。盘中放量滞涨，说明主力滚动操盘，并在盘中大规模实施出货动作。临盘应果断出局。如股价再次回调决策线之下缩量止跌时，应考虑短线建仓狙击波段反弹行情。

【道破趋势天机】实战图谱 062

图例 062　600220 江苏阳光（600220）日 K 线走势图谱

技术研判与操盘决策：

股价在 2008 年 3 月 6 日中盘复牌后出现回头波打压，当天以带长上影线中阴线报收。盘中继续放量滞涨，当天换手率达到 11% 以上。并出现典型下降转折点信号。本次下降转折点信号是在股价再次形成 40% 以上的涨幅后出现。股价在盘中明显放量滞涨，这是阶段性见顶的重要信号。从该股量价结构分析，该股为中线主力波段操盘特征十分明显。盘中放量滞涨，说明主力波段性滚动操盘，有阶段性出货的迹象。临盘应果断出局。如股价再次回调生命 20 线止跌时，应考虑中线建仓狙击第二波段拉升行情。

【道破趋势天机】实战图谱 063

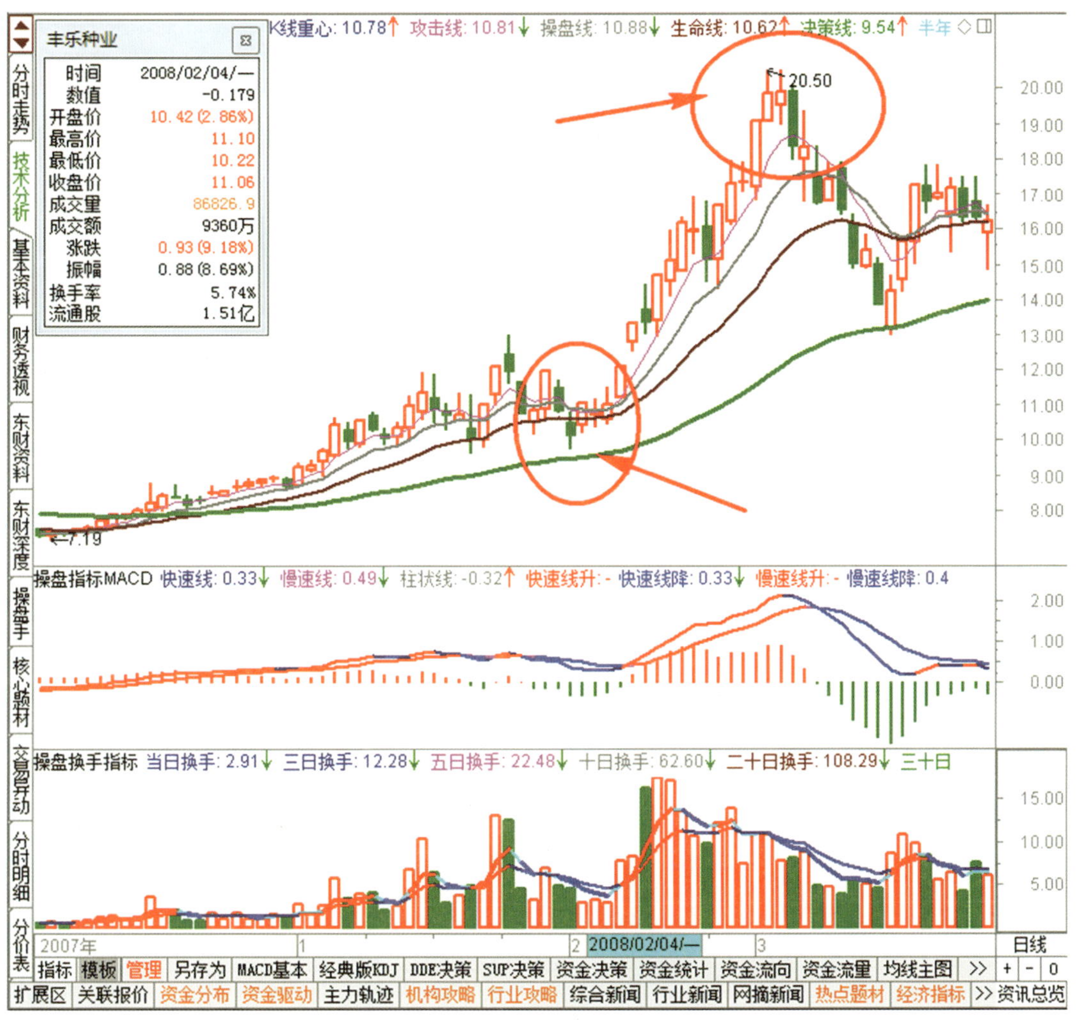

图例 063　丰乐种业（000713）日 K 线走势图谱

技术研判与操盘决策：

股价在 2008 年 3 月 6 日早盘高开低走，直接反复震荡盘跌。当天以中阴线报收，盘中在高位放量杀跌，是典型下降转折点信号。本次下降转折点信号是在股价再次形成 100% 以上的大波段涨幅后出现。股价在盘中明显放量滞涨，这是中期见顶的重要信号。从该股量价结构分析，该股为中线主力操盘特征。盘中放量滞涨，说明主力已经实施大规模出货动作。临盘应果断出局。再次回调生命 20 线缩量止跌时，应考虑短线建仓狙击第二轮反弹行情。

第三章

大小趋势

大趋势是指以月线和周线 K 线形态组合为辨别主体的趋势特征。

通常，周 K 线形态结构辨别股价的中期和中长期运行趋势；月 K 线形态结构则辨别股价的中长期和长期运行趋势。

小趋势是指以日 K 线和 60 分钟技术系统 K 线形态组合为辨别主体的趋势特征。

因此，日 K 线和 60 分钟技术系统 K 线形态结构主要指明短期波段的运行趋势。

在股价运行的大周期趋势行情中，一个周期性的大趋势会包含多个甚至无数个小趋势的波动特征。而所有的小趋势波动运行方向均无不遵循大趋势的最终运动方向。

因此，识别大趋势，可以作为中线和中长线投资的最终决策依据。而在识别大趋势之后，则可以作出在小趋势的波段操作上不断进行阶段性滚动性操盘，最终达到与主力操盘计划和操盘节奏同步，并赢取巨大利润的目的。

第一节　小趋势

一、何谓小趋势

股价以日 K 线和 60 分钟技术系统 K 线结构为主体的运行趋势，称之为小趋势。小趋势具备波动周期短，波动密度频繁的特征。在实战操盘方面，是主力实施技术性骗线的重要工具。小趋势中包含多组更小的趋势结构，如即时趋势、1 分钟、5 分钟、15 分钟和 30 分钟技术系统等。趋势越小，其波动周期更短，波动密度则更频繁，更易被主力操盘手所操控。因此，其实战价值也会相应降低。小趋势会提高职业操盘手的操盘技术，但不会提高其操盘素质，这是小趋势操盘技术与大趋势操盘决策的根本区别。

二、小趋势的结构特征

小趋势具备五大明显的技术特征：

（1）以日 K 线和 60 分钟技术系统 K 线结构运行趋势为主体。

（2）波动周期较短，升跌幅度有限，波动密度相对频繁。

（3）容易被主力操纵，经常在盘中出现打压、诱空、诱多、洗盘等骗线现象。

（4）股价向下或向上突破信号及时，涨跌波段结构特征明显。

（5）具备一级、二级、三级和多级变轨特征，上轨构成阻力，下轨形成支撑。

三、小趋势的市场意义

小趋势能够及时发生并反映股价的买卖信号，职业投资者可迅速作出技术判断和投资决策。小周期的波动机会更易被职业投资者所狙击，并获得巨大的波段性阶段性收益。股价进入二级变轨后，趋势发生逆转的可能性将被加大。

四、小趋势与主力操盘计划

在底部内空间阶段，小趋势每波段的涨跌幅度一般控制在30%以内，主力不断投入资金建仓。在拉升阶段初期，小趋势波段的涨跌幅度一般也会控制在30%左右，主力继续投入资金操盘。在拉升阶段中期，小趋势波段的涨跌幅度会提高到45%以上，主力开始分批减持，滚动操盘。股价拉升阶段中后期，小趋势波段的涨跌幅度通常在60%以上，主力开始大规模出货，滚动操盘。在出货下降阶段，其跌幅与拉升阶段所对应。

五、小趋势的最佳狙击时机

对短线投资来说，股价出现明显的上涨或者下降趋势转折点时，应及时出手。通过二级变轨后，而当股价突破轨道上轨阻力或者击穿下轨支撑时，应果断出手。

对中线投资来说，股价出现小趋势中级波段买进信号时，应及时建仓。而出现小趋势中期头部特征时，应果断减持。通过二级和三级变轨后，当股价突破轨道上轨阻力或者击穿下轨支撑时，更应果断出手。

对中长线投资来说，股价出现小趋势中长线阶段性逆转信号时，应及时建仓或阶段性减持。通过多级变轨后，当股价突破轨道上轨阻力或者击穿下轨支撑时，应果断出手。

【道破趋势天机】实战图谱064

技术研判与操盘决策：

股价在2007年11月28日以带下影线的小阳线形成上涨转折点。主力随即展开反弹行情，股价反复震荡盘升。将2007年11月28日的低点与12月20日的小阳线结成连线，就形成了上涨趋势的下轨线。而将2007年12月5日~3月12日高点之间结成趋势连线，就形成了上涨趋势的上轨线。该股在2008年1月10日通过假突破跳出上轨阻力，并形成明显的下降转折点信号，变盘开始。将2008年1月21日~2月20日的高点之间结成连线，形成股价下降趋势的上轨线。

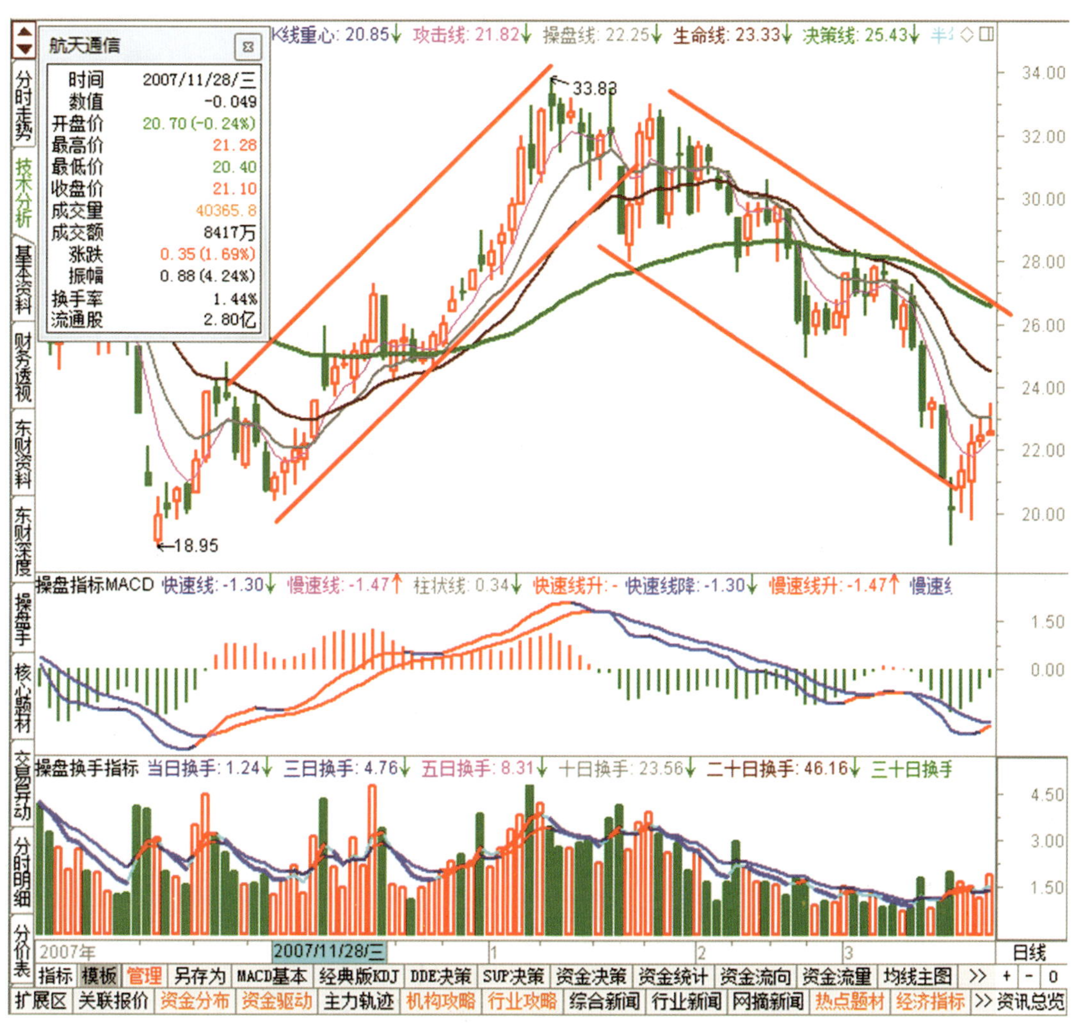

图例 064 航天通信（600677）日 K 线走势图谱

【道破趋势天机】实战图谱 065

技术研判与操盘决策：

股价在 2007 年 11 月 23 日以带下影线的小阳线形成上涨转折点。主力随即以二级变轨模式，通过两个上涨小趋势轨道完成第一阶段震荡盘升行情。将 2008 年 2 月 4 日的低点与 2 月 15 日的小阳线结成连线，就形成了第二阶段上涨趋势下轨线。而将 2008 年 2 月 5 日 ~3 月 21 日高点之间结成趋势连线，就形成了上涨趋势的上轨线。该股在 2008 年 3 月 6 日遭遇上轨阻力而出现滞涨，并形成明显的下降转折点信号，变盘开始。将 2008 年 3 月 6 日 ~3 月 12 日的高点之间结成连线，形成股价下降趋势的上轨线。将 2008 年 3 月 10 日 ~13 日之间的低点结成连线，就形成了股价下降趋势的下轨线。从上图中分析，股价在 3 月 14 日暂时止跌，形成下降中继状态。

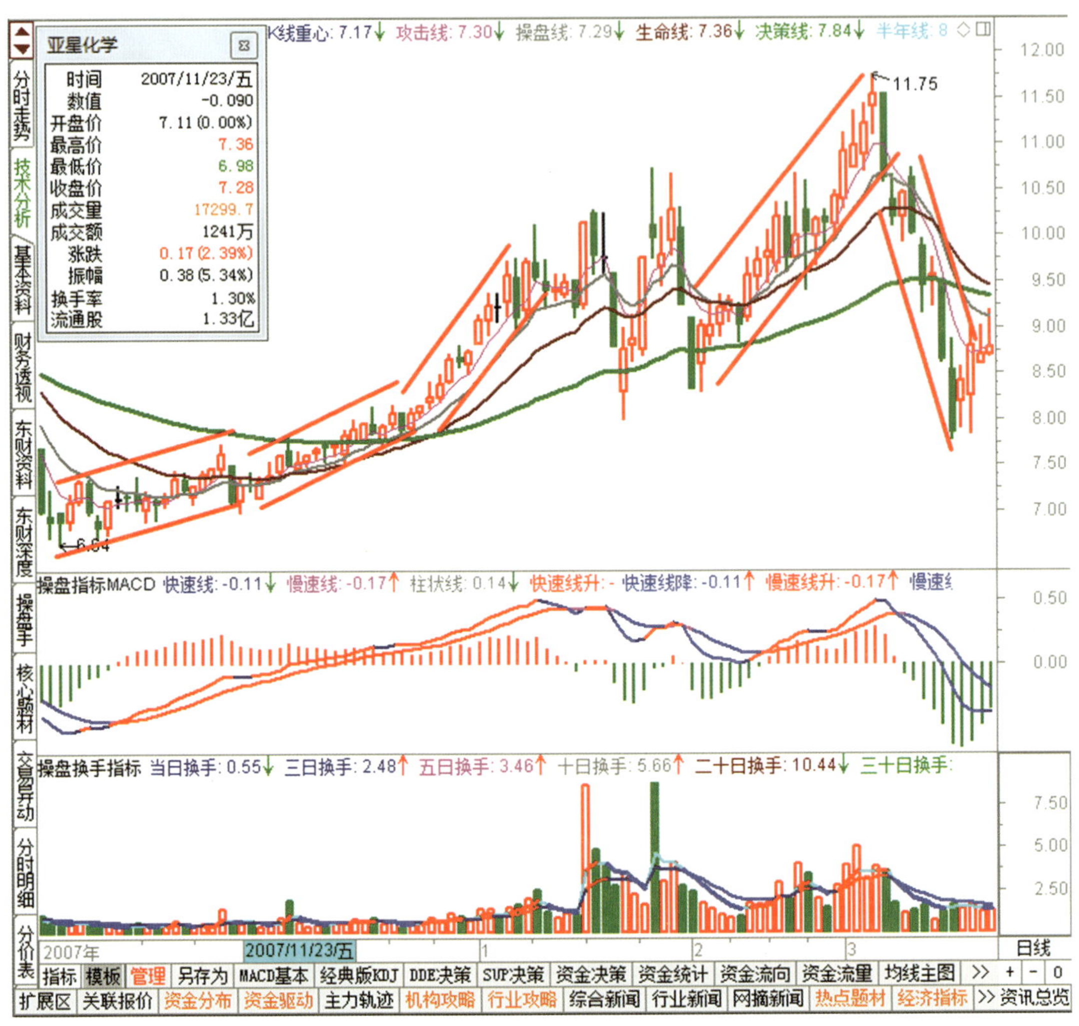

图例 065 亚星化学（600319）日 K 线走势图谱

【道破趋势天机】实战图谱 066

技术研判与操盘决策：

股价在2007年11月23日以带下影线的小阳线形成上涨转折点。主力随即展开第一阶段反弹行情，股价形成上涨小趋势轨道反复震荡盘升。当股价第一阶段上涨轨道的下轨被击穿时，于2008年1月17日正式进入第二阶段下降小轨道。股价在2月5日突破下降小轨道的上轨阻力，正式进入第三阶段上涨小轨道运行趋势。主力在第三阶段拉升过程中，成交量迅速放大，说明主力已经进入拉高建仓阶段。将2008年2月1日~2月26日之间的低点结成连线，形成上涨趋势的下轨支撑。将2月18日~2月20日之间的高点结成连线，形成上涨趋势的上轨阻力。在上图中明显发现，股价以上升楔形形态盘升。底部建仓阶段的楔形基本上不具备攻击力。因此，股价在3月7日向下击穿轨道下轨支撑，从而再次进入第四阶段下降小趋势轨道中。

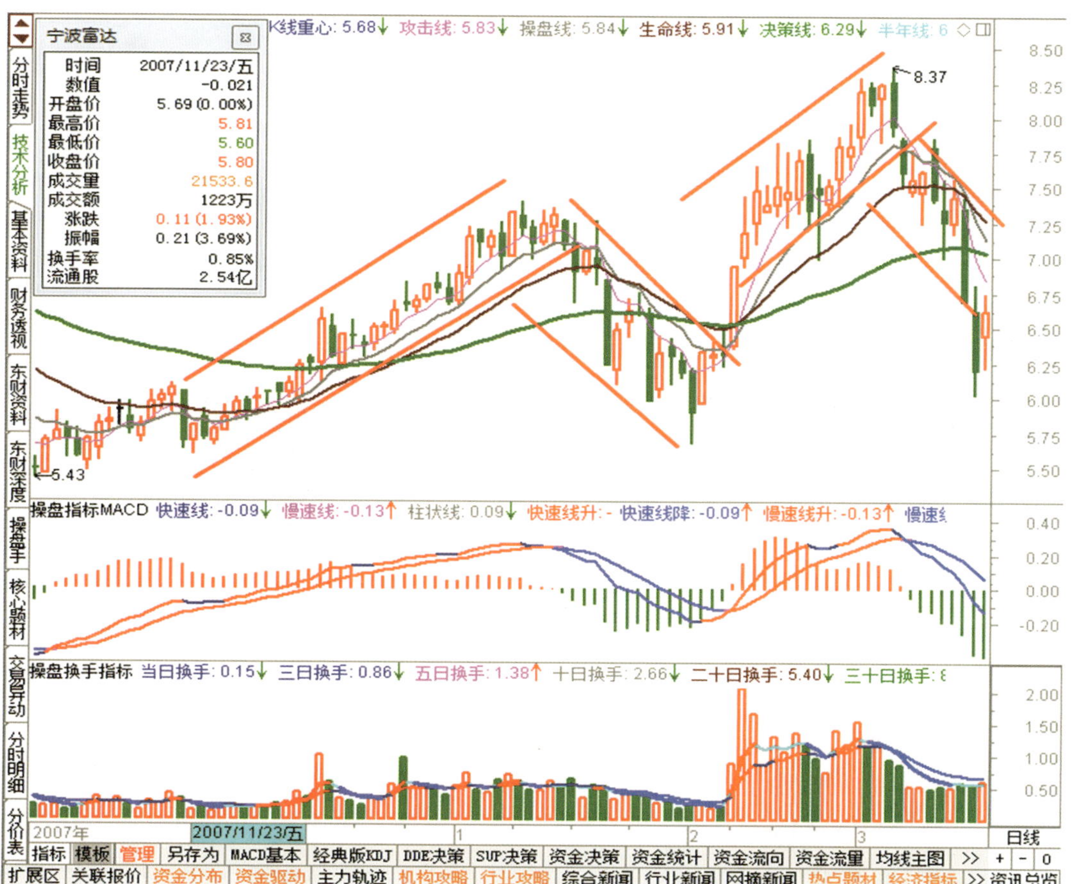

图例066　宁波富达（600724）日K线走势图谱

【道破趋势天机】实战图谱 067

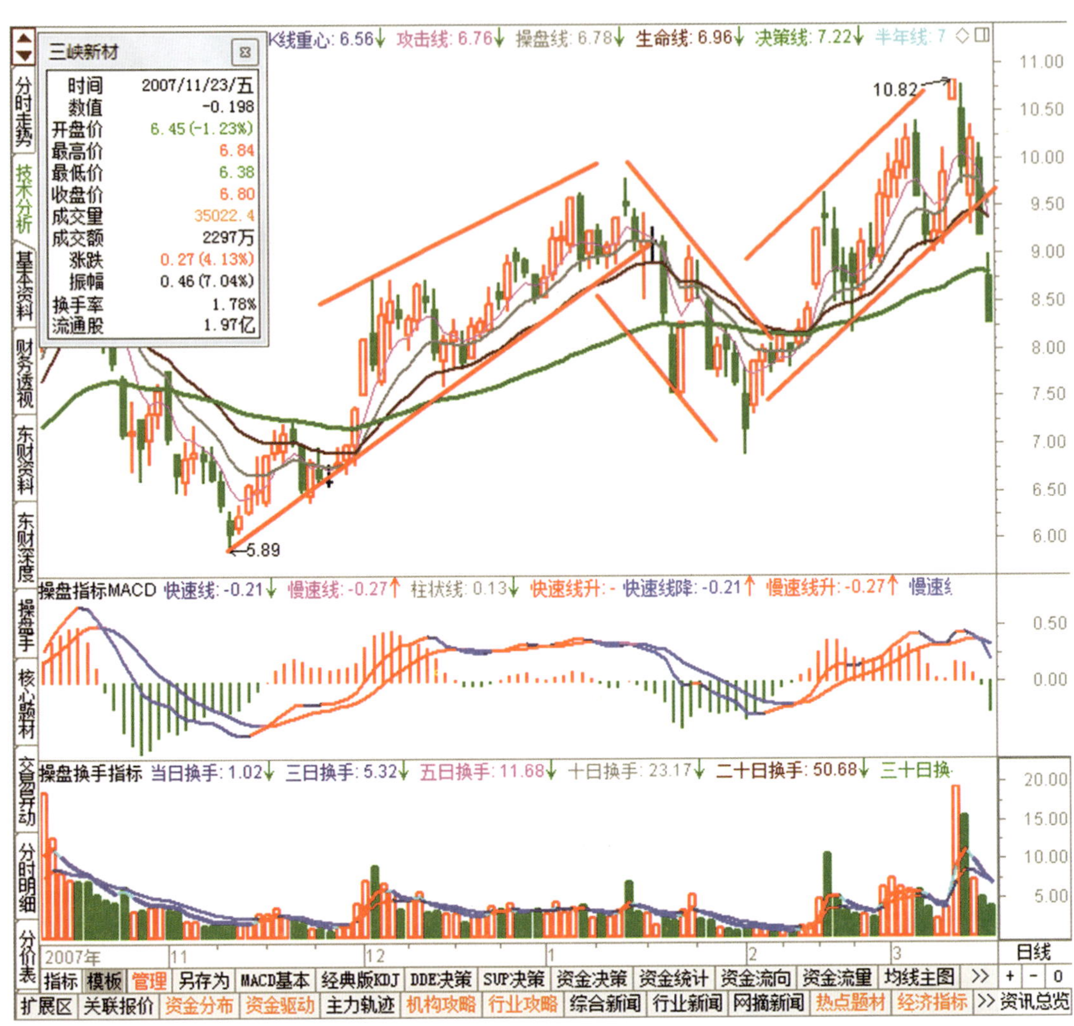

图例 067　三峡新材（600293）日 K 线走势图谱

技术研判与操盘决策：

股价在 2007 年 11 月 23 日以带下影线的小阳线形成上涨转折点。主力随即展开第一阶段反弹行情，股价形成上涨小趋势轨道反复震荡盘升。当股价第一阶段上涨轨道的下轨被击穿时，于 2008 年 1 月 17 日正式进入第二阶段下降小轨道。股价在 2 月 14 日突破下降小轨道的上轨阻力，正式进入第三阶段上涨小轨道运行趋势。主力在第三阶段拉升过程中，成交量规律性放大，说明主力已经进入拉高滚动操盘阶段。将 2008 年 2 月 1 日 ~2 月 26 日之间的低点结成连线，形成上涨趋势的下轨支撑。将 2 月 18 日 ~3 月 5 日之间的高点结成连线，形成上涨趋势的上轨阻力。在上图中明显发现，股价于 3 月 12 日向上攻击巨量突破上轨阻力后迅速展开回落。股价回荡的主要原因在于大盘环境不利于主力继续攻击性拉升。回调是以退为进的最好策略。

【道破趋势天机】实战图谱 068

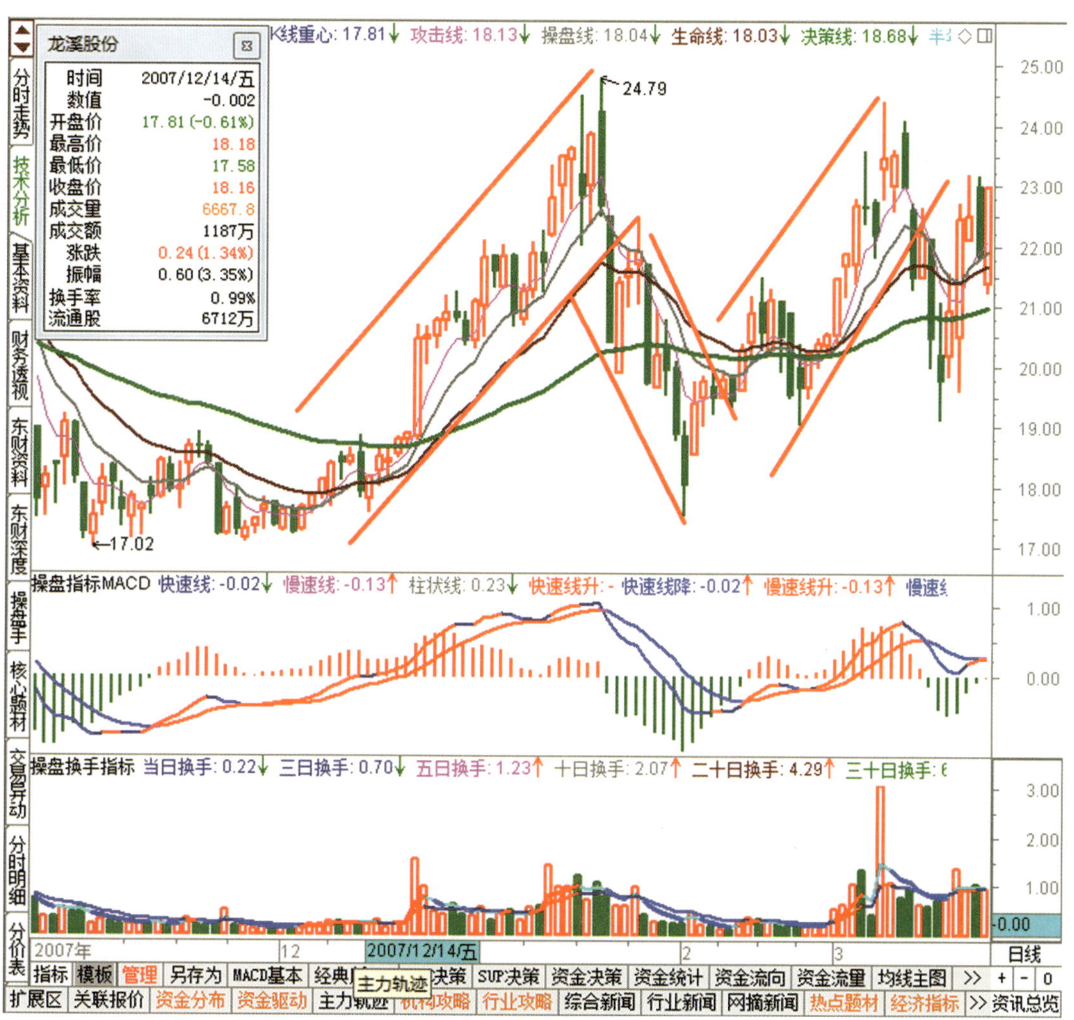

图例 068 龙溪股份（600592）日 K 线走势图谱

技术研判与操盘决策：

股价在 2007 年 12 月 14 日以带下影线的小阳线形成上涨转折点。主力随即展开第一阶段反弹行情，股价形成上涨小趋势轨道反复震荡盘升。当股价于 2008 年 1 月 22 日击穿第一阶段上涨轨道的下轨，正式进入第二阶段下降小轨道。2008 年 2 月 5 日股价结束调整，突破下降小轨道的上轨阻力，进入第三阶段上涨小轨道运行趋势。主力在第三阶段拉升过程中，成交量规律性放大，说明主力已经进入拉高滚动操盘阶段。将 2008 年 2 月 1 日 ~2 月 26 日之间的低点结成连线，形成上涨趋势的下轨支撑。将 2 月 20 日 ~3 月 6 日之间的高点结成连线，形成上涨趋势的上轨阻力。在上图中明显发现，股价于 3 月 10 日形成下降转折点信号后迅速展开回落。上图量价结构特征显示，该股有中长线主力滚动操盘。

【道破趋势天机】实战图谱 069

图例 069 老白干酒（600559）日 K 线走势图谱

技术研判与操盘决策：

股价在 2007 年 11 月 29 日以带下影线的中阳线形成上涨转折点。主力随即展开第一阶段反弹行情，股价在上涨小趋势轨道中反复震荡盘升。当股价第一阶段上涨轨道的下轨被击穿时，于2008年1月17日正式进入第二阶段下降小轨道。股价在2月4日突破下降小轨道的上轨阻力，正式进入第三阶段上涨小轨道运行趋势。主力从3月12日起，连续三天成交量迅速放大，说明主力已经进入加速拉升阶段。将2008年2月1日~2月26日之间的低点结成连线，形成上涨趋势的下轨支撑。将2月5日~2月18日之间的高点结成连线，形成上涨趋势的上轨阻力。在上图中发现，股价于3月14日向上攻击时，明显遭遇上轨阻力。股价展开回落的可能性极大，因此，必须关注下轨的支撑力。上图量价结构特征显示，该股有中长线主力滚动操盘。

【道破趋势天机】实战图谱070

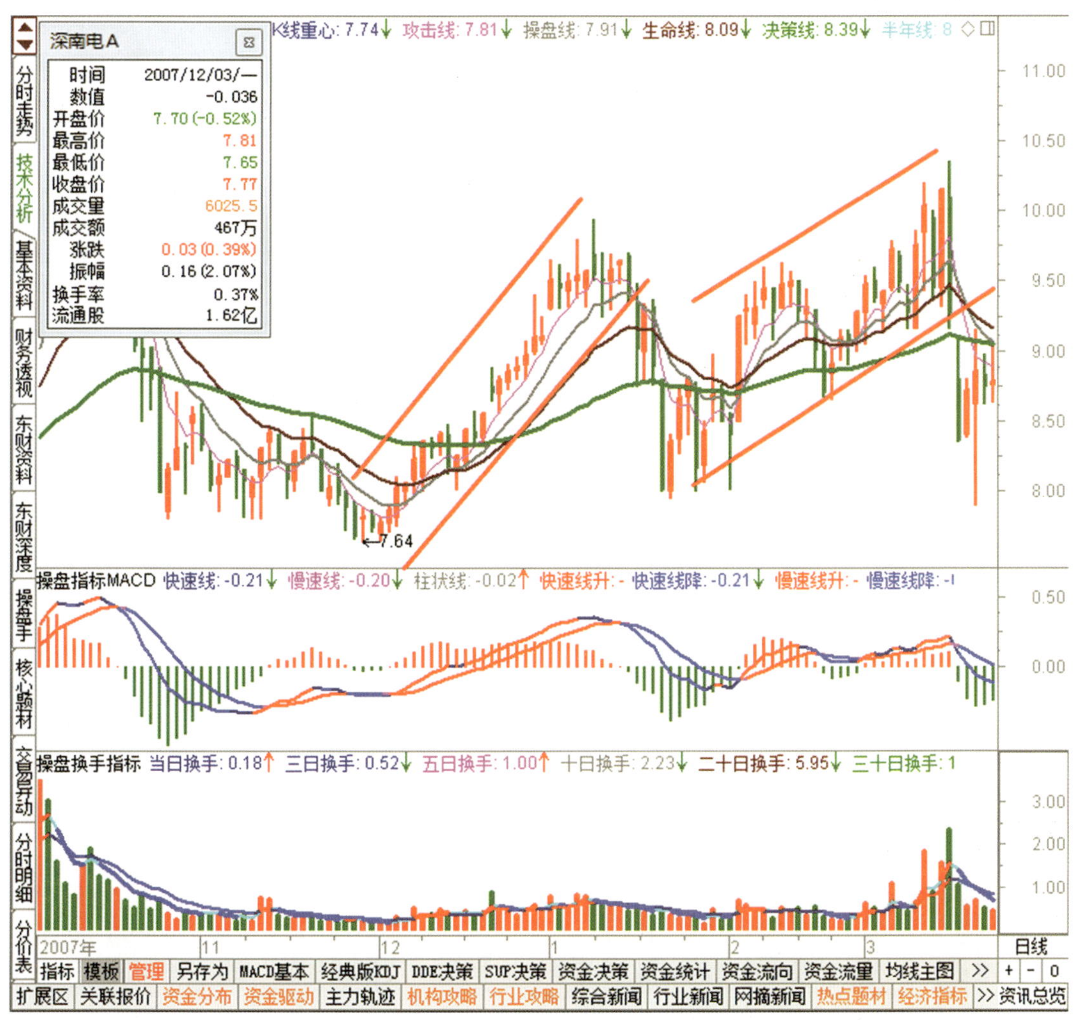

图例070 深南电A（000037）日K线走势图谱

技术研判与操盘决策：

股价在2007年12月3日以带下影线的小阳线形成上涨转折点。股价形成第一阶段上涨小趋势轨道反复震荡盘升。当股价于2008年1月10日正式形成下降转折点信号后，迅速展开下跌。2月1日，股价再次形成上涨转折点信号，并正式进入第二阶段上涨小轨道运行趋势。将2008年2月1日~2月26日之间的低点结成连线，形成上涨趋势的下轨支撑。将2月14日~3月12日之间的高点结成连线，形成上涨趋势的上轨阻力。在上图中明显发现，股价从3月7日起开始放量攻击，操盘力度已经加大。上图量价结构特征显示，该股有中线主力滚动操盘。因此，一旦加速上涨，则会阶段性见顶。

【道破趋势天机】实战图谱071

图例071　上海汽车（600104）日K线走势图谱

技术研判与操盘决策：

股价在 2008 年 2 月 20 日以带长上影线的小阴线形成下降转折点信号。主力随即展开突破下降中继平台后的第一阶段下跌行情，并形成典型的下降小趋势轨道。在 60 分钟技术系统中的小趋势轨道行情中，跌幅达到 30% 左右会形成止跌性下降中继平台。因此，第三阶段的下跌行情正是在中继平台形成的后期展开。当股价下降中继平台的下轨被击穿时，新一轮下跌就开始了。同理，每一轮下跌波段均会在 30% 的跌幅到达后出现阶段性止跌信号。大级别的下跌行情，会形成三次以上波段下跌形态，以及两个以上下跌中继平台形态。第三次波段下跌开始时，同时也预示股价阶段性大底部即将形成。上图中所示，股价正在止跌形成第二个下跌中继平台。同时说明，底部已经不远了。

【道破趋势天机】实战图谱 072

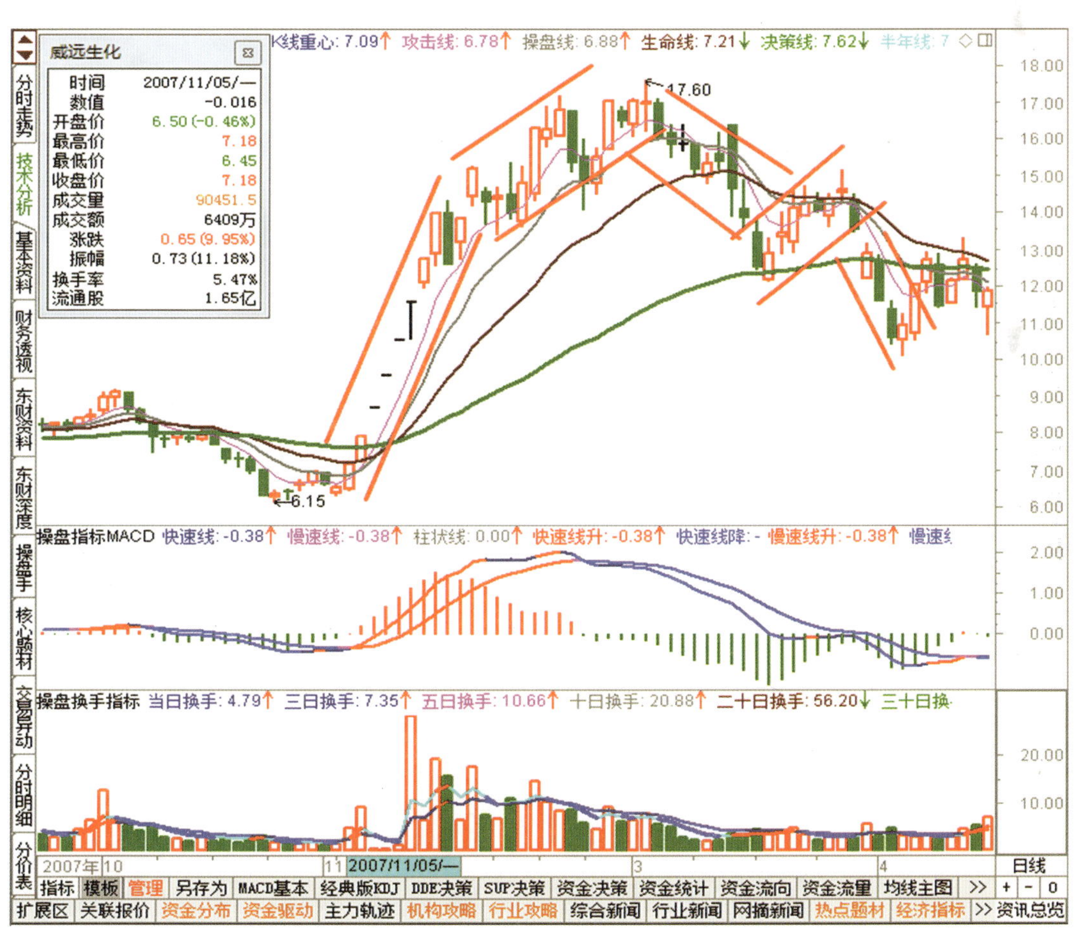

图例 072　威远生化（600803）日 K 线走势图谱

技术研判与操盘决策：

股价在 2007 年 11 月 5 日形成上涨转折点信号后，展开大幅上涨行情。并以二级变轨形式，形成两个上涨小轨道。当第二个上涨小轨道的下轨支撑在 3 月 6 日 10：30 分被击穿时，股价已经见顶回落。因此，第三阶段的下跌行情是在第二阶段下轨被击穿之后迅速展开。60 分钟技术系统在一轮上涨行情中，完成二级变轨后均会出现阶段性见顶趋势。大级别的上涨行情，会形成三次以上多级变轨形态，以及两个以上上涨中继平台形态。当最后一级轨道的下轨支撑被击穿时，同时也预示股价阶段性大头部已经形成。上图中所示，股价正在头部展开加速下跌，说明上涨行情已经完全消失。

【道破趋势天机】实战图谱 073

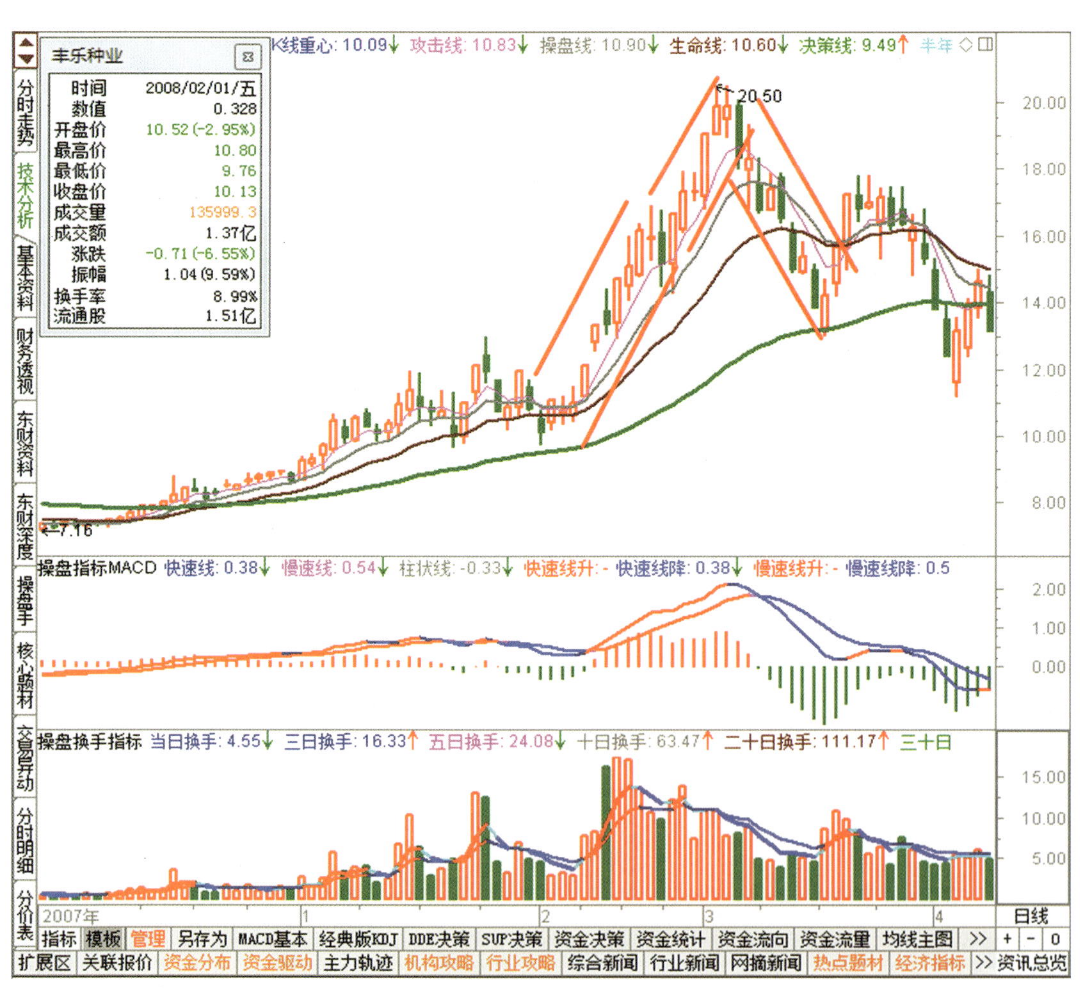

图例 073　丰乐种业（000713）日 K 线走势图谱

技术研判与操盘决策：

股价在2008年2月1日起展开震荡盘升行情，并完成二级变轨趋势。从上图中看，第一级变轨形成的涨幅在40%以上。而第二级变轨形成的涨幅则在30%区间。这说明，主力进入第二级变轨后的操盘力度已经减弱。在第二级上涨轨道中，成交量开始凌乱，说明主力已经在盘中实施大规模出货动作。当3月6日上午10:30分，股价击穿二级上涨轨道的下轨时，标志股价下跌趋势开始。这种下跌趋势是主力进行阶段性头部整理的技术性手段。主要目的是在反复震荡过程中，进行滚动性操盘，并完成出货计划。股价在3月14日下跌时缩量，说明进一步下跌动能不足。一旦止跌，还会再次反弹上涨。

【道破趋势天机】实战图谱074

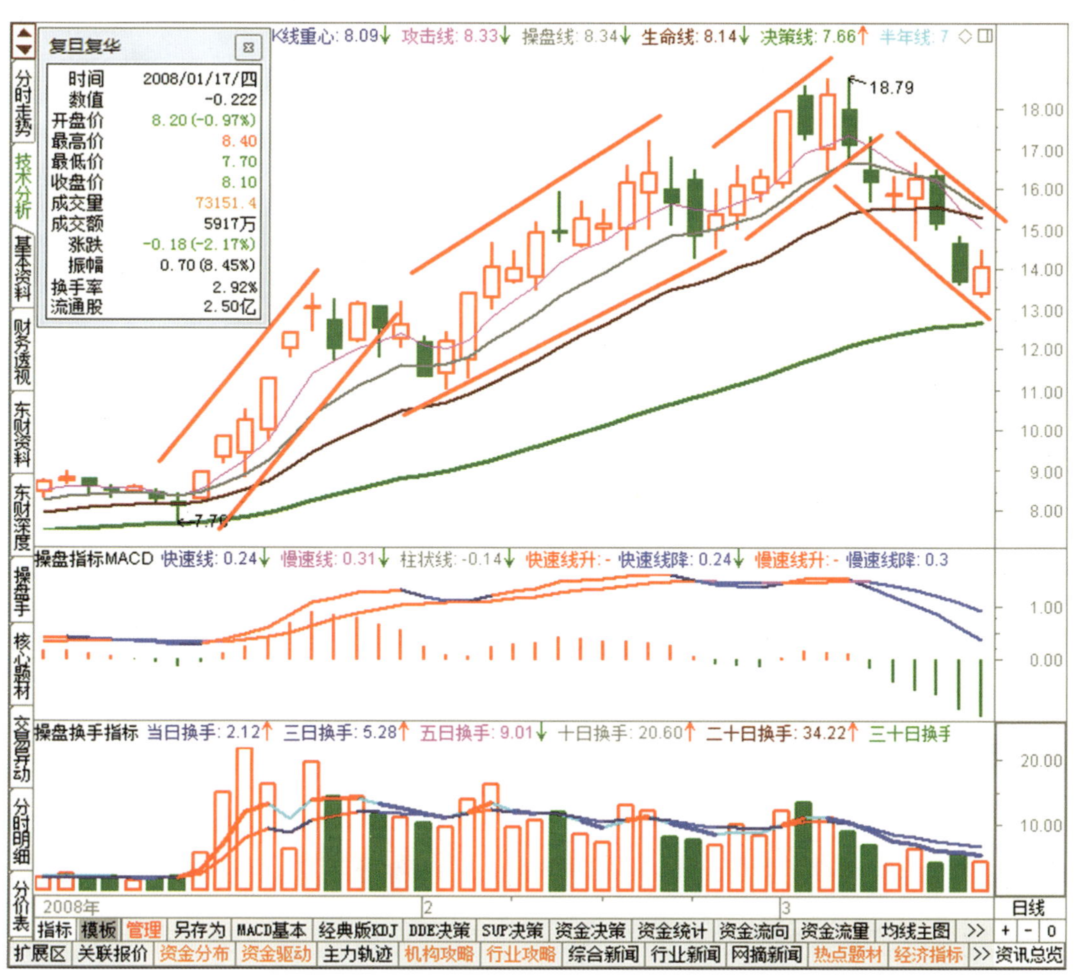

图例074 复旦复华（600624）日K线走势图谱

技术研判与操盘决策：

股价在2008年1月17日起展开震荡盘升行情，并完成二级变轨趋势。从上图中看，第一级变轨迅速逼空式上涨形成的涨幅接近50%以上。而第二级变轨经过反复震荡盘升形成的涨幅也达到50%以上。这说明，主力进入第二级变轨后的操盘力度虽然减弱，但整体操盘实力仍然较强。在第二级上涨轨道后期，成交量开始缺乏规律性，说明主力已经在盘中实施阶段性出货动作。当3月7日上午10：30分，股价击穿二级上涨轨道的下轨时，标志股价下跌趋势开始。这种下跌趋势是主力进行阶段性头部整理的技术性手段。主要目的是在反复震荡过程中，进行滚动性操盘，并完成出货计划。股价在3月14日下跌时缩量，说明进一步下跌动能不足。一旦止跌，还会再次反弹上涨。

【道破趋势天机】实战图谱075

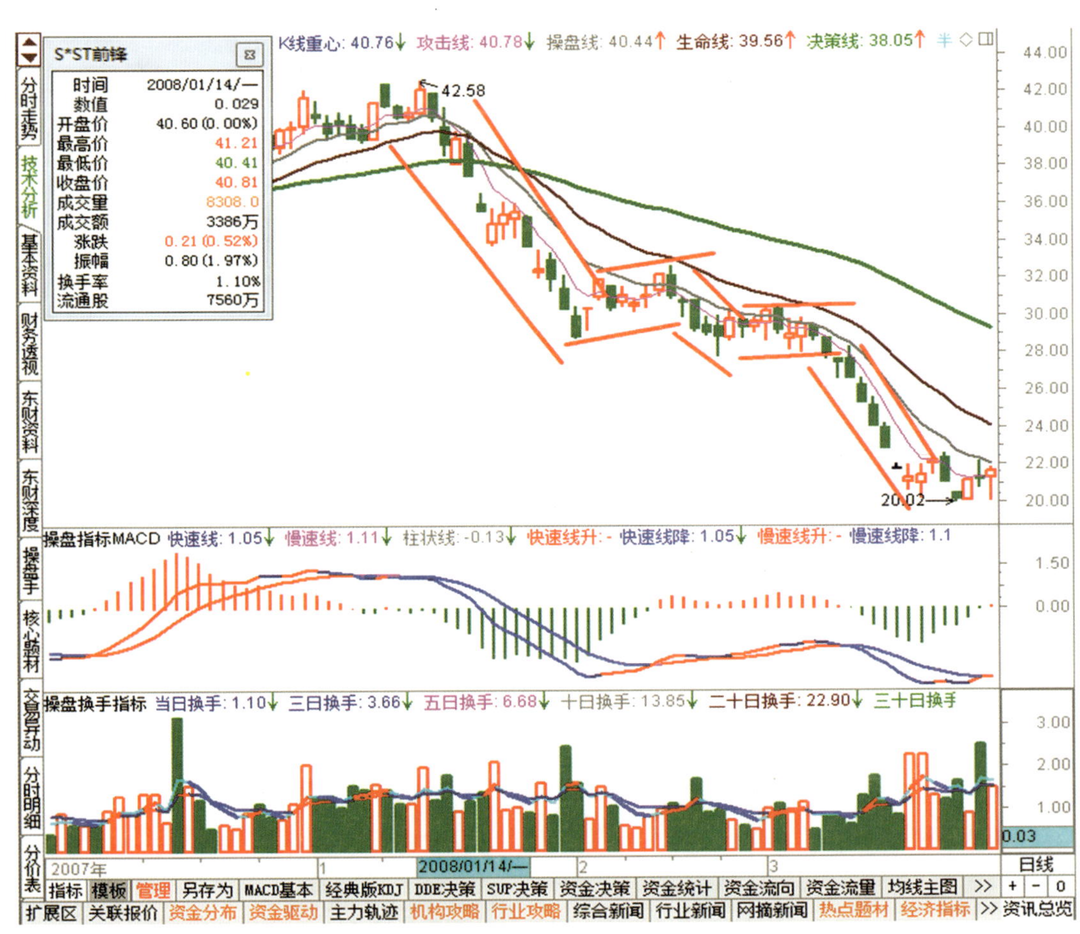

图例075　S前锋（600733）日K线走势图谱

技术研判与操盘决策：

股价在 2008 年 1 月 15 日展开第一阶段下跌行情，并形成典型的下降小趋势轨道。在 60 分钟技术系统中的小趋势轨道行情中，跌幅达到 30% 左右会形成止跌性下降中继平台。因此，第三阶段的下跌行情正是在中继平台形成的后期展开。当股价下降中继平台的下轨被击穿时，新一轮下跌就开始了。同理，每一轮下跌波段均会在 30% 的跌幅到达后出现阶段性止跌信号。大级别的下跌行情，会形成三次以上波段下跌形态，以及两个以上下跌中继平台形态。第三次波段下跌开始时，同时也预示股价阶段性大底部即将形成。上图中所示，股价正在展开加速下跌，当跌幅接近第一级波段时，第二个下跌中继平台就将展开。

【道破趋势天机】实战图谱 076

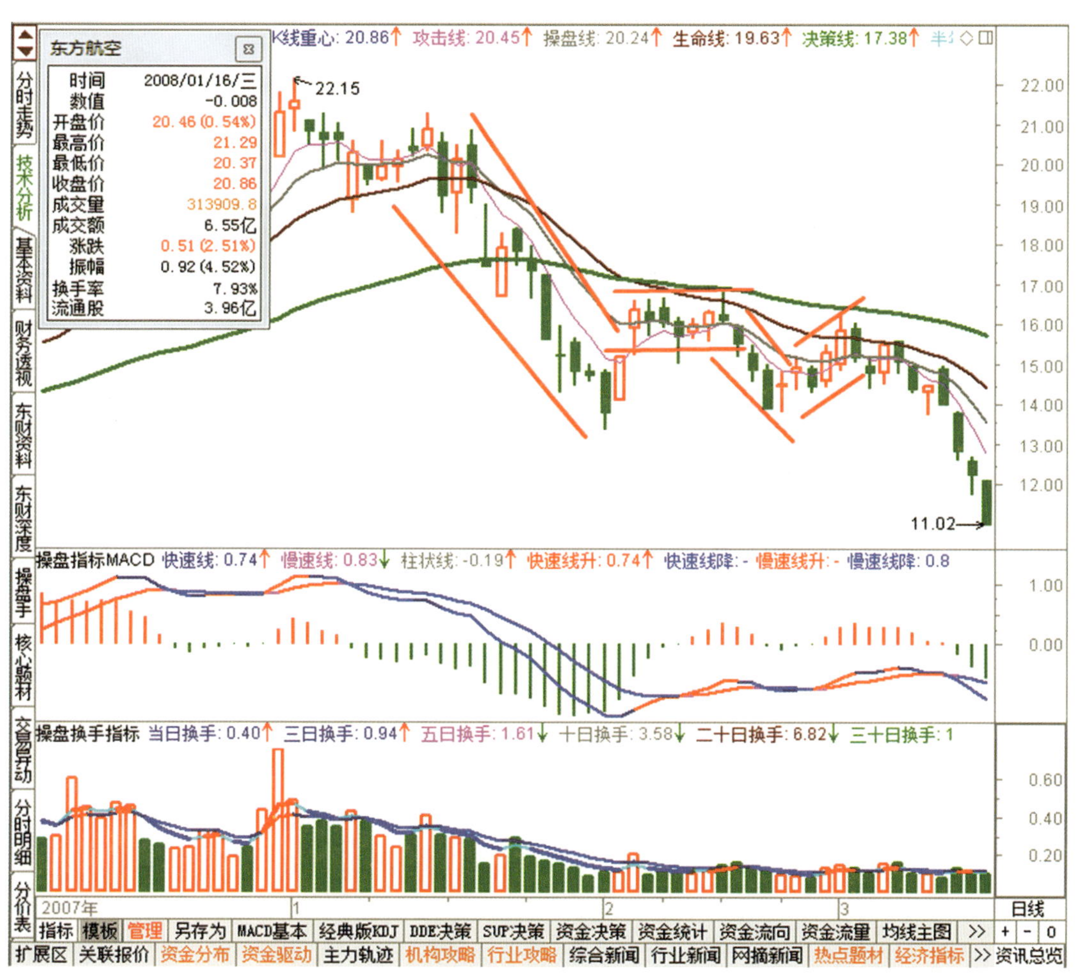

图例 076　东方航空（600115）日 K 线走势图谱

技术研判与操盘决策：

股价在 2008 年 1 月 16 日展开第一阶段下跌行情，并形成典型的下降小趋势轨道。在 60 分钟技术系统中的小趋势轨道行情中，跌幅达到 30% 左右会形成止跌性下降中继平台。因此，第三阶段的下跌行情正是在中继平台形成的后期展开。当股价下降中继平台的下轨被击穿时，新一轮下跌就开始了。同理，每一轮下跌波段均会在 30% 的跌幅到达后出现阶段性止跌信号。大级别的下跌行情，会形成三次以上波段下跌形态，以及两个以上下跌中继平台形态。第三次波段下跌开始时，同时也预示股价阶段性大底部即将形成。上图中所示，股价正在展开第三阶段加速下跌。当第三阶段跌幅接近第一级波段时，股价将会止跌反弹，第二个下跌中继平台就将展开。

【道破趋势天机】实战图谱 077

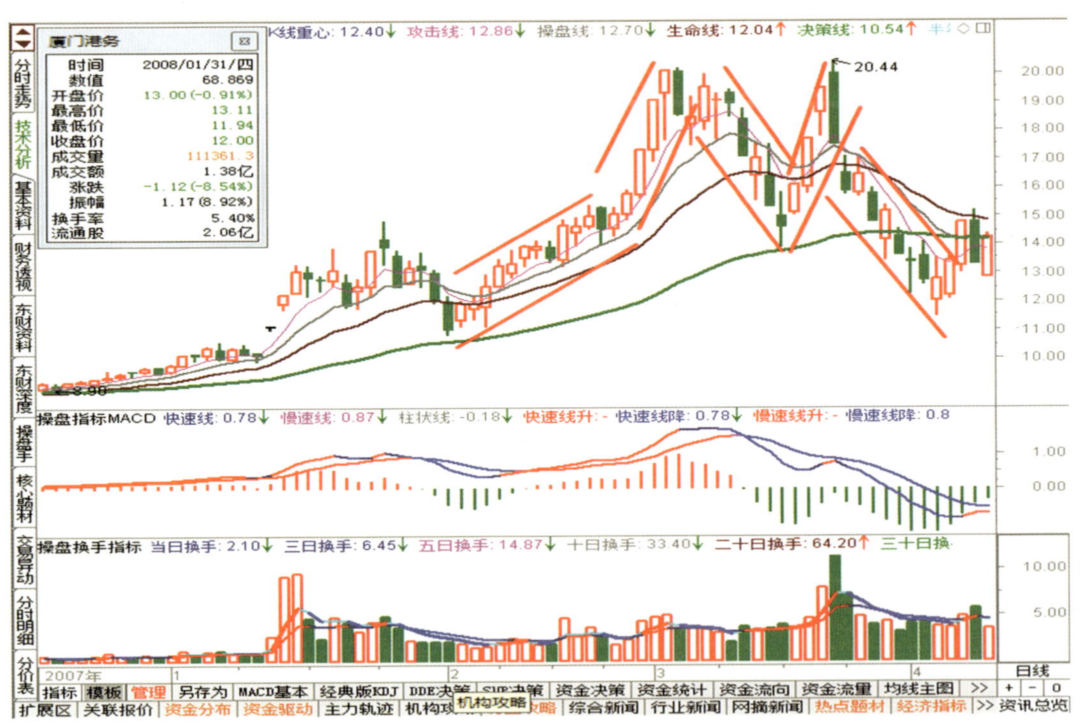

图例 077　厦门港务（000905）日 K 线走势图谱

技术研判与操盘决策：

股价在 2008 年 2 月 1 日起展开震荡盘升行情，并完成二级变轨趋势。从上图中看，第一级变轨震荡盘升形成的涨幅接近 30% 以上。而第二级变轨经过加速拉升形成的涨幅也达到30%以上。这说明，主力进入第二级变轨后的操盘力度有所加强，整体操盘实力比较雄厚。在第二级上涨轨道后期，成交量开始表现凌乱，说明主力已经在盘中实施拉高出货动作。

当3月6日下午14：00分，股价击穿二级上涨轨道的下轨时，标志股价头部形态正式形成。主力进行阶段性头部整理的主要目的是完成阶段性出货任务。股价在3月14日下跌时，成交量继续表现凌乱，说明主力有恐慌性杀跌出货行为。该股在接近第二级变轨的起涨点时，将可能出现短线止跌技术要求，从而展开反弹盘头行情。

第二节　大趋势

一、何谓大趋势

股价以月线和周线K线形态组合为辨别主体的趋势特征，称之为大趋势。通常，周K线形态结构辨别股价的中期和中长期运行趋势；月K线形态结构则辨别股价的中长期和长期运行趋势。大趋势具备波动周期长，波动幅度大，而波动密度小的突出特征。

在股价运行的大周期趋势行情中，一个周期性的大趋势会包含多个甚至无数个小趋势的波动特征。而所有的小趋势波动运行方向均无不遵循大趋势的最终运动方向。因此，识别大趋势，可以作为中线和中长线投资的最终决策依据。而在识别大趋势之后，则可以作出在小趋势的波段操作上不断进行阶段性滚动性操盘，最终达到与主力操盘计划和操盘节奏同步，并赢取巨大利润的目的。

二、大趋势的结构特征

大趋势具备六大明显的技术特征：

（1）大趋势以月线和周线K线形态组合为辨别主体。

（2）具备波动周期长，波动幅度大，而波动密度小的突出特征。

（3）一个周期性的大趋势会包含多个甚至无数个小趋势的波动特征。

（4）所有小趋势波动运行方向均以遵循大趋势的最终运动方向为目标。

（5）具备一级、二级和三级变轨特征，上轨构成阻力，下轨则形成支撑。

（6）股价发生二级或者三级变轨后，会出现中期或中长期头部形态。

三、大趋势的市场意义

大趋势能够修正股价的买卖信号，避免主力操盘手的骗线动作。大周期的波动机会更易被中线和中长线投资者所狙击，并能稳定获得巨大的周期性收益。股价进入二级和三级变轨后，趋势发生中期逆转的可能性将被加大。

四、大趋势与主力操盘计划

股价在底部内空间阶段，大趋势每波段的涨跌幅度一般控制在30%以内，主力不断投入资金建仓。股价在一级变轨时，大趋势波段的涨跌幅度一般也会控制在30%左右，主力继续投入资金操盘。股价在二级变轨时，大趋势波段的涨跌幅度会提高到45%以上，主力开始分批减持，滚动操盘。股价在三级变轨时，大趋势波段的涨跌幅度通常在60%以上，主力开始大规模出货，滚动操盘。

五、大趋势的最佳狙击时机

对于短线投资来说，股价在上升轨道中时，可利用上轨阻力和下轨支撑，采取高抛低吸的策略滚动操盘。

对于中线投资来说，股价在底部内空间阶段，周线KDJ技术指标在低值区域发生背离时，中级波段性大行情机会已经到来，应及时介入建仓；当一级变轨发生时，更应果断出手狙击。也可以用MACD指标来判断。

对于中长线投资来说，股价在底部内空间阶段，月线KDJ技术指标在低值区域发生止跌或者背离时，历史性的大牛市行情机会已经到来，应及时介入建仓；当一级变轨发生时，更应果断出手狙击。

【道破趋势天机】实战图谱078

技术研判与操盘决策：

股价在2005年7月正式见底后，形成一个长达17个月的中长期大底部平台。2006年12月，当月换手达到155%以上，股价突破底部平台正式展开上涨行情。以2007年7月~11月之间的低点连线，构成股价上涨大趋势轨道的下轨支撑线。而以2007年6月~9月高点之间的连线，形成上涨大趋势轨道的上轨阻力。该股自2006年12月起至2008年3月止，已经连续形成长达16个月的牛市行情。股价上涨时间与底部横盘整理时间接近。而股价整体涨幅则恰好是底部上轨4．76元乘以2．893倍再加以4．76元的总和。量价结构显示，主力采用滚动操盘手法操盘，18元一线滞涨已经形成中期上涨目标的顶部区域。该股将回调大趋势下轨14元一线的支撑，短线投资可以在趋势下轨狙击。

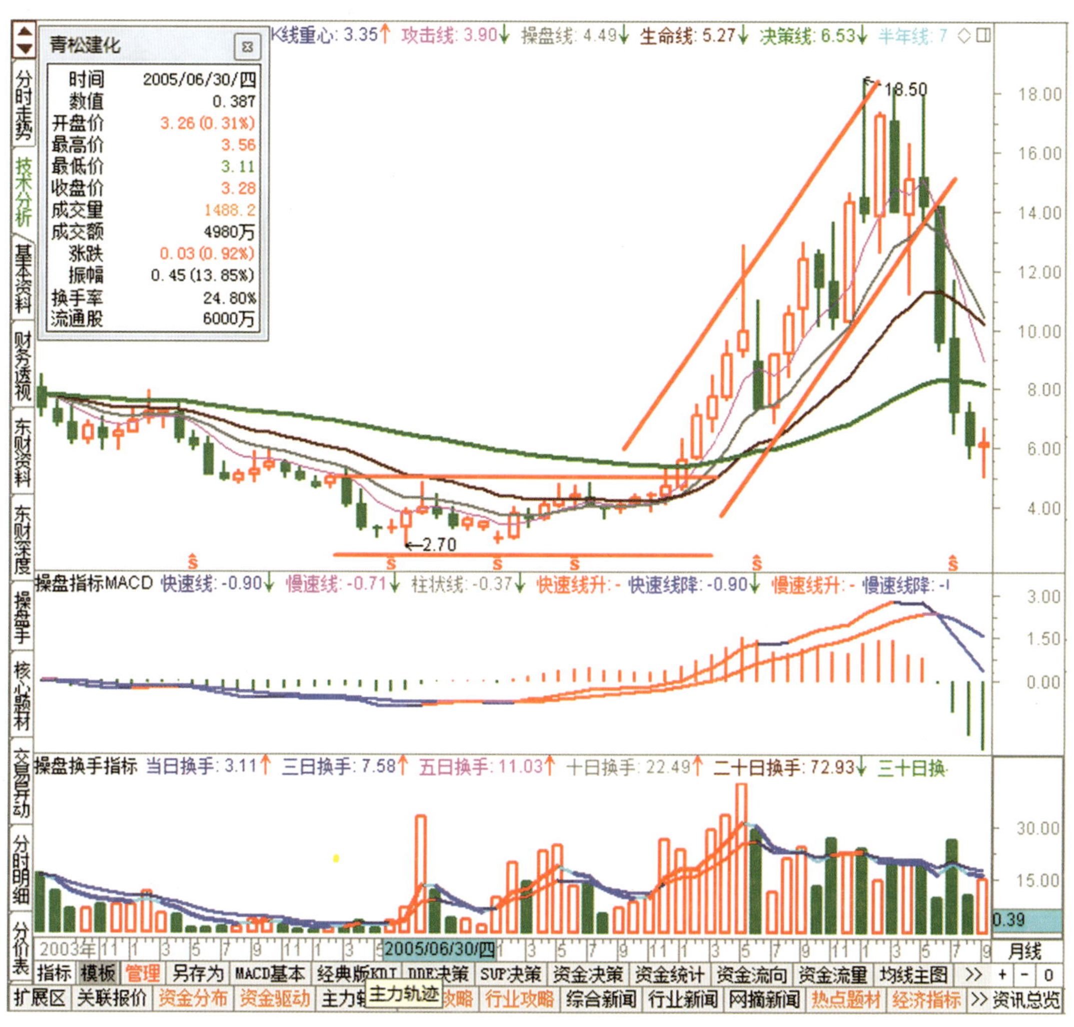

图例 078 青松建化（600425）月 K 线走势图谱

【道破趋势天机】实战图谱 079

技术研判与操盘决策：

股价在 2005 年 7 月正式见底后，形成一个长达 18 个月的中长期大底部平台。2007 年 1 月，当月换手达到 98% 以上，股价突破底部平台正式展开上涨行情。而实际上，从 2006 年 3 月起，就已经有中长线主力介入建仓阶段。以 2007 年 7 月 ~ 11 月之间的低点连线，构成股价上涨中继平台的下轨支撑线。而以 2007 年 5 月 ~ 2008 年 1 月高点之间的连线，形成上涨中继平台的上轨阻力。该股自 2007 年 5 月起，至 2008 年 2 月止，已经连续形成长达 10 个月的上涨中继平台。而股价在 2007 年 1 月起展开的第一波段涨幅仅仅进行了 4 个月即结束，上涨时间显然不够。量价结构显示，主力采用滚动操盘手法操盘，于 2008 年 3 月放量向上突破中继平台上轨。月 KDJ 指标已经形成金叉，大行情再次来临，中线投资可以在趋势上轨区域建仓狙击。

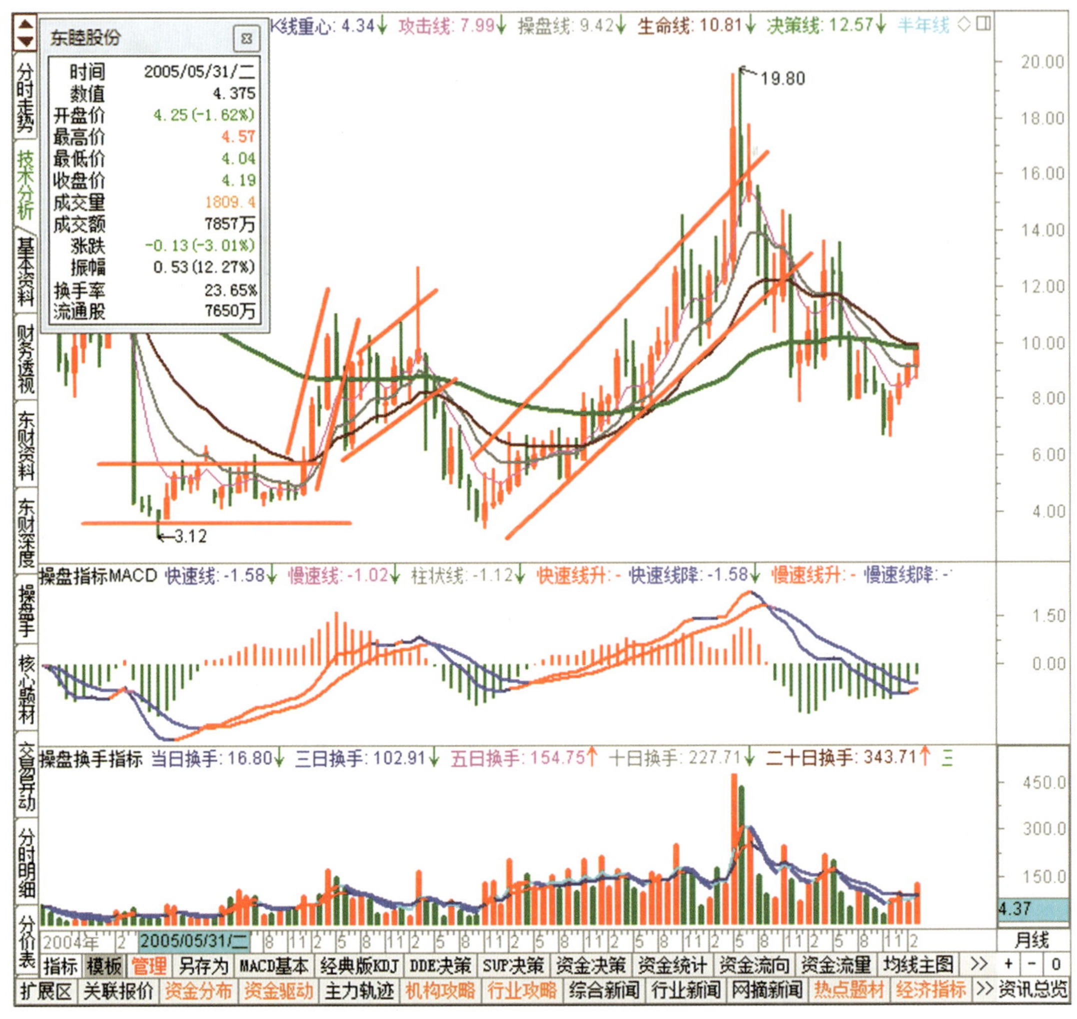

图例 079 东睦股份（600114）月 K 线走势图谱

【道破趋势天机】实战图谱 080

技术研判与操盘决策：

股价在 2005 年 7 月正式见底后，形成一个长达 18 个月的中长期大底部平台。2007 年 1 月，当月换手达到 63% 以上，股价突破底部平台正式展开上涨行情。以 2006 年 11 月 ~2007 年 6 月之间的低点连线，构成股价上涨中继平台的下轨支撑线。而以 2007 年 5 月 ~9 月高点之间的连线，形成上涨中继平台的上轨阻力。该股自2007年5月起，至2008年1月止，已经连续形成长达9个月的上涨中继平台。而股价在2007年1月起展开的第一波段涨幅仅仅进行了4个月即结束，上涨时间显然不够。量价结构显示，主力采用滚动操盘手法操盘，于2008年2月放量向上突破中继平台上轨。月KDJ指标已经形成金叉，大行情再次来临，中线投资可以股价回调趋势下轨支撑时建仓狙击。

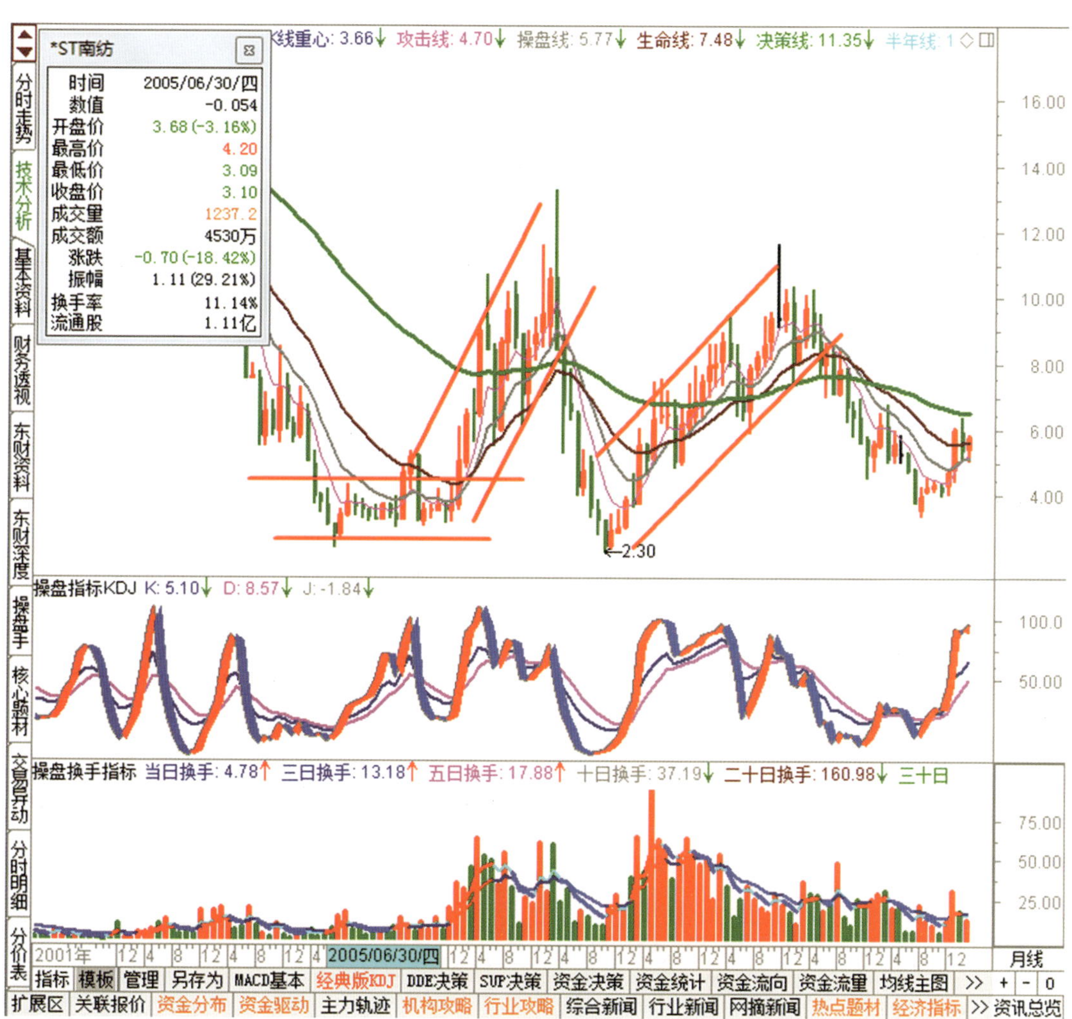

图例080　南纺股份（600250）月K线走势图谱

【道破趋势天机】实战图谱081

技术研判与操盘决策：

在2005年7月正式见底后，形成一个长达18个月的中长期大底部平台。2007年1月，当月换手达到119%以上，股价突破底部平台正式展开上涨行情。而股价在2007年1月起展开的第一波段涨幅仅仅进行了4个月即结束，上涨时间显然不够。以2007年1月~2007年6月之间的低点连线，构成股价上涨大趋势轨道的下轨支撑线。而以2007年4月~8月高点之间的连线，形成上涨大趋势轨道的上轨阻力。股价在大趋势轨道中，以震荡盘升的方式向上运行。月KDJ指标已经形成金叉，成交量持续放大，股价向上突破性变轨行情再次来临。一旦加速上涨就将见顶，中线投资可以在股价上轨阻力滞涨时阶段性减仓出局。

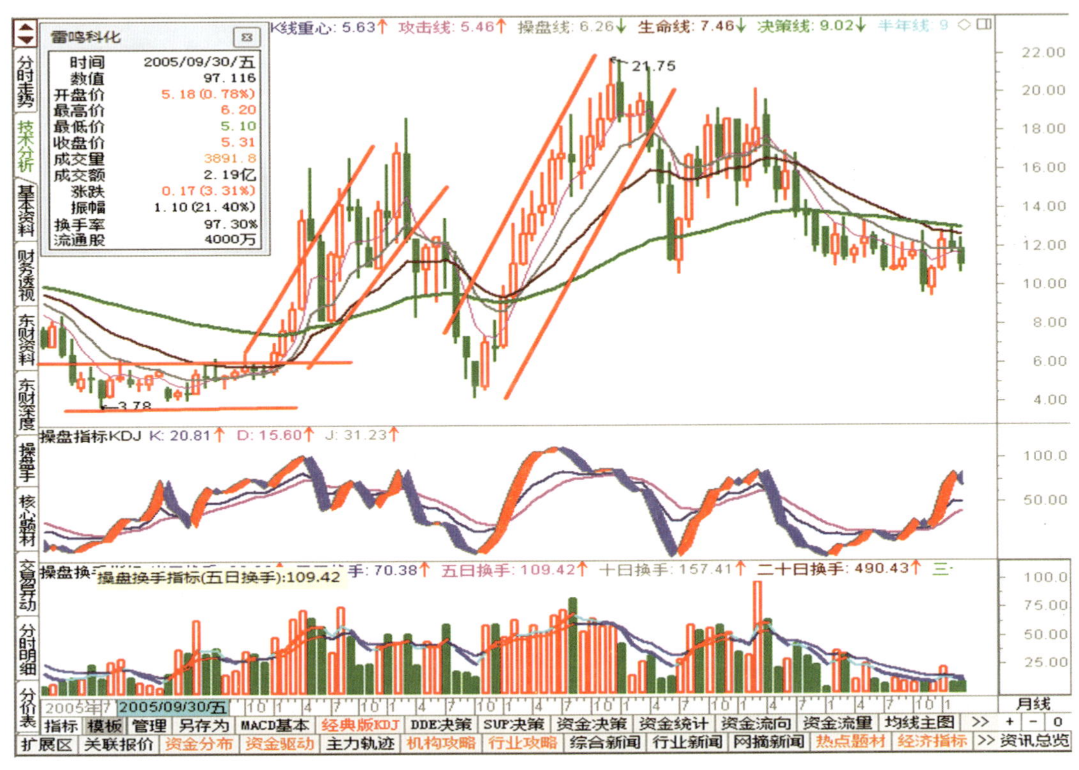

图例081 雷鸣科化（600985）月K线走势图谱

【道破趋势天机】实战图谱082

技术研判与操盘决策：

股价在2000年2月正式见顶后，以二级变轨方式展开两个大波段下跌行情。2006年8月，股价以带长下影小阳线报收，形成上涨转折点信号。该股从2006年8月~2007年5月展开为期10个月的底部反弹行情。成交量迅速放大，形成巨量结构。说明已经有中长线主力进场建仓性操盘。该股自2007年5月起，至2008年1月止，已经连续形成长达9个月的上涨中继平台。以2007年5月~2008年2月高点之间的连线，形成上涨中继平台的上轨阻力。以 2007 年 6 月 ~ 10 月之间的低点连线，则形成上涨中继平台的下轨支撑力。2008 年 1 ~ 3 月，股价连续放量向上攻击，意图突破中继平台上轨阻力。月 KDJ 指标已经形成金叉，大行情再次来临，中线投资可以股价回调趋势下轨支撑时建仓狙击。

图例 082　厦门信达（000701）月 K 线走势图谱

【道破趋势天机】实战图谱 083

技术研判与操盘决策：

股价在 2007 年 6 月正式见顶回调后，至 2008 年 2 月 22 日，整理时间长达 38 周。

并形成一个由 38 根周 K 线组成的上升中继大平台。平台整理阶段，成交量由左至右呈现从放大到萎缩的全过程。成交量出现大幅萎缩，形成地量结构时，就会形成平台整理的末期阶段。从上图分析，该股在 2008 年 2 月 22 日突放巨量以大阳线拉升。这说明主力第二轮攻击行情已经展开。股价将由内空间向外空间进行有限延伸。股价回调平台上轨支撑时，还可进行短线建仓狙击。

图例 083 海南海药（000566）周 K 线走势图谱

【道破趋势天机】实战图谱 084

技术研判与操盘决策：

以该股 2007 年 5 月 24 日 ~9 月 21 日的高点连线，形成股价大趋势轨道的上轨阻力。同时将该股于 2007 年 7 月 6 日 ~11 月 6 日的低点连线，就会形成大趋势轨道的下轨支撑。股价在上涨大趋势轨道中，呈现震荡盘升的格局。从上图分析，该股在 2008 年 2 月 22 日突然放量展开攻击。这说明主力将进行变轨性攻击。股价展开二级变轨如果成功，则将第二轮进入加速上涨阶段。而股价在二级变轨过程中，一旦滞涨，则将形成中期大头部。短中线投资应及时撤离出局。

图例 084　建峰化工（000950）周 K 线走势图谱

【道破趋势天机】实战图谱 085

技术研判与操盘决策：

以该股 2007 年 5 月 11 日 ~9 月 28 日的高点连线，形成股价上涨大趋势轨道的上轨阻力。同时将该股于 2007 年 7 月 20 日 ~11 月 30 日的低点连线，就会形成上涨大趋势轨道的下轨支撑。股价在上涨大趋势轨道中，呈现震荡盘升的格局。从上图分析，该股在 2008 年 3 月 7 日 ~3 月 14 日连续两周攻击上轨。长上影线结构显示股价攻击受阻。从 2007 年 7 月 20 日这一周起，成交量持续萎缩，说明主力已经完成高度控盘状态。同时，股价整体涨幅巨大，以 2007 年 7 月 20 日的低点测量，已经达到 180% 以上的涨幅。因此，股价在 3 月 14 日再度出现长上影线 K 线，是下降转折点信号。主力将在此价格区间形成中期大头部。短中线投资应及时撤离出局。

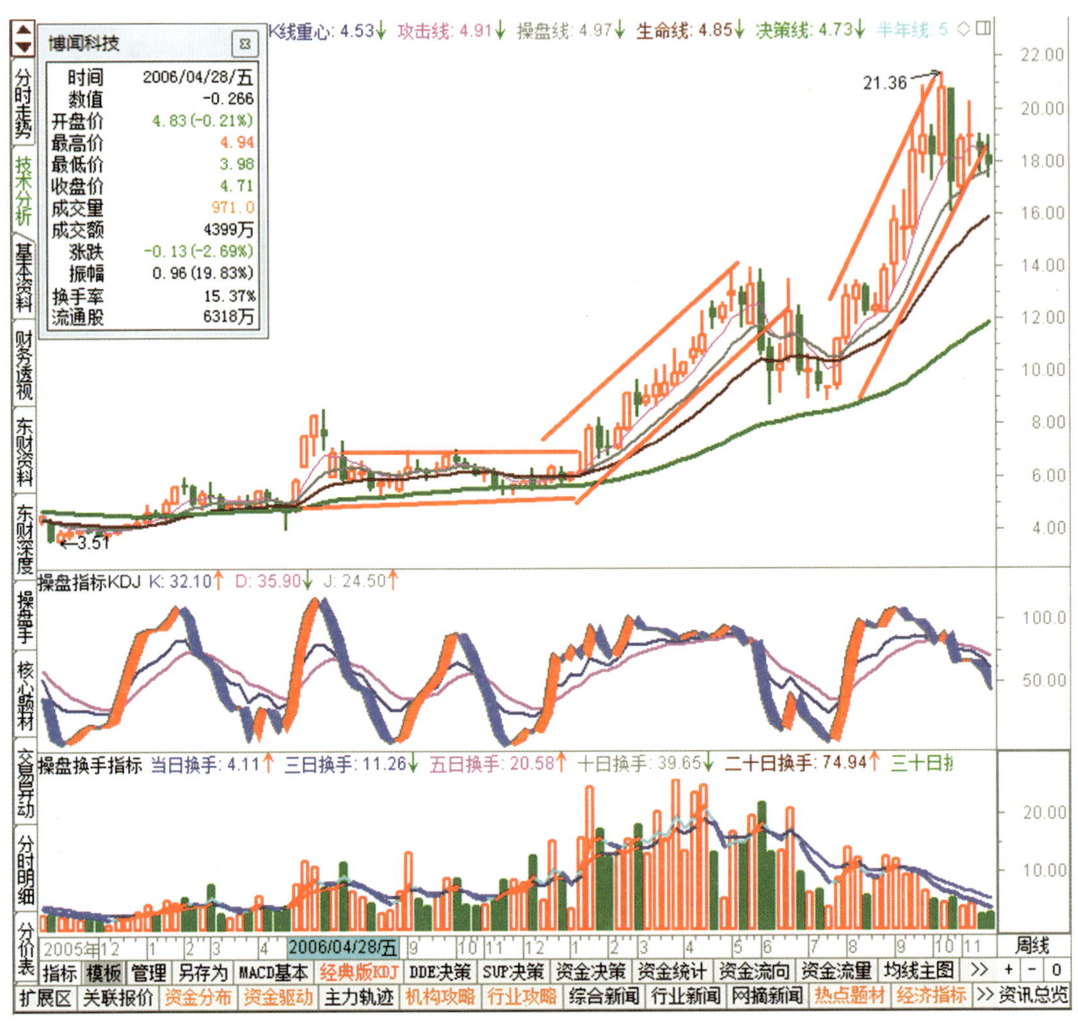

图例 085　博闻科技（600883）周 K 线走势图谱

【道破趋势天机】实战图谱 086

技术研判与操盘决策：

以该股 2007 年 6 月 1 日 ~9 月 21 日的高点连线，形成股价上涨大楔形的上轨阻力。同时将该股于 2007 年 6 月 8 日 ~11 月 9 日的低点连线，就会形成上涨大楔形的下轨支撑。股价于 2008 年 1 月 11 日该周突破上涨大楔形的上轨阻力，再现震荡盘升的格局。从上图分析，该股在 2008 年 1 月 11 日 ~3 月 7 日的高点连线已经形成上涨趋势轨道上轨阻力。而 2008 年 2 月 1 日与 18 日之间的低点连线，则形成上涨趋势轨道的下轨支撑。成交量持续放大，说明主力操盘力度不断加大。由于该股整体涨幅巨大，以2007年11月20日的低点测量，已经达到100%以上的涨幅。因此，股价在3月14日本周再度出现长上影线K线，是阶段性下降转折点信号。主力将在此价格区间形成中期阶段头部。短中线投资应及时撤离出局。

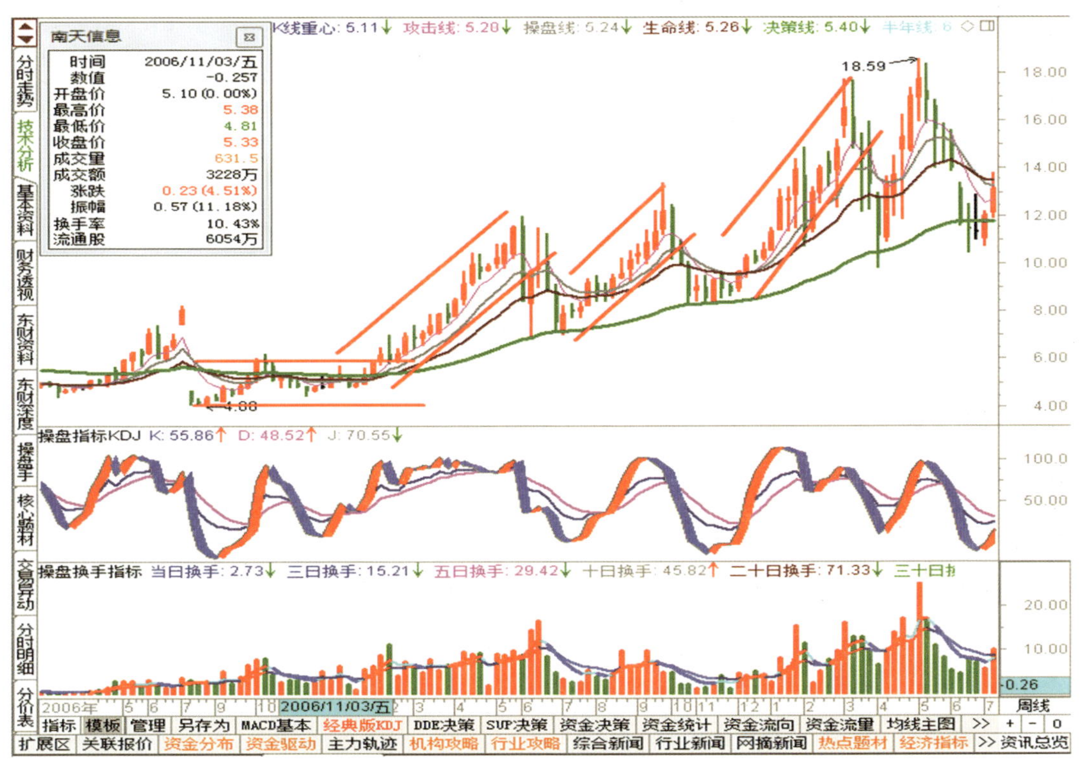

图例086　南天信息（000948）周K线走势图谱

【道破趋势天机】实战图谱087

技术研判与操盘决策：

以该股2007年5月25日~9月14日的高点连线，形成股价上涨大三角形轨道的上轨阻力。同时将该股于2007年7月6日~10月26日的低点连线，就会形成上涨大三角轨道的下轨支撑。股价在上涨大三角轨道中，呈现规律性极强的波段震荡盘升格局。从上图分析，该股在2008年1月18日放量攻击测试上轨阻力。经过短暂回调洗盘后，股价于2008年3月7日本周放量突破大三角上轨阻力。周KDJ金叉向上，形成极强的攻击形态，说明中继波段拉升行情已经展开。短线投资者应在股价向上突破上轨时果断介入。中线投资者还可在股价回调上轨支撑时，再逐步加仓介入。

图例 087　凯恩股份（002012）周 K 线走势图谱

第四章

实训模版

这一章列举的是我们职业操盘手的实训模版，涉及的内容不做讲解，供各位自学。

有人问我，伍老师，你都已经这样成功了，为什么还要在股市里这么辛苦地工作？

我说，在股市交易，是人生乐趣的一部分。

我的理想与欢乐都建立在这里，离开它，我无所适从。

朋友释然。

第一节　转战冠豪高新（600433）

【道破趋势天机】实战图谱 088

图例 088　冠豪高新（600433）月 K 线走势图谱

职业操盘手实训要点：

对照软件，认真观察实战图谱，把它们的走势特点写下来：

（1）趋势的起点位置：________________

（2）K 线的结构特征：________________

（3）成交量的结构特征：________________

（4）MACD 结构特征：________________

（5）操盘手临盘决策：________________

【道破趋势天机】实战图谱 089

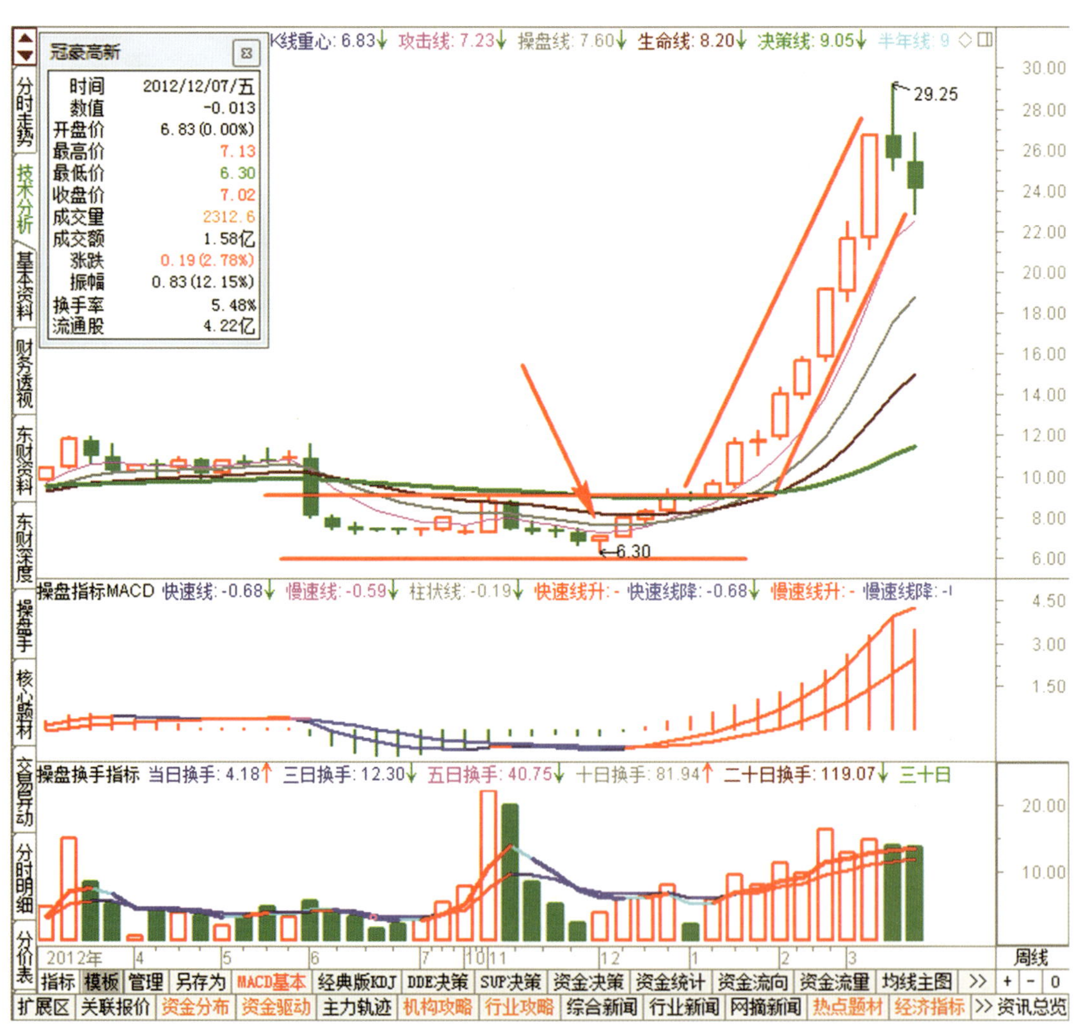

图例 089　冠豪高新（600433）周 K 线走势图谱

职业操盘手实训要点：

对照软件，认真观察实战图谱，把它们的走势特点写下来：

（1）趋势的起点位置：________________

（2）K线的结构特征：________________

（3）成交量的结构特征：________________

（4）MACD结构特征：________________

（5）操盘手临盘决策：________________

【道破趋势天机】实战图谱 090

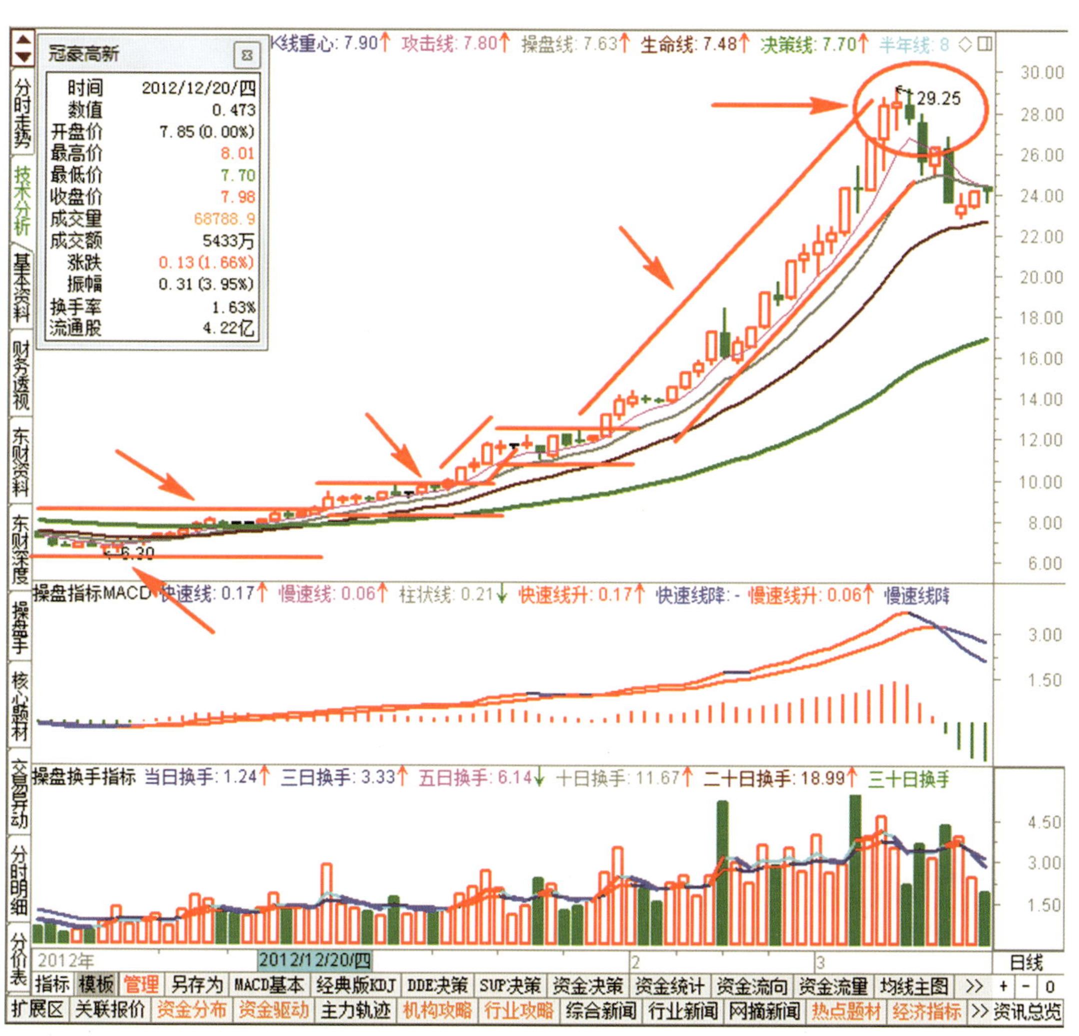

图例 090　冠豪高新（600433）日K线走势图谱

职业操盘手实训要点：

对照软件，认真观察实战图谱，把它们的走势特点写下来：

（1）趋势的起点位置：________________

（2）K 线的结构特征：________________

（3）成交量的结构特征：________________

（4）MACD 结构特征：________________

（5）操盘手临盘决策：________________

【道破趋势天机】实战图谱 091

图例 091　冠豪高新（600433）60 分钟 K 线走势图谱

职业操盘手实训要点：

对照软件，认真观察实战图谱，把它们的走势特点写下来：

（1）趋势的起点位置：________________

（2）K 线的结构特征：________________

（3）成交量的结构特征：________________

（4）MACD 结构特征：________________

（5）操盘手临盘决策：________________

【道破趋势天机】实战图谱 092

图例 092　冠豪高新（600433）30 分钟 K 线走势图谱

职业操盘手实训要点：

对照软件，认真观察实战图谱，把它们的走势特点写下来：

（1）趋势的起点位置：________________

（2）K 线的结构特征：________________

（3）成交量的结构特征：________________

（4）MACD 结构特征：________________

（5）操盘手临盘决策：________________

【道破趋势天机】实战图谱 093

图例 093　冠豪高新（600433）15 分钟 K 线走势图谱

职业操盘手实训要点：

对照软件，认真观察实战图谱，把它们的走势特点写下来：

（1）趋势的起点位置：________________________________

（2）K 线的结构特征：________________________________

（3）成交量的结构特征：________________________________

（4）MACD 结构特征：________________________________

（5）操盘手临盘决策：________________________________

【道破趋势天机】实战图谱 094

图例 094 冠豪高新（600433）5 分钟 K 线走势图谱

职业操盘手实训要点：

对照软件，认真观察实战图谱，把它们的走势特点写下来：

（1）趋势的起点位置：______

（2）K 线的结构特征：______

（3）成交量的结构特征：______

（4）MACD 结构特征：______

（5）操盘手临盘决策：______

【道破趋势天机】实战图谱 095

图例 095　冠豪高新（600433）1 分钟 K 线走势图谱

职业操盘手实训要点：

对照软件，认真观察实战图谱，把它们的走势特点写下来：

（1）趋势的起点位置：______________________________

（2）K 线的结构特征：______________________________

（3）成交量的结构特征：______________________________

（4）MACD 结构特征：______________________________

（5）操盘手临盘决策：______________________________

【道破趋势天机】实战图谱 096

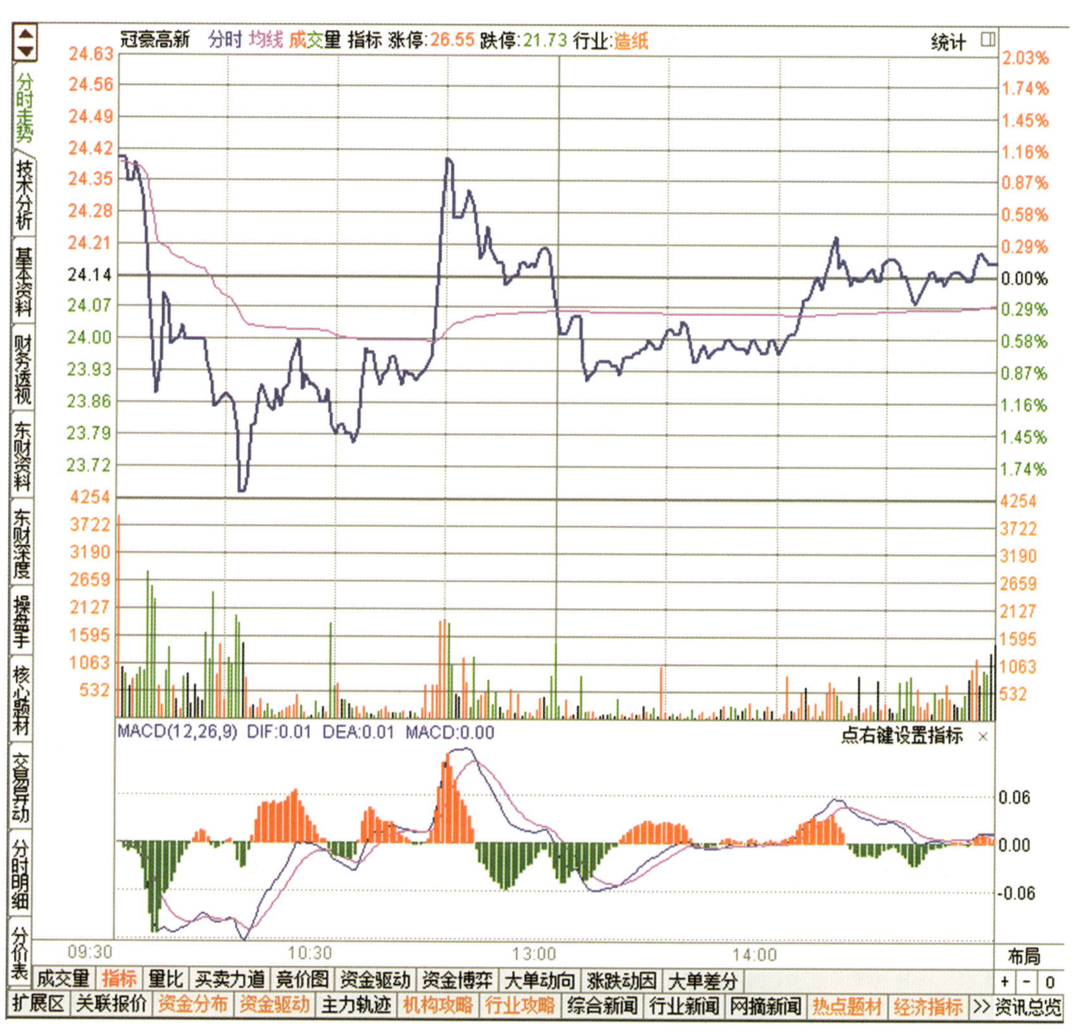

图例 096 冠豪高新（600433）盘口即时走势图谱

职业操盘手实训要点：

对照软件，认真观察实战图谱，把它们的走势特点写下来：

（1）趋势的起点位置：______

（2）K 线的结构特征：______

（3）成交量的结构特征：______

（4）MACD 结构特征：______

（5）操盘手临盘决策：______

【道破趋势天机】实战图谱 097

图例 097　冠豪高新（600433）3 日分时走势图谱

职业操盘手实训要点：

对照软件，认真观察实战图谱，把它们的走势特点写下来：

（1）趋势的起点位置：______

（2）K线的结构特征：______

（3）成交量的结构特征：______

（4）MACD结构特征：______

（5）操盘手临盘决策：______

【道破趋势天机】实战图谱098

图例098　冠豪高新（600433）5日分时走势图谱

职业操盘手实训要点：

对照软件，认真观察实战图谱，把它们的走势特点写下来：

（1）趋势的起点位置：________________

（2）K 线的结构特征：________________

（3）成交量的结构特征：________________

（4）MACD 结构特征：________________

（5）操盘手临盘决策：________________

【道破趋势天机】实战图谱 099

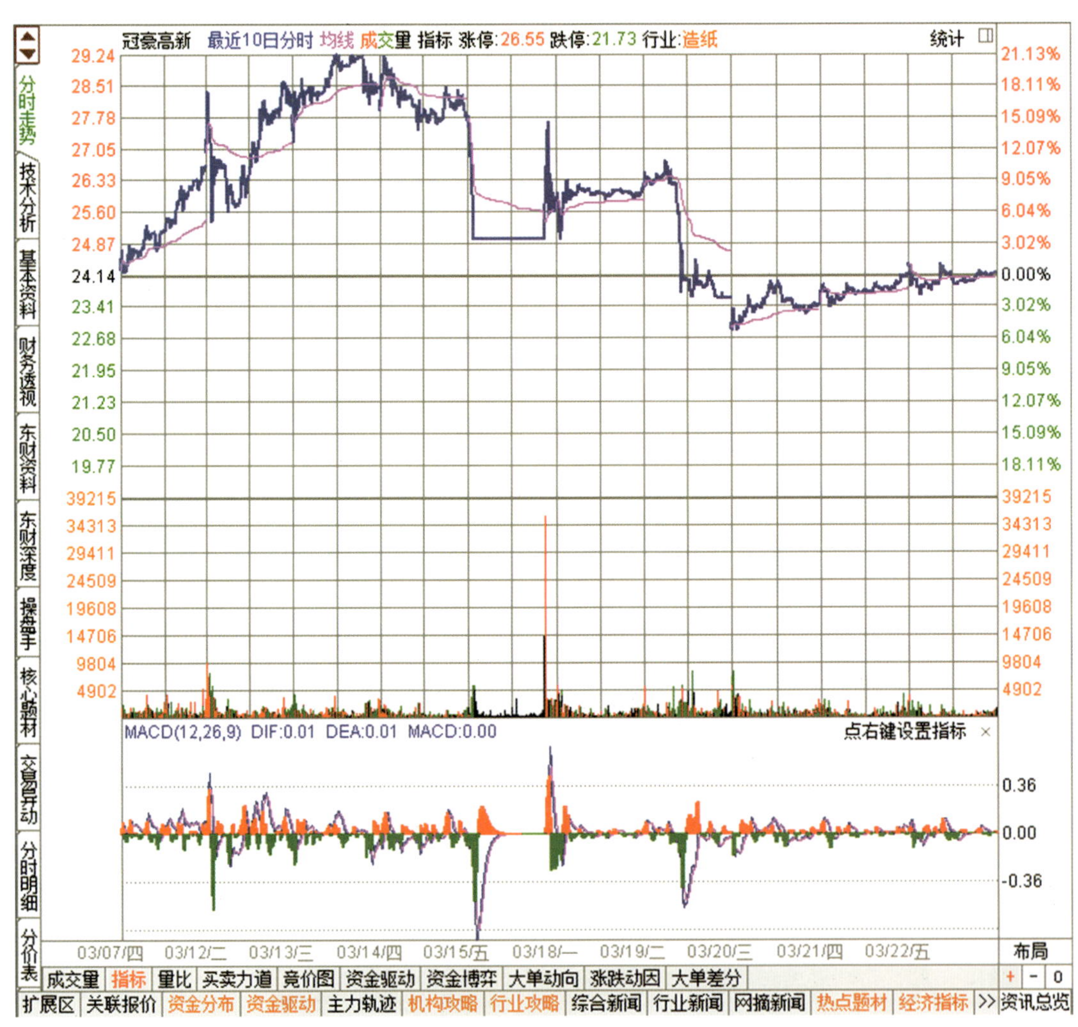

图例 099 冠豪高新（600433）10 日分时走势图谱

职业操盘手实训要点：

对照软件，认真观察实战图谱，把它们的走势特点写下来：

（1）趋势的起点位置：______________________

（2）K 线的结构特征：______________________

（3）成交量的结构特征：______________________

（4）MACD 结构特征：______________________

（5）操盘手临盘决策：______________________

第二节　转战创业环保（600874）

【道破趋势天机】实战图谱 100

图例 100　创业环保（600874）月 K 线走势图谱

职业操盘手实训要点：

对照软件，认真观察实战图谱，把它们的走势特点写下来：

（1）趋势的起点位置：________________

（2）K 线的结构特征：________________

（3）成交量的结构特征：________________

（4）MACD 结构特征：________________

（5）操盘手临盘决策：________________

【道破趋势天机】实战图谱 101

图例 101　创业环保（600874）周 K 线走势图谱

职业操盘手实训要点：

对照软件，认真观察实战图谱，把它们的走势特点写下来：

（1）趋势的起点位置：______

（2）K 线的结构特征：______

（3）成交量的结构特征：______

（4）MACD 结构特征：______

（5）操盘手临盘决策：______

【道破趋势天机】实战图谱 102

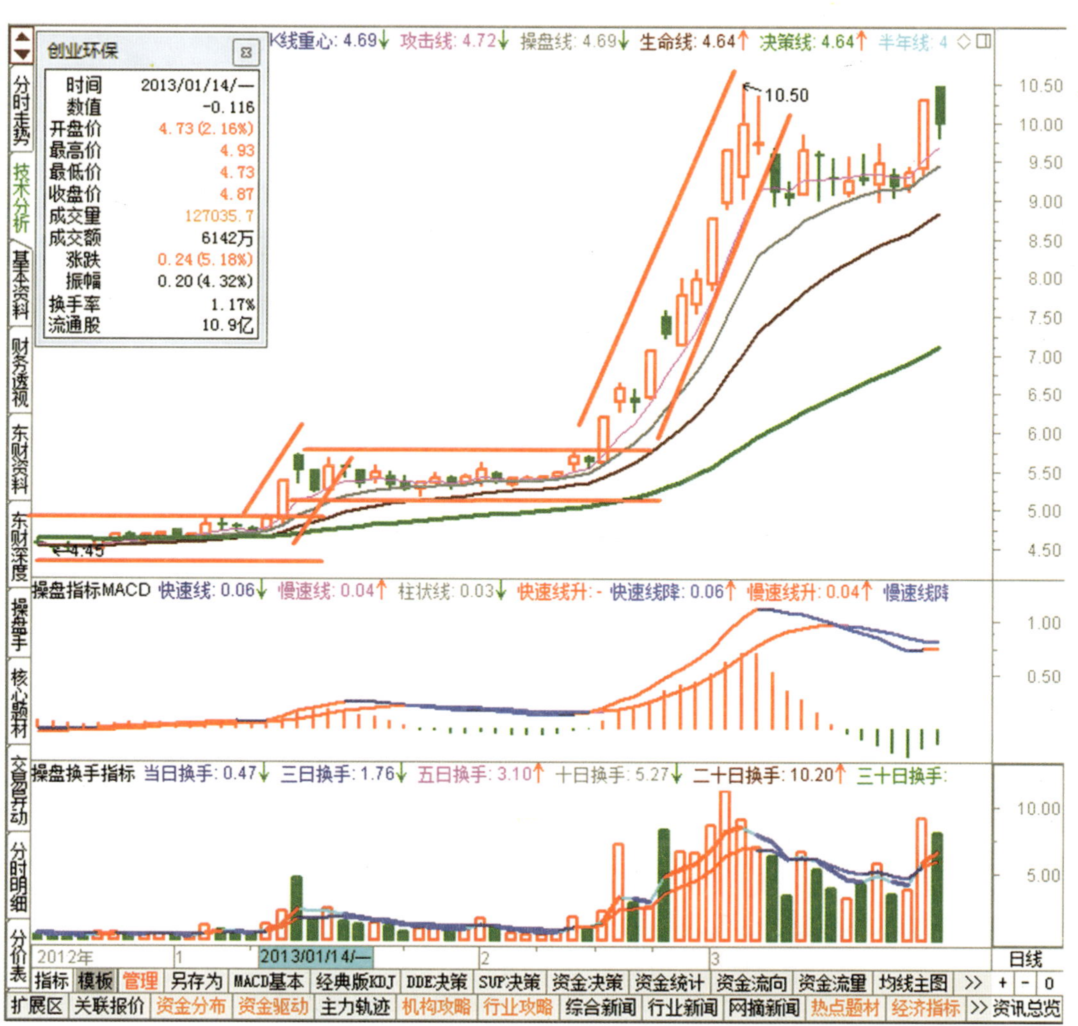

图例 102　创业环保（600874）日 K 线走势图谱

职业操盘手实训要点：

对照软件，认真观察实战图谱，把它们的走势特点写下来：

（1）趋势的起点位置：________________

（2）K 线的结构特征：________________

（3）成交量的结构特征：________________

（4）MACD 结构特征：________________

（5）操盘手临盘决策：________________

【道破趋势天机】实战图谱 103

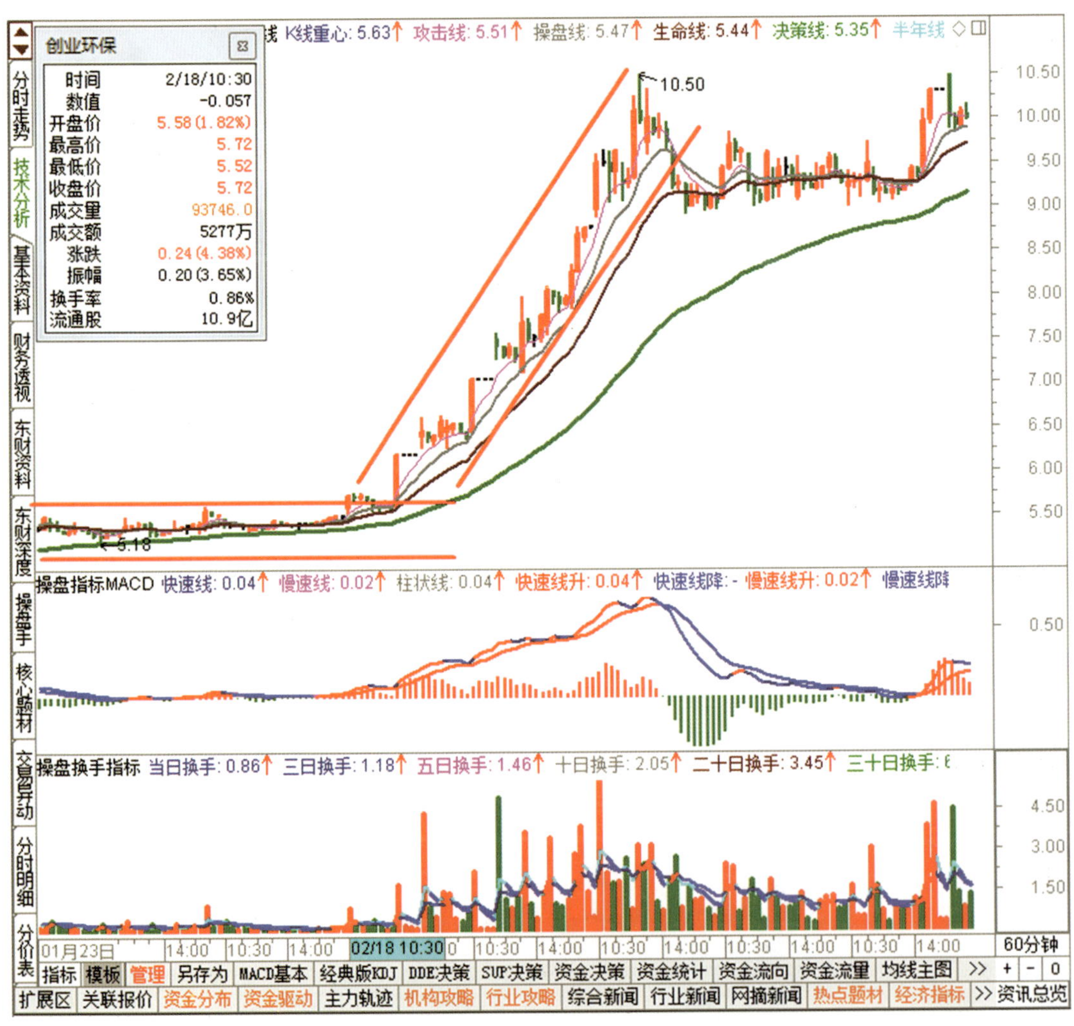

图例 103　创业环保（600874）60 分钟 K 线走势图谱

职业操盘手实训要点：

对照软件，认真观察实战图谱，把它们的走势特点写下来：

（1）趋势的起点位置：________________

（2）K 线的结构特征：________________

（3）成交量的结构特征：________________

（4）MACD 结构特征：________________

（5）操盘手临盘决策：________________

【道破趋势天机】实战图谱 104

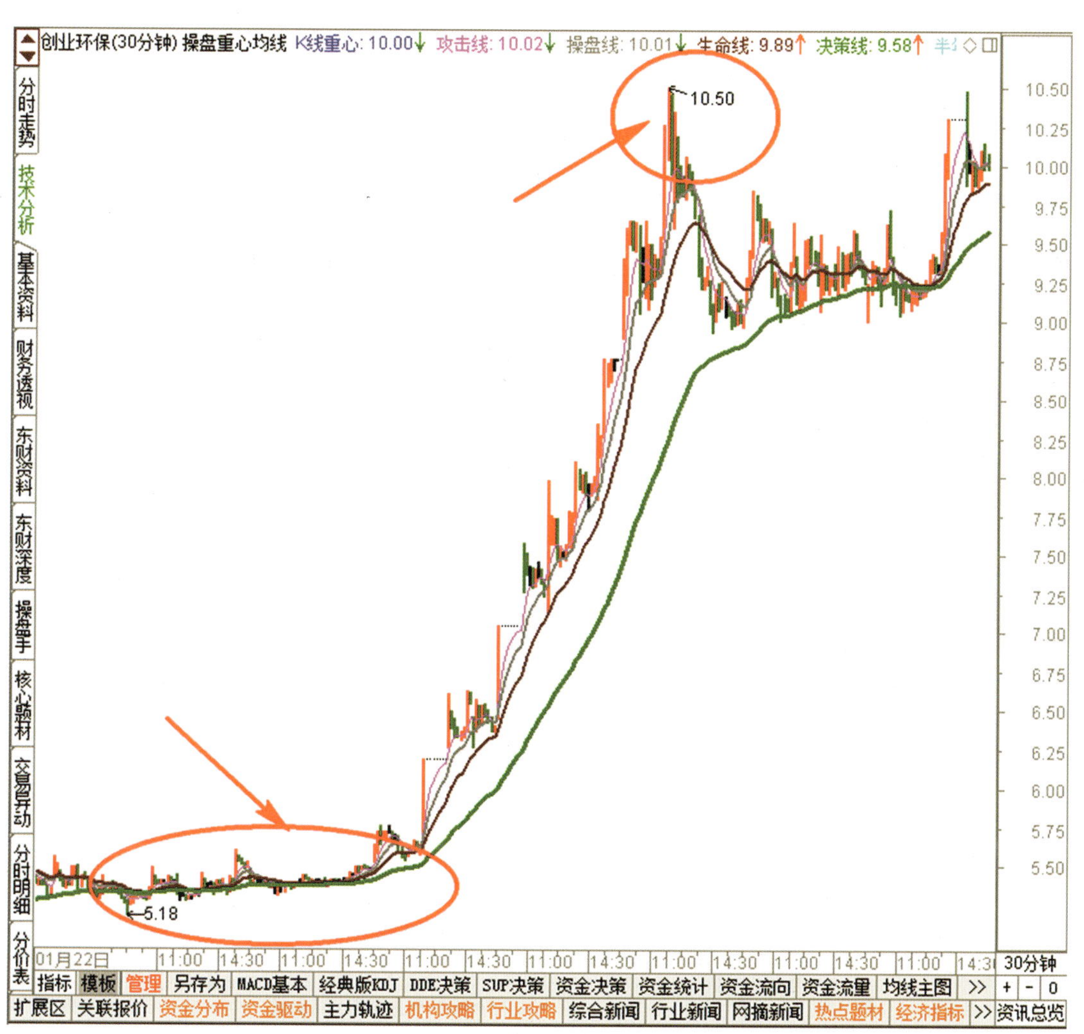

图例 104　创业环保（600874）30 分钟 K 线走势图谱

职业操盘手实训要点：

对照软件，认真观察实战图谱，把它们的走势特点写下来：

（1）趋势的起点位置：______

（2）K 线的结构特征：______

（3）成交量的结构特征：______

（4）MACD 结构特征：______

（5）操盘手临盘决策：______

【道破趋势天机】实战图谱 105

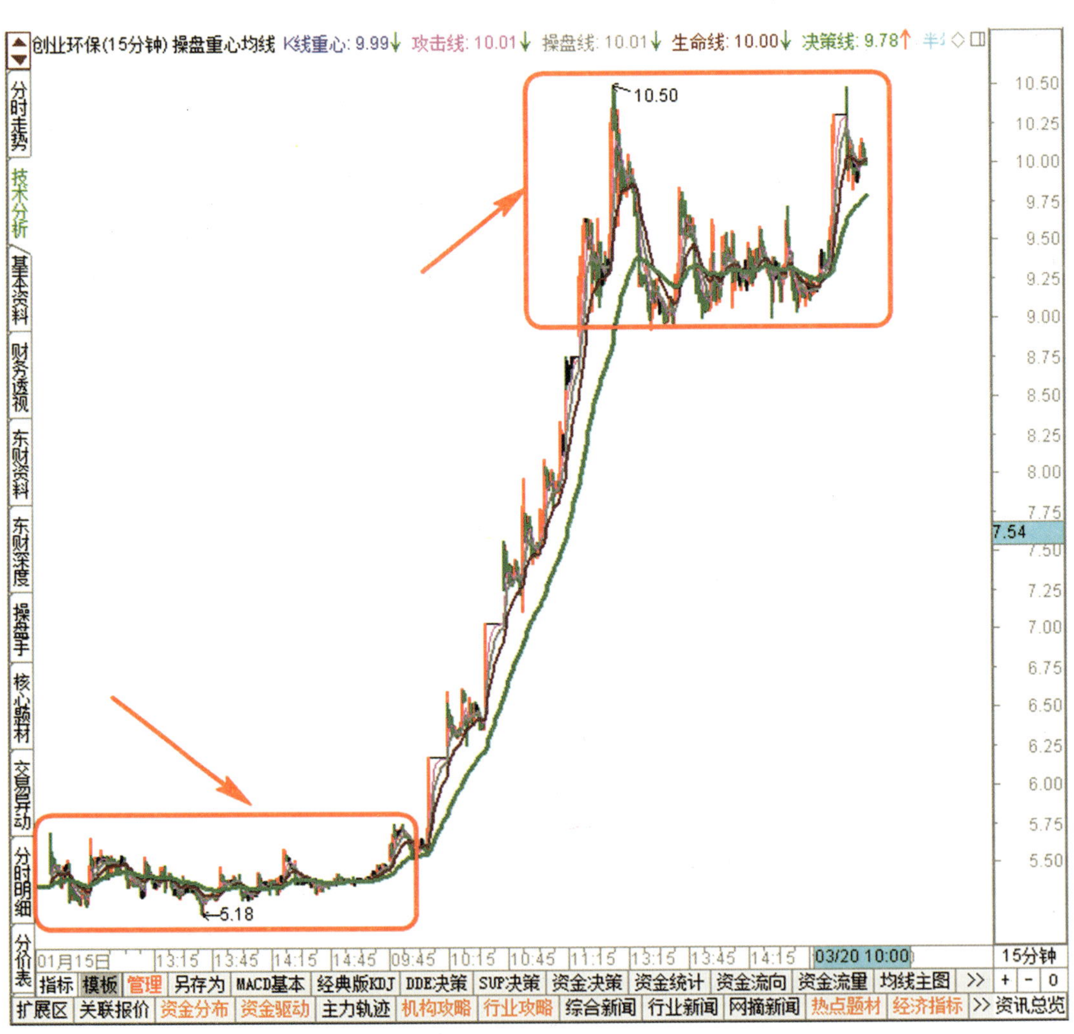

图例 105　创业环保（600874）15 分钟 K 线走势图谱

职业操盘手实训要点：

对照软件，认真观察实战图谱，把它们的走势特点写下来：

（1）趋势的起点位置：________________

（2）K 线的结构特征：________________

（3）成交量的结构特征：________________

（4）MACD 结构特征：________________

（5）操盘手临盘决策：________________

【道破趋势天机】实战图谱 106

图例 106　创业环保（600874）5 分钟 K 线走势图谱

第四章 实训模版

职业操盘手实训要点：

对照软件，认真观察实战图谱，把它们的走势特点写下来：

（1）趋势的起点位置：________________

（2）K 线的结构特征：________________

（3）成交量的结构特征：________________

（4）MACD 结构特征：________________

（5）操盘手临盘决策：________________

【道破趋势天机】实战图谱 107

图例 107 创业环保（600874）1 分钟 K 线走势图谱

职业操盘手实训要点：

对照软件，认真观察实战图谱，把它们的走势特点写下来：

（1）趋势的起点位置：______

（2）K 线的结构特征：______

（3）成交量的结构特征：______

（4）MACD 结构特征：______

（5）操盘手临盘决策：______

【道破趋势天机】实战图谱 108

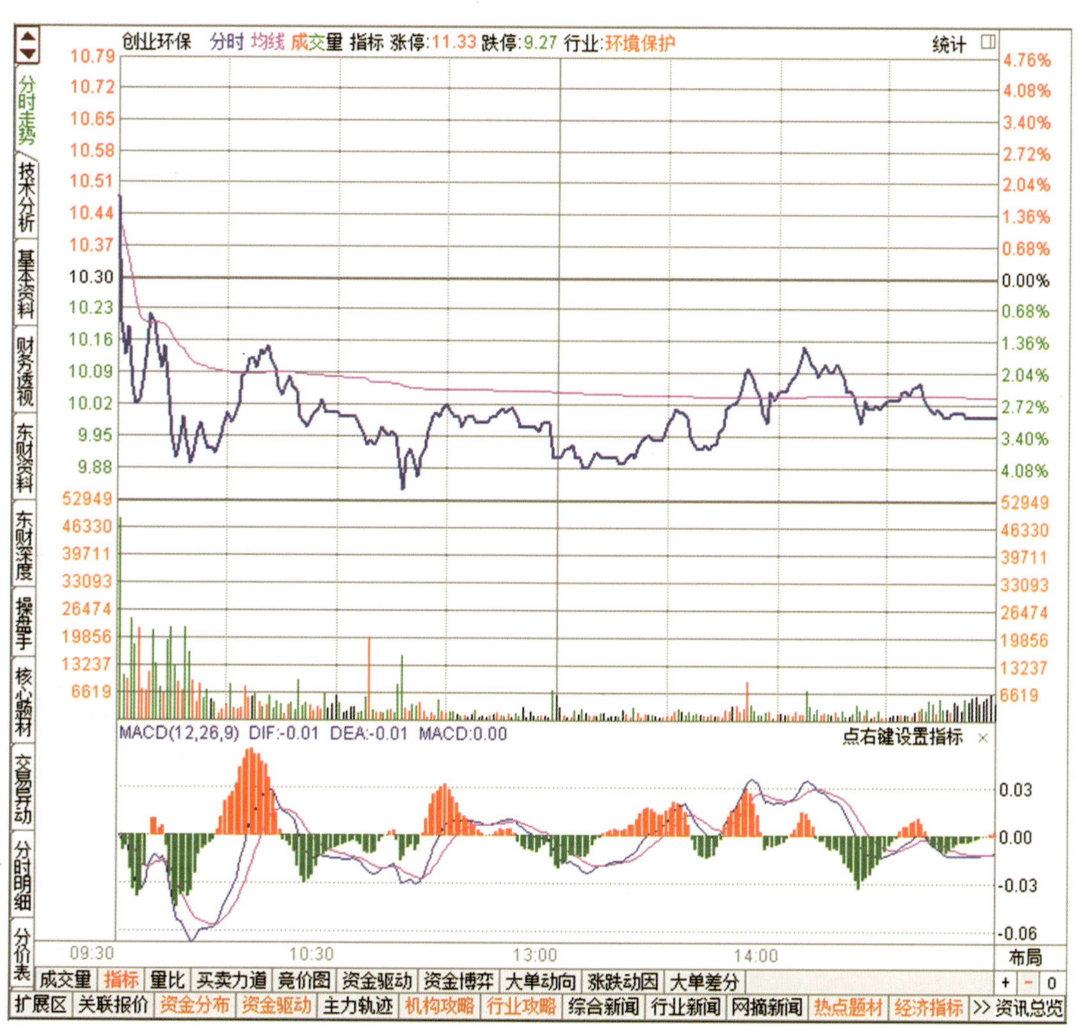

图例 108 创业环保（600874）盘口即时走势图谱

职业操盘手实训要点：

对照软件，认真观察实战图谱，把它们的走势特点写下来：

（1）趋势的起点位置：______

（2）K 线的结构特征：______

（3）成交量的结构特征：______

（4）MACD 结构特征：______

（5）操盘手临盘决策：______

【道破趋势天机】实战图谱 109

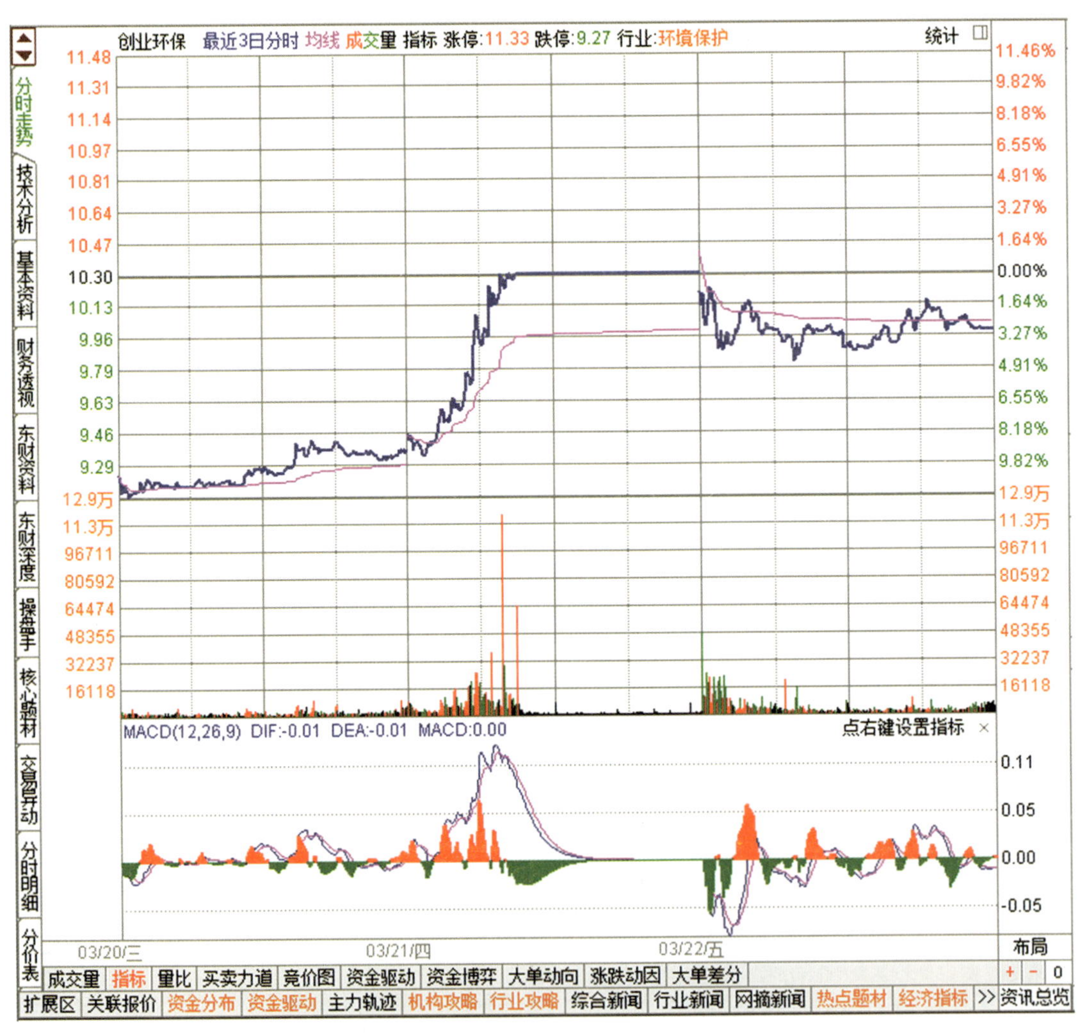

图例 109 创业环保（600874）3 日分时走势图谱

职业操盘手实训要点：

对照软件，认真观察实战图谱，把它们的走势特点写下来：

（1）趋势的起点位置：________________

（2）K 线的结构特征：________________

（3）成交量的结构特征：________________

（4）MACD 结构特征：________________

（5）操盘手临盘决策：________________

【道破趋势天机】实战图谱 110

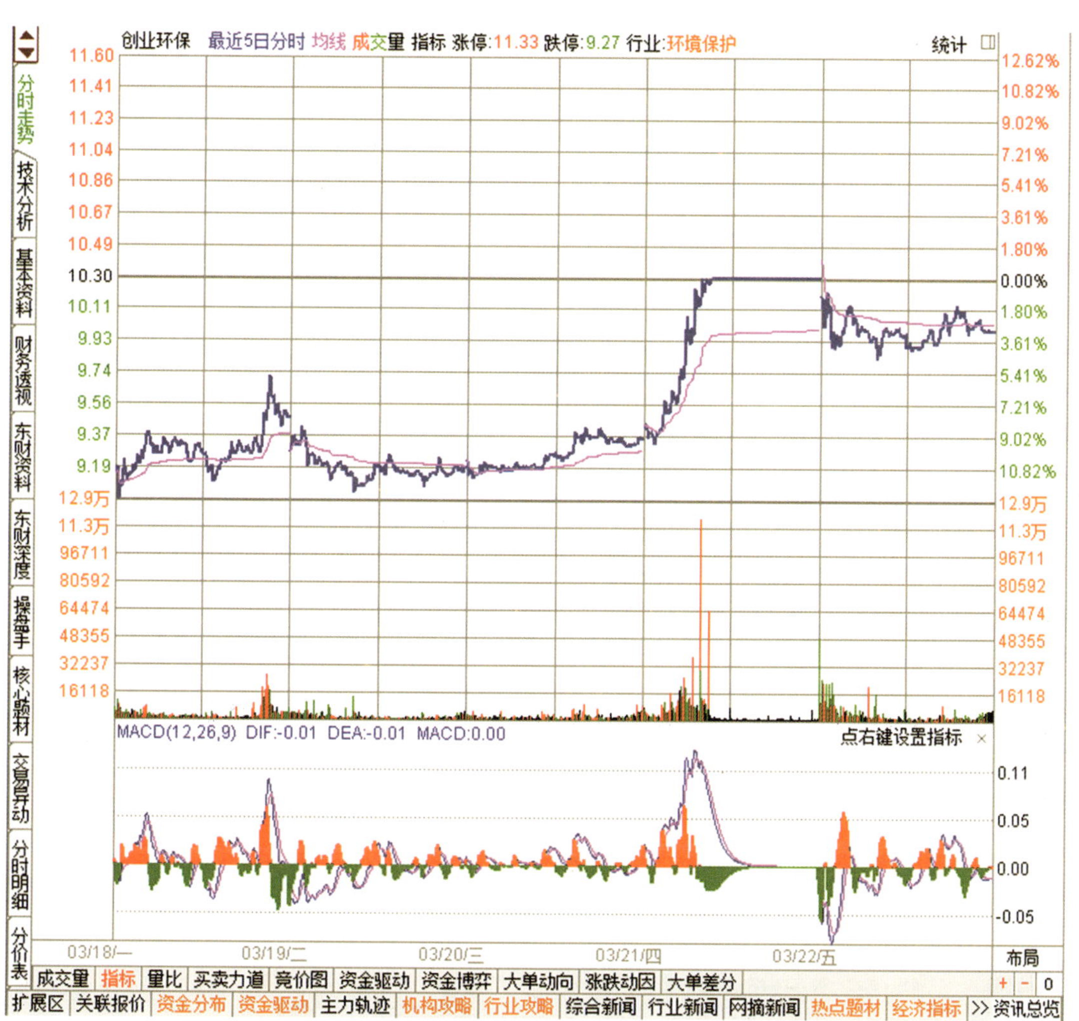

图例 110 创业环保（600874）5 日分时走势图谱

职业操盘手实训要点：

对照软件，认真观察实战图谱，把它们的走势特点写下来：

（1）趋势的起点位置：______________________________

（2）K 线的结构特征：______________________________

（3）成交量的结构特征：______________________________

（4）MACD 结构特征：______________________________

（5）操盘手临盘决策：______________________________

【道破趋势天机】实战图谱 111

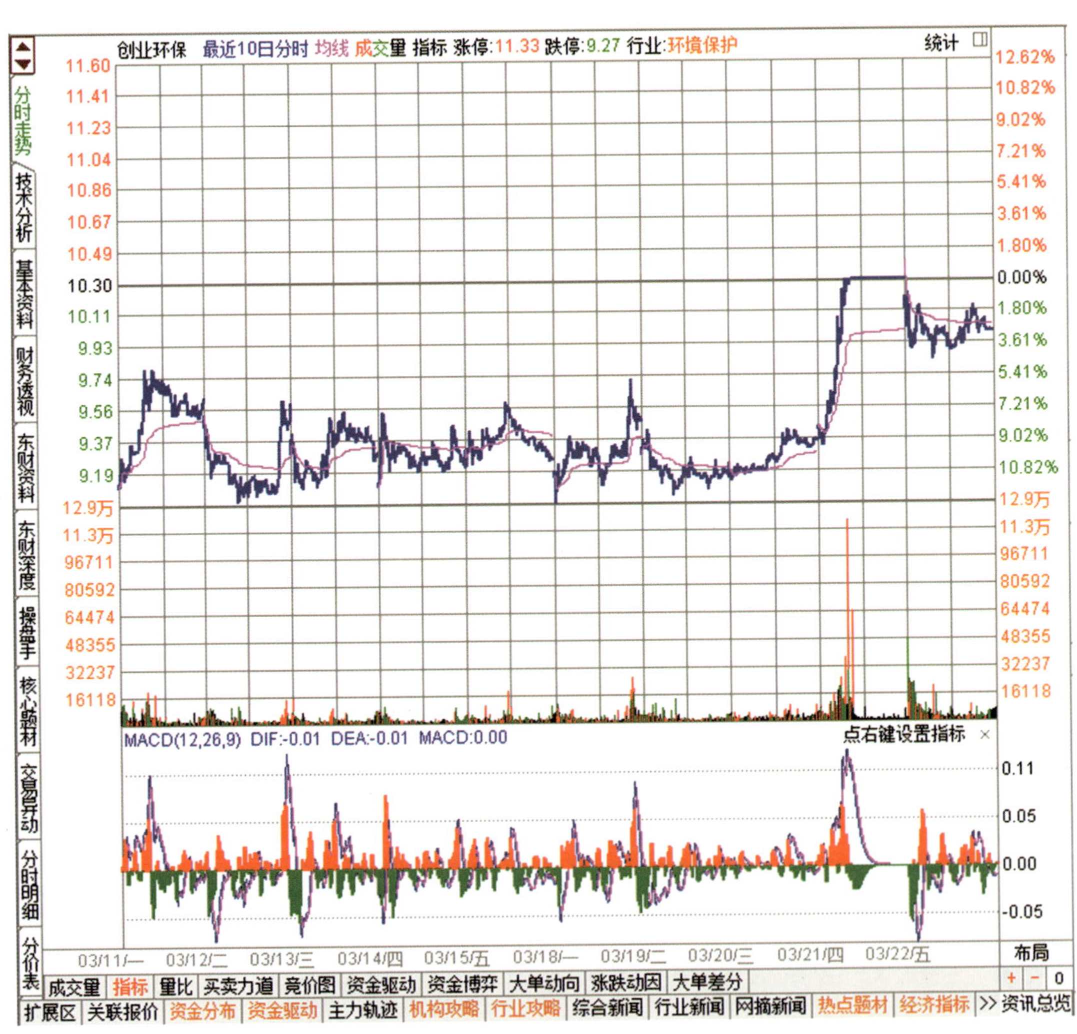

图例 111 创业环保（600874）10 日分时走势图谱

职业操盘手实训要点：

对照软件，认真观察实战图谱，把它们的走势特点写下来：

（1）趋势的起点位置：________________

（2）K线的结构特征：________________

（3）成交量的结构特征：________________

（4）MACD结构特征：________________

（5）操盘手临盘决策：________________

第三节 转战中航重机（600765）

【道破趋势天机】实战图谱 112

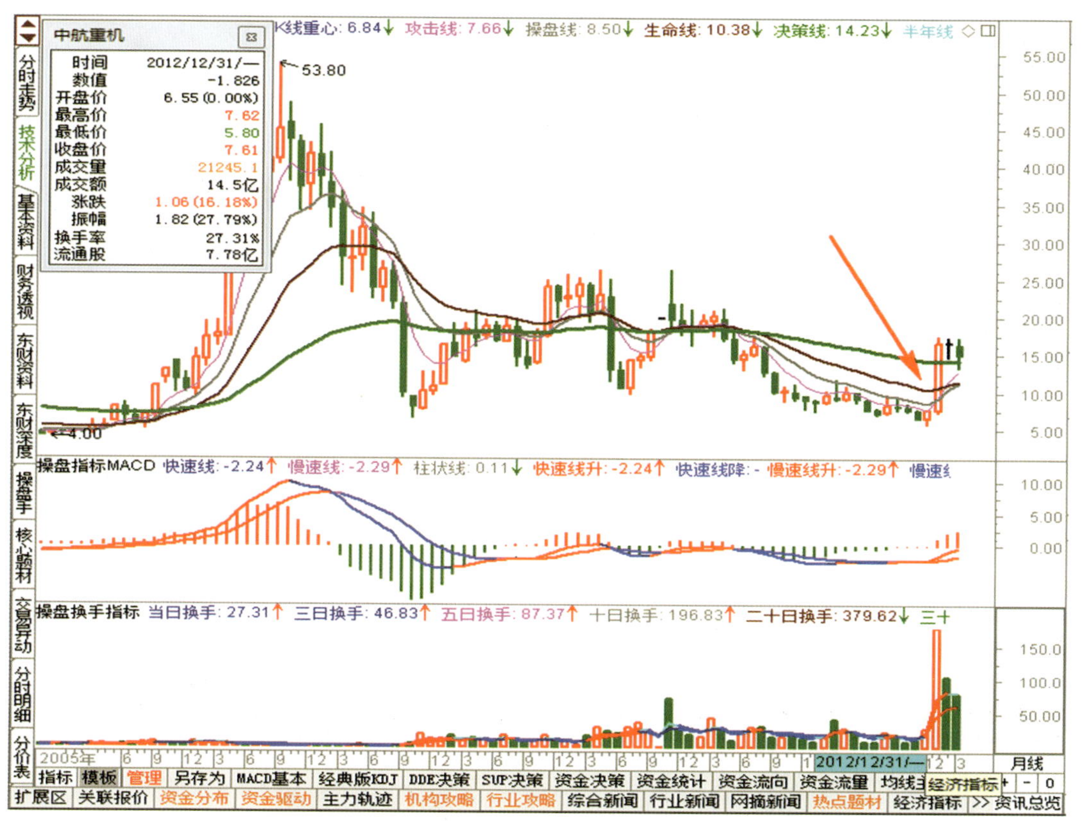

图例 112　中航重机（600765）月K线走势图谱

职业操盘手实训要点：

对照软件，认真观察实战图谱，把它们的走势特点写下来：

（1）趋势的起点位置：____________________

（2）K 线的结构特征：____________________

（3）成交量的结构特征：____________________

（4）MACD 结构特征：____________________

（5）操盘手临盘决策：____________________

【道破趋势天机】实战图谱 113

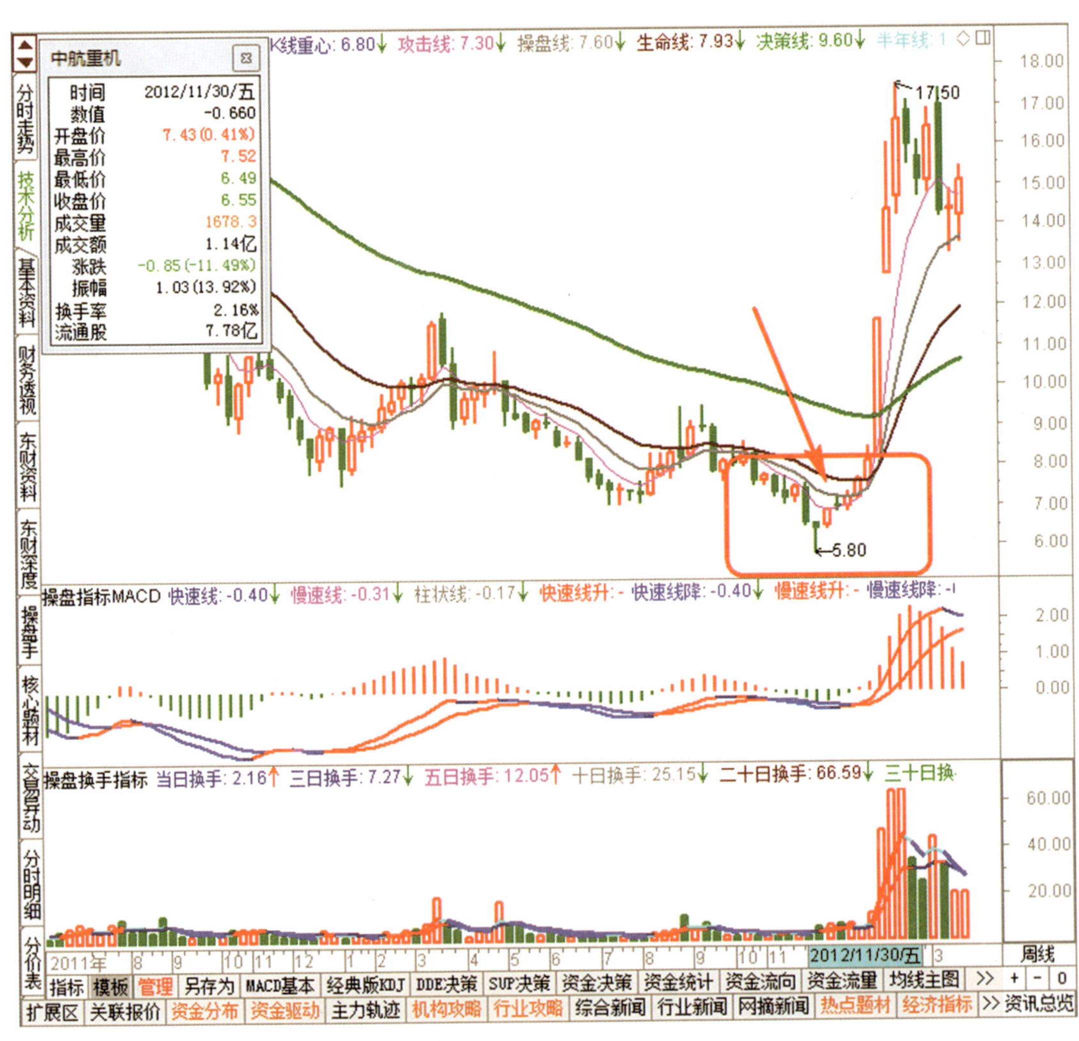

图例 113　中航重机（600765）周 K 线走势图谱

职业操盘手实训要点：

对照软件，认真观察实战图谱，把它们的走势特点写下来：

（1）趋势的起点位置：________________

（2）K 线的结构特征：________________

（3）成交量的结构特征：________________

（4）MACD 结构特征：________________

（5）操盘手临盘决策：________________

【道破趋势天机】实战图谱 114

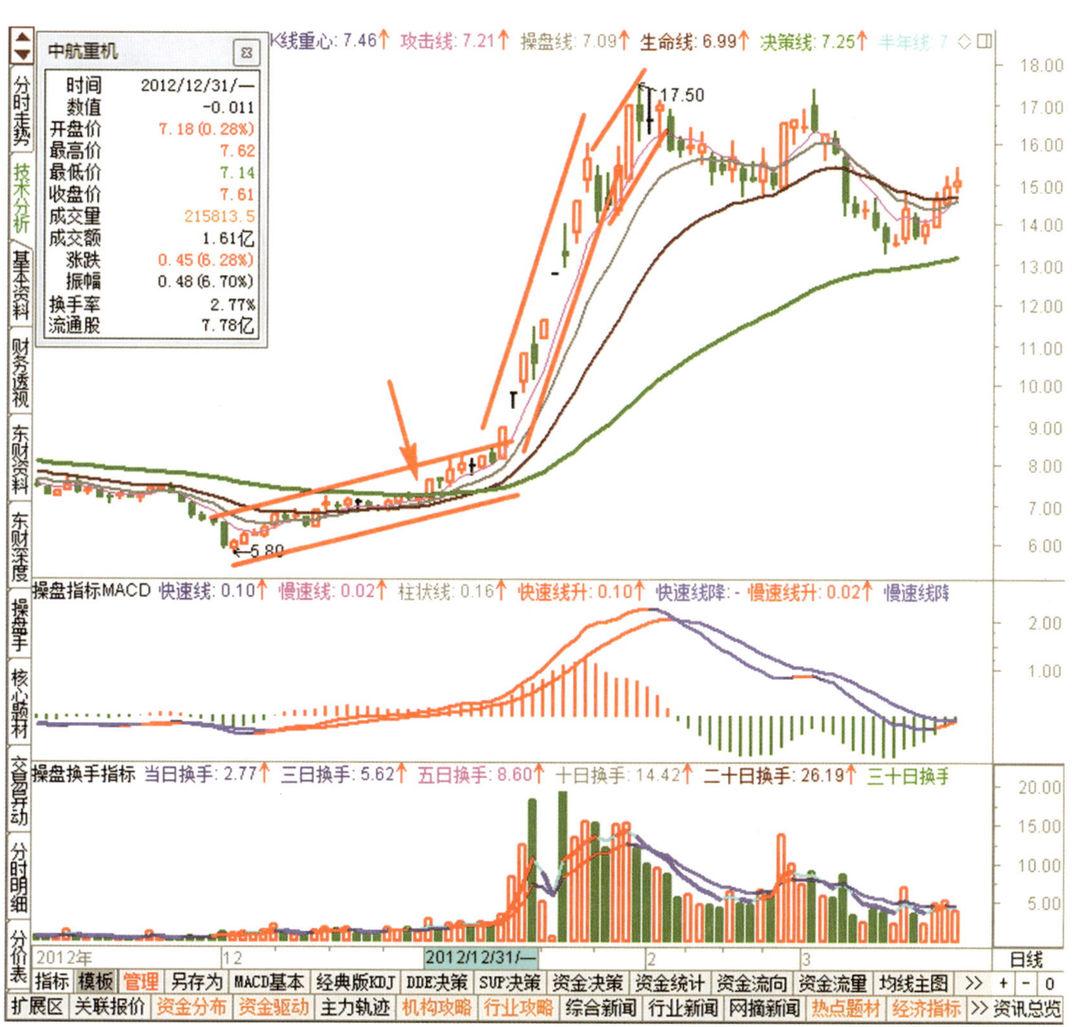

图例 114 中航重机（600765）日 K 线走势图谱

职业操盘手实训要点：

对照软件，认真观察实战图谱，把它们的走势特点写下来：

（1）趋势的起点位置：________________

（2）K 线的结构特征：________________

（3）成交量的结构特征：________________

（4）MACD 结构特征：________________

（5）操盘手临盘决策：________________

【道破趋势天机】实战图谱 115

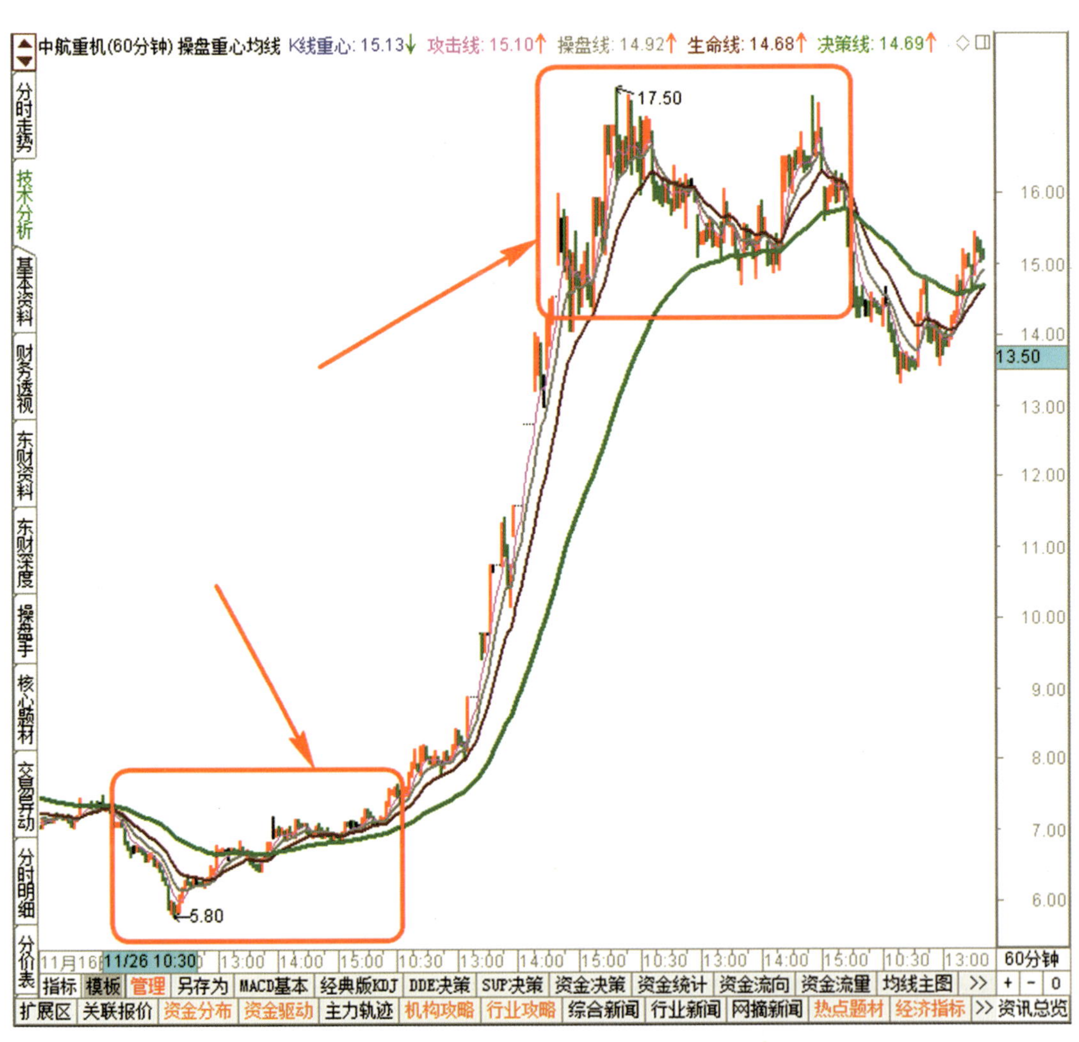

图例 115　中航重机（600765）60 分钟 K 线走势图谱

职业操盘手实训要点：

对照软件，认真观察实战图谱，把它们的走势特点写下来：

（1）趋势的起点位置：________________

（2）K 线的结构特征：________________

（3）成交量的结构特征：________________

（4）MACD 结构特征：________________

（5）操盘手临盘决策：________________

【道破趋势天机】实战图谱 116

图例 116 中航重机（600765）30 分钟 K 线走势图谱

职业操盘手实训要点：

对照软件，认真观察实战图谱，把它们的走势特点写下来：

（1）趋势的起点位置：________________

（2）K 线的结构特征：________________

（3）成交量的结构特征：________________

（4）MACD 结构特征：________________

（5）操盘手临盘决策：________________

【道破趋势天机】实战图谱 117

图例 117 中航重机（600765）15 分钟 K 线走势图谱

职业操盘手实训要点：

对照软件，认真观察实战图谱，把它们的走势特点写下来：

（1）趋势的起点位置：________________

（2）K 线的结构特征：________________

（3）成交量的结构特征：________________

（4）MACD 结构特征：________________

（5）操盘手临盘决策：________________

【道破趋势天机】实战图谱 118

图例 118　中航重机（600765）5 分钟 K 线走势图谱

职业操盘手实训要点：

对照软件，认真观察实战图谱，把它们的走势特点写下来：

（1）趋势的起点位置：______

（2）K 线的结构特征：______

（3）成交量的结构特征：______

（4）MACD 结构特征：______

（5）操盘手临盘决策：______

【道破趋势天机】实战图谱 119

图例 119　中航重机（600765）1 分钟 K 线走势图谱

职业操盘手实训要点：

对照软件，认真观察实战图谱，把它们的走势特点写下来：

（1）趋势的起点位置：________________

（2）K 线的结构特征：________________

（3）成交量的结构特征：________________

（4）MACD 结构特征：________________

（5）操盘手临盘决策：________________

【道破趋势天机】实战图谱 120

图例 120 中航重机（600765）盘口即时走势图谱

职业操盘手实训要点：

对照软件，认真观察实战图谱，把它们的走势特点写下来：

（1）趋势的起点位置：________________

（2）K 线的结构特征：________________

（3）成交量的结构特征：________________

（4）MACD 结构特征：________________

（5）操盘手临盘决策：________________

【道破趋势天机】实战图谱 121

图例 121　中航重机（600765）3 日分时走势图谱

职业操盘手实训要点：

对照软件，认真观察实战图谱，把它们的走势特点写下来：

（1）趋势的起点位置：________________

（2）K线的结构特征：________________

（3）成交量的结构特征：________________

（4）MACD结构特征：________________

（5）操盘手临盘决策：________________

【道破趋势天机】实战图谱 122

图例 122 中航重机（600765）5 日分时走势图谱

职业操盘手实训要点：

对照软件，认真观察实战图谱，把它们的走势特点写下来：

（1）趋势的起点位置：______

（2）K 线的结构特征：______

（3）成交量的结构特征：______

（4）MACD 结构特征：______

（5）操盘手临盘决策：______

【道破趋势天机】实战图谱 123

图例 123　中航重机（600765）10 日分时走势图谱

职业操盘手实训要点：

对照软件，认真观察实战图谱，把它们的走势特点写下来：

（1）趋势的起点位置：________________

（2）K 线的结构特征：________________

（3）成交量的结构特征：________________

（4）MACD 结构特征：________________

（5）操盘手临盘决策：________________

第四节　转战江山股份（600389）

【道破趋势天机】实战图谱 124

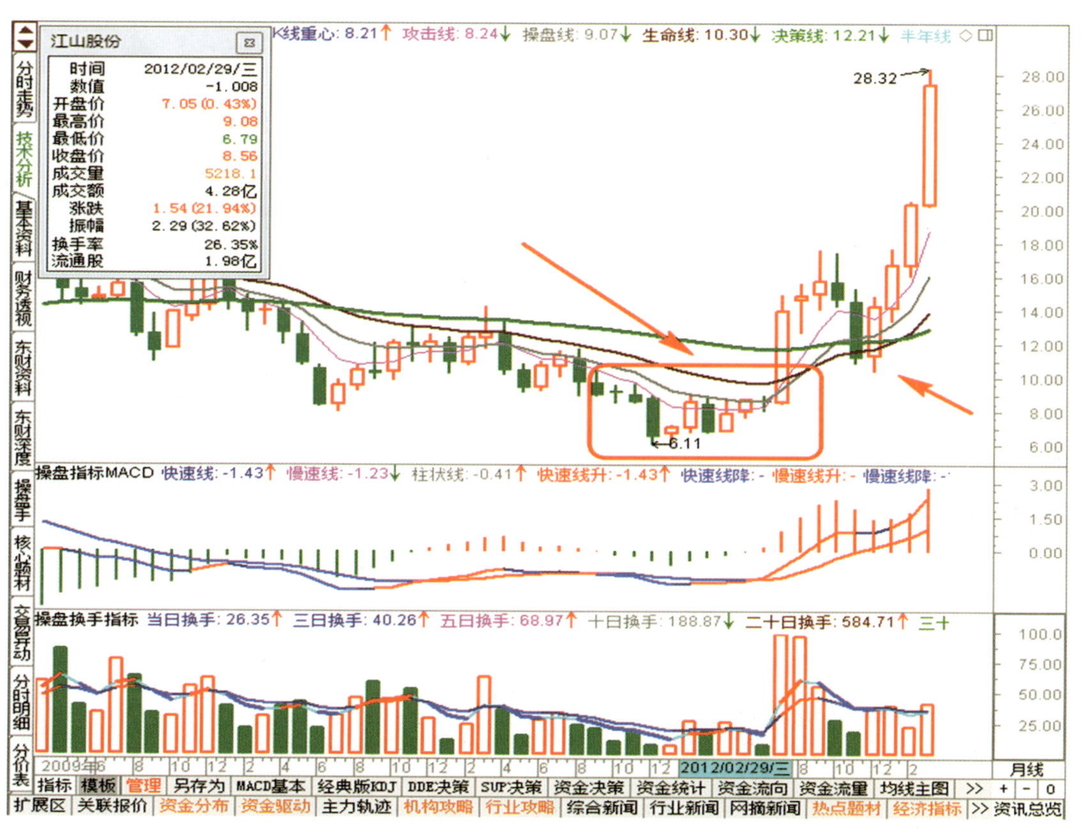

图例 124　江山股份（600389）月 K 线走势图谱

职业操盘手实训要点：

对照软件，认真观察实战图谱，把它们的走势特点写下来：

（1）趋势的起点位置：________________

（2）K线的结构特征：________________

（3）成交量的结构特征：________________

（4）MACD结构特征：________________

（5）操盘手临盘决策：________________

【道破趋势天机】实战图谱125

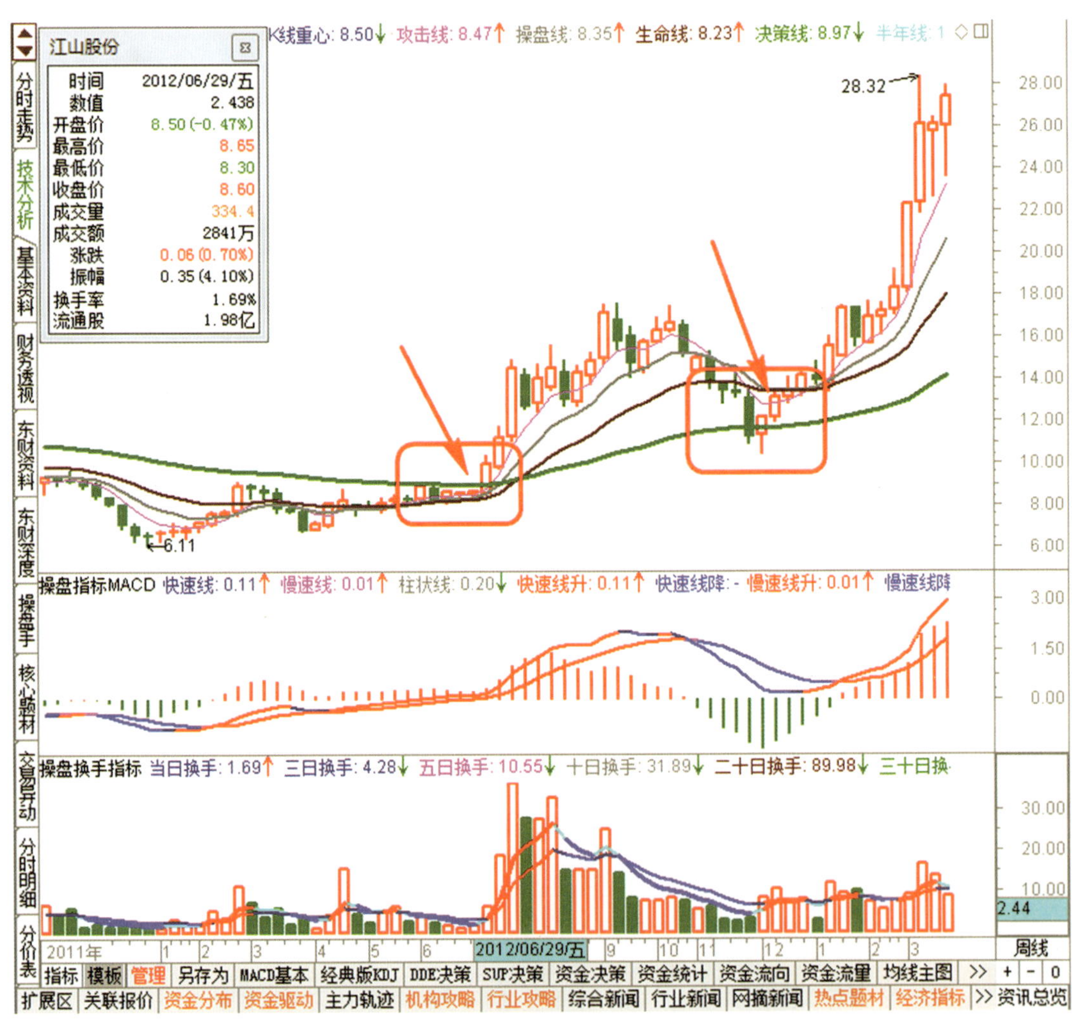

图例125　江山股份（600389）周K线走势图谱

职业操盘手实训要点：

对照软件，认真观察实战图谱，把它们的走势特点写下来：

（1）趋势的起点位置：____________________

（2）K 线的结构特征：____________________

（3）成交量的结构特征：____________________

（4）MACD 结构特征：____________________

（5）操盘手临盘决策：____________________

【道破趋势天机】实战图谱 126

图例 126　江山股份（600389）日 K 线走势图谱

职业操盘手实训要点：

对照软件，认真观察实战图谱，把它们的走势特点写下来：

（1）趋势的起点位置：________________

（2）K 线的结构特征：________________

（3）成交量的结构特征：________________

（4）MACD 结构特征：________________

（5）操盘手临盘决策：________________

【道破趋势天机】实战图谱 127

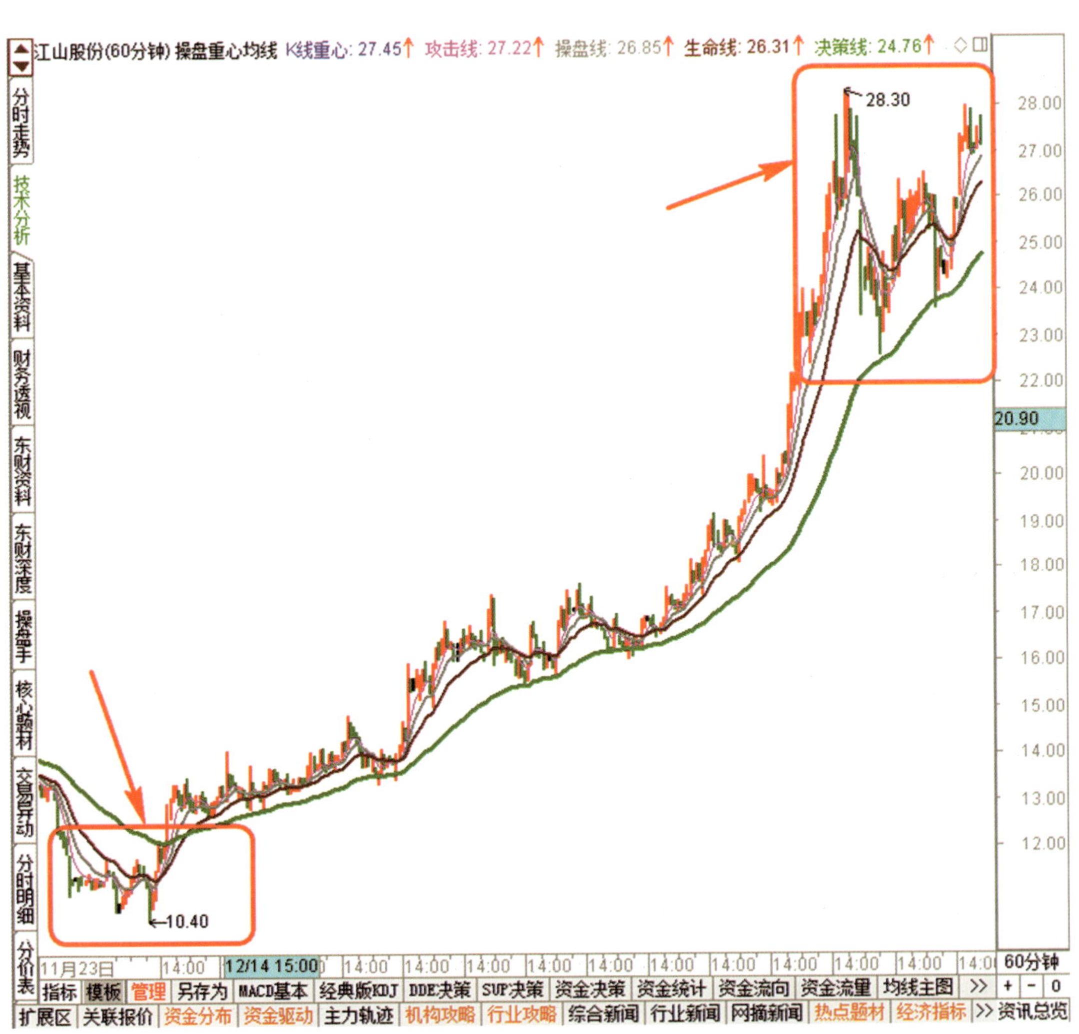

图例 127　江山股份（600389）60 分钟 K 线走势图谱

职业操盘手实训要点：

对照软件，认真观察实战图谱，把它们的走势特点写下来：

（1）趋势的起点位置：________________

（2）K 线的结构特征：________________

（3）成交量的结构特征：________________

（4）MACD 结构特征：________________

（5）操盘手临盘决策：________________

【道破趋势天机】实战图谱 128

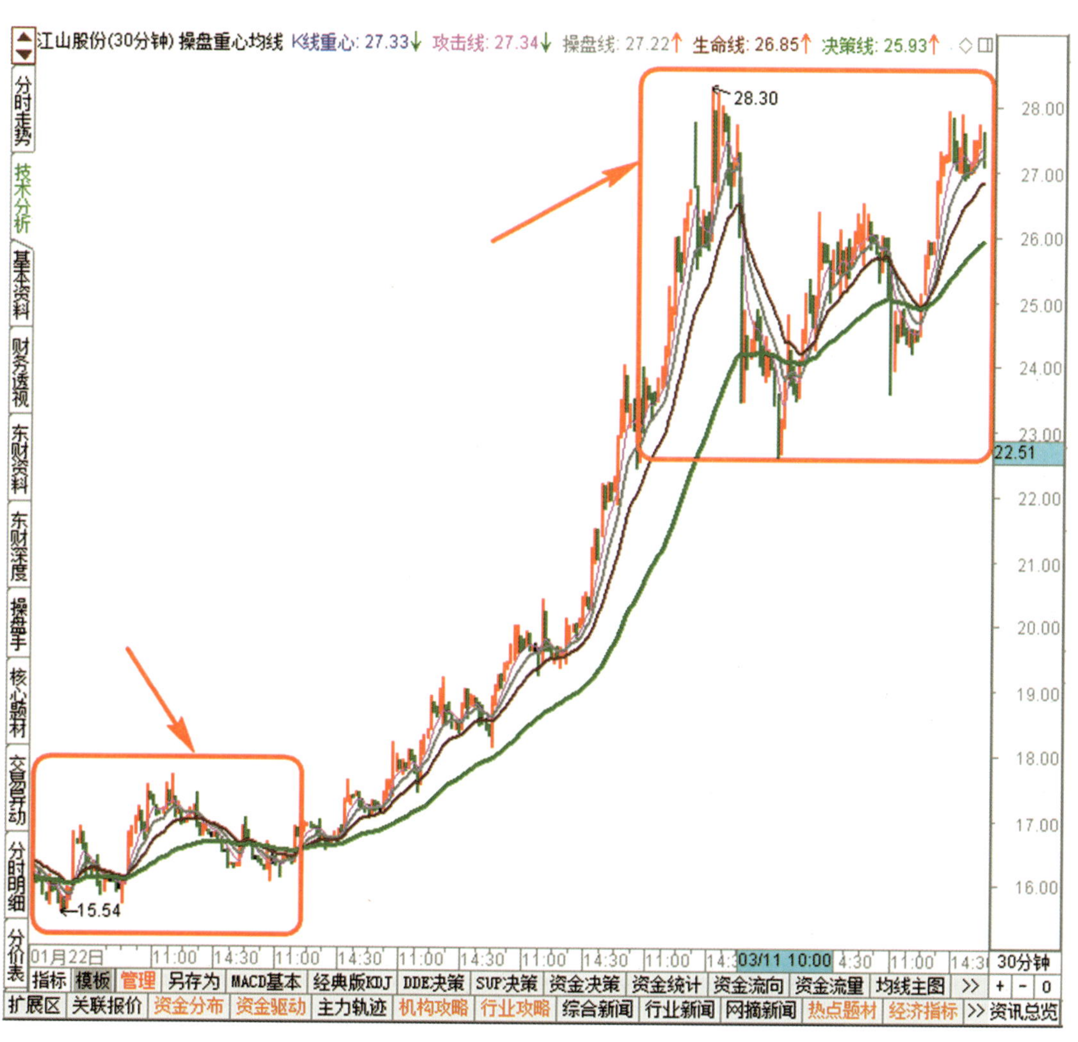

图例 128　江山股份（600389）30 分钟 K 线走势图谱

职业操盘手实训要点：

对照软件，认真观察实战图谱，把它们的走势特点写下来：

（1）趋势的起点位置：________________

（2）K 线的结构特征：________________

（3）成交量的结构特征：________________

（4）MACD 结构特征：________________

（5）操盘手临盘决策：________________

【道破趋势天机】实战图谱 129

图例 129　江山股份（600389）15 分钟 K 线走势图谱

职业操盘手实训要点：

对照软件，认真观察实战图谱，把它们的走势特点写下来：

（1）趋势的起点位置：________________

（2）K 线的结构特征：________________

（3）成交量的结构特征：________________

（4）MACD 结构特征：________________

（5）操盘手临盘决策：________________

【道破趋势天机】实战图谱 130

图例 130　江山股份（600389）5 分钟 K 线走势图谱

职业操盘手实训要点：

对照软件，认真观察实战图谱，把它们的走势特点写下来：

（1）趋势的起点位置：________________

（2）K线的结构特征：________________

（3）成交量的结构特征：________________

（4）MACD结构特征：________________

（5）操盘手临盘决策：________________

【道破趋势天机】实战图谱131

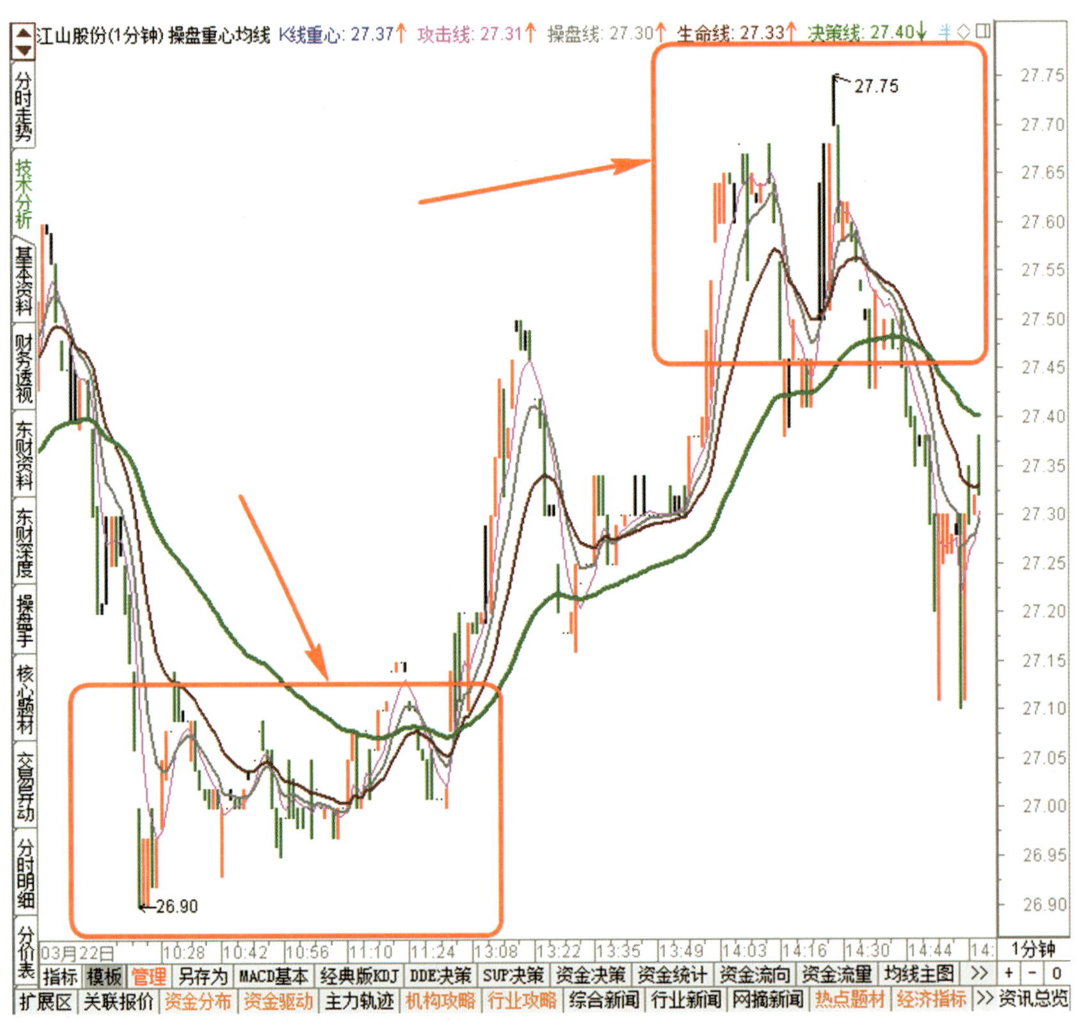

图例131 江山股份（600389）1分钟K线走势图谱

职业操盘手实训要点：

对照软件，认真观察实战图谱，把它们的走势特点写下来：

（1）趋势的起点位置：____________________

（2）K 线的结构特征：____________________

（3）成交量的结构特征：____________________

（4）MACD 结构特征：____________________

（5）操盘手临盘决策：____________________

【道破趋势天机】实战图谱 132

图例 132 江山股份（600389）盘口即时走势图谱

第四章 实训模版

职业操盘手实训要点：

对照软件，认真观察实战图谱，把它们的走势特点写下来：

（1）趋势的起点位置：________________

（2）K 线的结构特征：________________

（3）成交量的结构特征：________________

（4）MACD 结构特征：________________

（5）操盘手临盘决策：________________

【道破趋势天机】实战图谱 133

图例 133 江山股份（600389）3 日分时走势图谱

职业操盘手实训要点：

对照软件，认真观察实战图谱，把它们的走势特点写下来：

（1）趋势的起点位置：____________________

（2）K 线的结构特征：____________________

（3）成交量的结构特征：____________________

（4）MACD 结构特征：____________________

（5）操盘手临盘决策：____________________

【道破趋势天机】实战图谱 134

图例 134 江山股份（600389）5 日分时走势图谱

职业操盘手实训要点：

对照软件，认真观察实战图谱，把它们的走势特点写下来：

（1）趋势的起点位置：________________

（2）K 线的结构特征：________________

（3）成交量的结构特征：________________

（4）MACD 结构特征：________________

（5）操盘手临盘决策：________________

【道破趋势天机】实战图谱 135

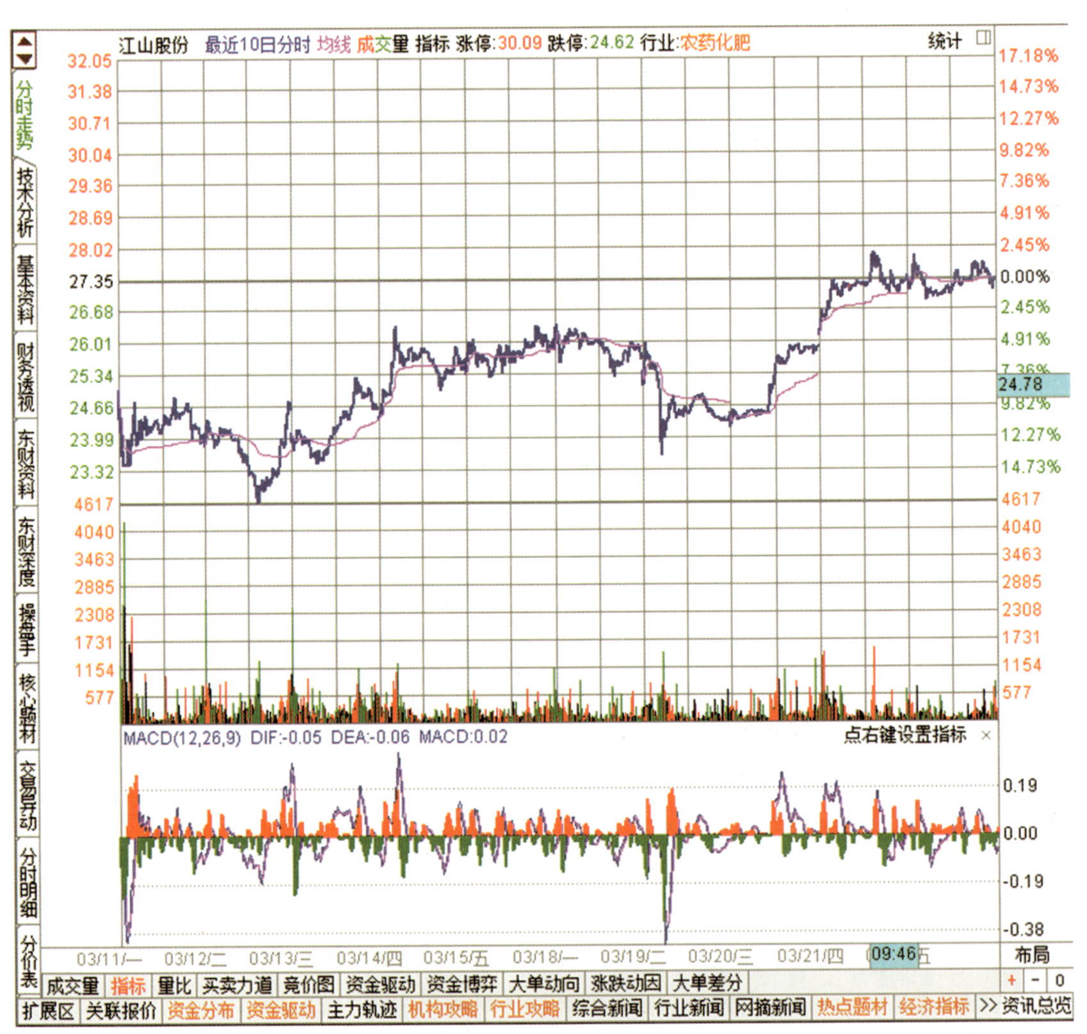

图例 135　江山股份（600389）10 日分时走势图谱

职业操盘手实训要点：

对照软件，认真观察实战图谱，把它们的走势特点写下来：

（1）趋势的起点位置：________________________________

（2）K 线的结构特征：________________________________

（3）成交量的结构特征：________________________________

（4）MACD 结构特征：________________________________

（5）操盘手临盘决策：________________________________

第五节　转战和佳股份（300273）

【道破趋势天机】实战图谱 136

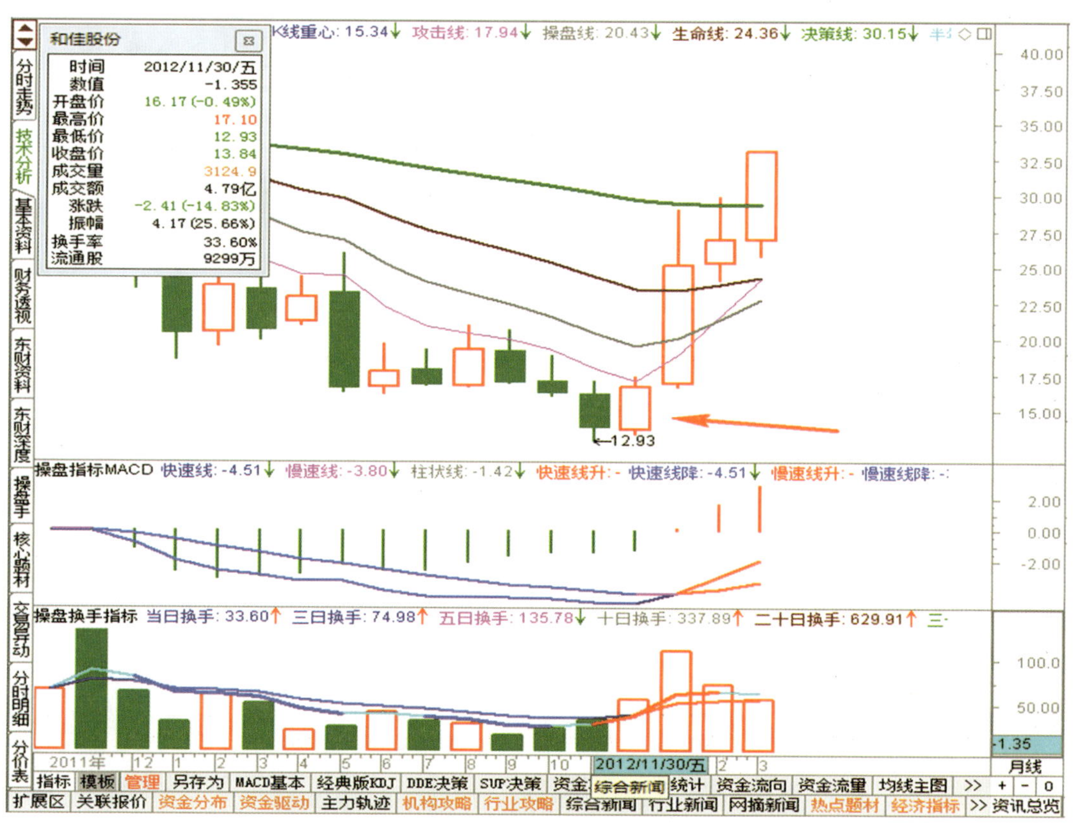

图例 136　和佳股份（300273）月 K 线走势图谱

职业操盘手实训要点：

对照软件，认真观察实战图谱，把它们的走势特点写下来：

（1）趋势的起点位置：______

（2）K 线的结构特征：______

（3）成交量的结构特征：______

（4）MACD 结构特征：______

（5）操盘手临盘决策：______

【道破趋势天机】实战图谱 137

图例 137　和佳股份（300273）周 K 线走势图谱

职业操盘手实训要点：

对照软件，认真观察实战图谱，把它们的走势特点写下来：

（1）趋势的起点位置：________________

（2）K 线的结构特征：________________

（3）成交量的结构特征：________________

（4）MACD 结构特征：________________

（5）操盘手临盘决策：________________

【道破趋势天机】实战图谱 138

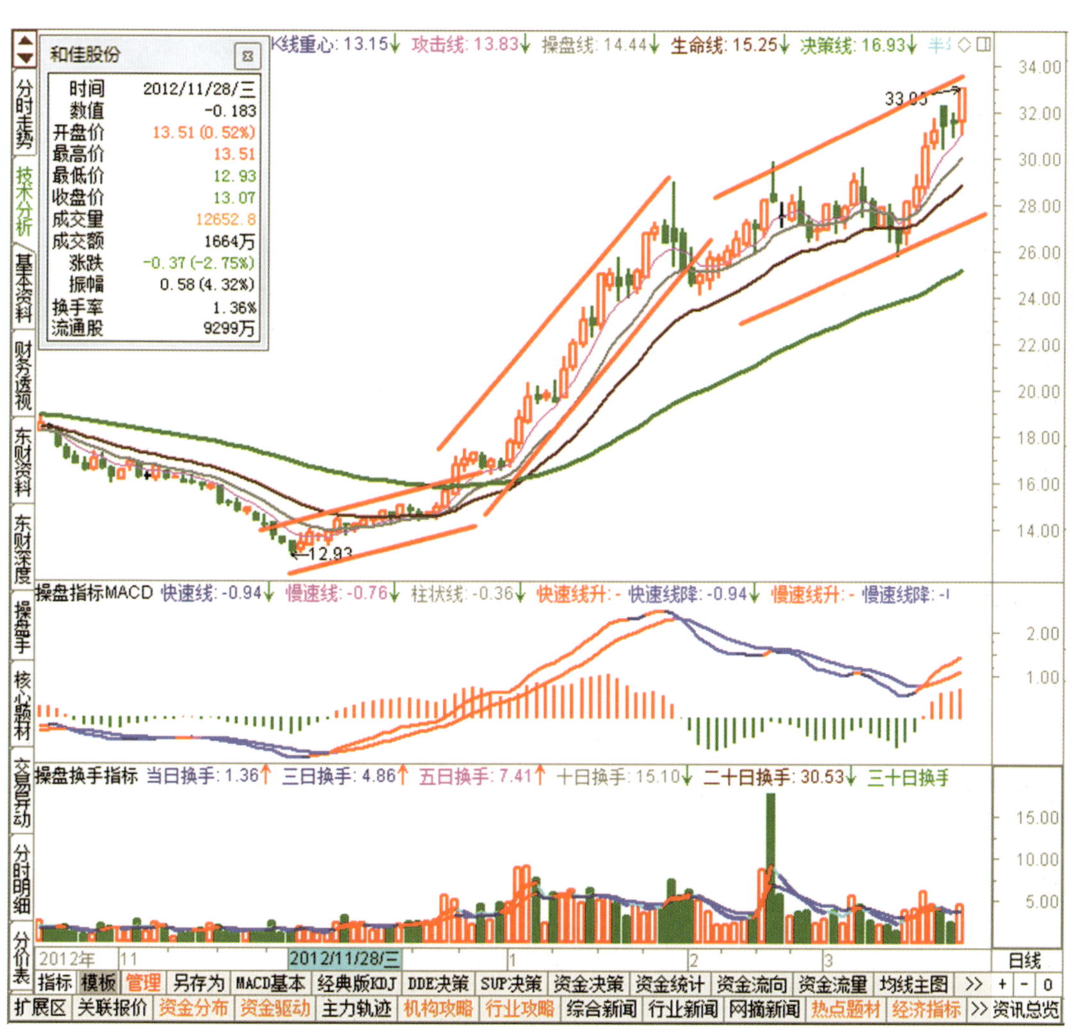

图例 138　和佳股份（300273）日 K 线走势图谱

职业操盘手实训要点：

对照软件，认真观察实战图谱，把它们的走势特点写下来：

（1）趋势的起点位置：______________________

（2）K 线的结构特征：______________________

（3）成交量的结构特征：______________________

（4）MACD 结构特征：______________________

（5）操盘手临盘决策：______________________

【道破趋势天机】实战图谱 139

图例 139　和佳股份（300273）60 分钟 K 线走势图谱

职业操盘手实训要点：

对照软件，认真观察实战图谱，把它们的走势特点写下来：

（1）趋势的起点位置：________________

（2）K 线的结构特征：________________

（3）成交量的结构特征：________________

（4）MACD 结构特征：________________

（5）操盘手临盘决策：________________

【道破趋势天机】实战图谱 140

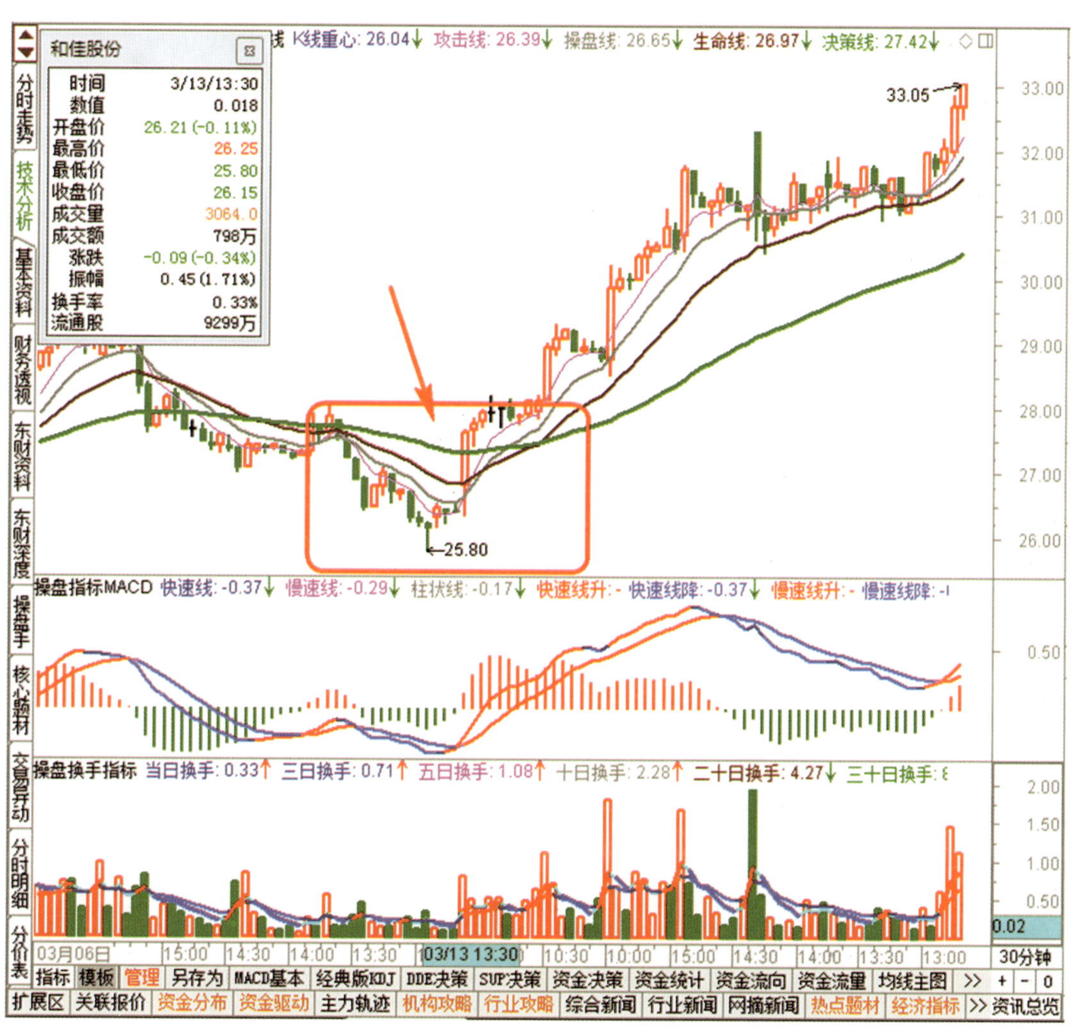

图例 140　和佳股份（300273）30 分钟 K 线走势图谱

职业操盘手实训要点：

对照软件，认真观察实战图谱，把它们的走势特点写下来：

（1）趋势的起点位置：________________

（2）K 线的结构特征：________________

（3）成交量的结构特征：________________

（4）MACD 结构特征：________________

（5）操盘手临盘决策：________________

【道破趋势天机】实战图谱 141

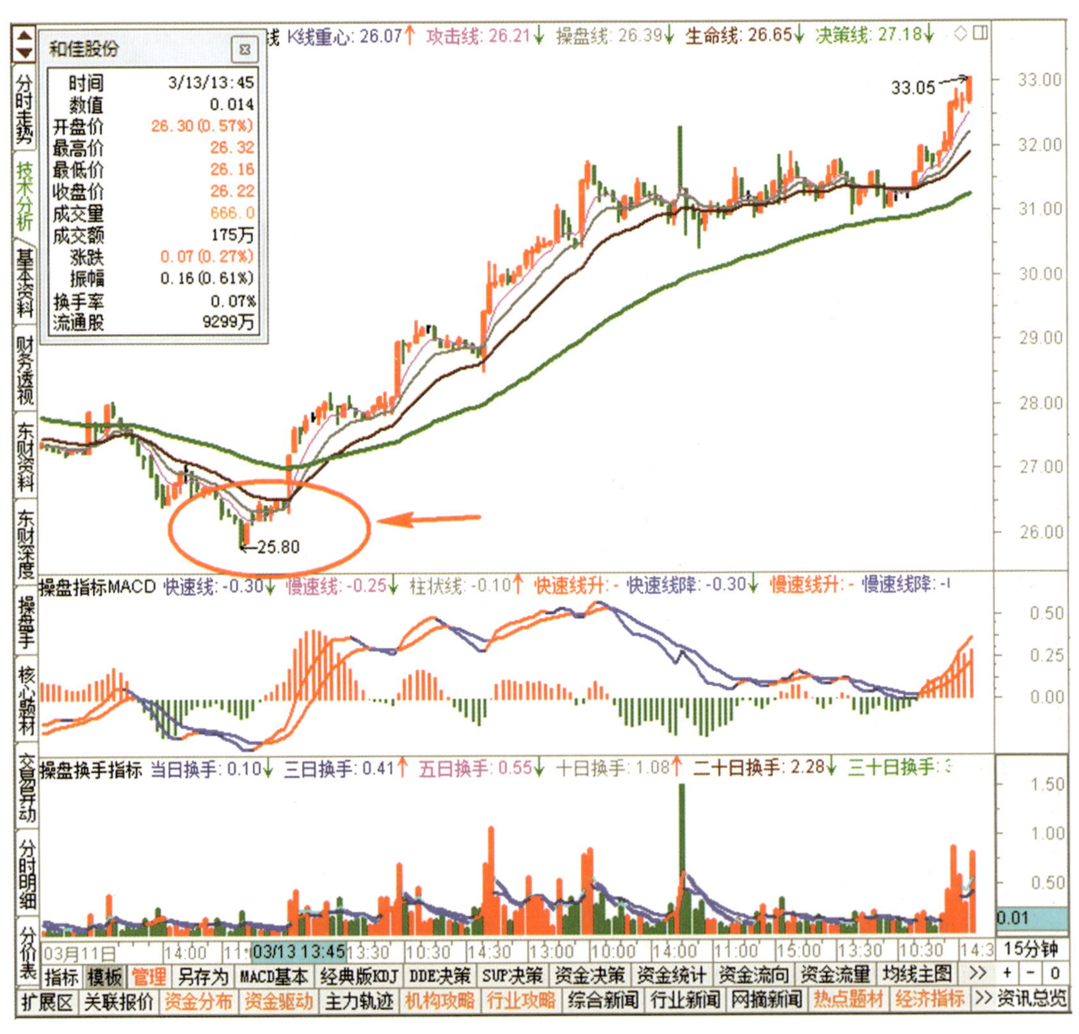

图例 141　和佳股份（300273）15 分钟 K 线走势图谱

职业操盘手实训要点：

对照软件，认真观察实战图谱，把它们的走势特点写下来：

（1）趋势的起点位置：________________

（2）K 线的结构特征：________________

（3）成交量的结构特征：________________

（4）MACD 结构特征：________________

（5）操盘手临盘决策：________________

【道破趋势天机】实战图谱 142

图例 142　和佳股份（300273）5 分钟 K 线走势图谱

职业操盘手实训要点：

对照软件，认真观察实战图谱，把它们的走势特点写下来：

（1）趋势的起点位置：________________

（2）K 线的结构特征：________________

（3）成交量的结构特征：________________

（4）MACD 结构特征：________________

（5）操盘手临盘决策：________________

【道破趋势天机】实战图谱 143

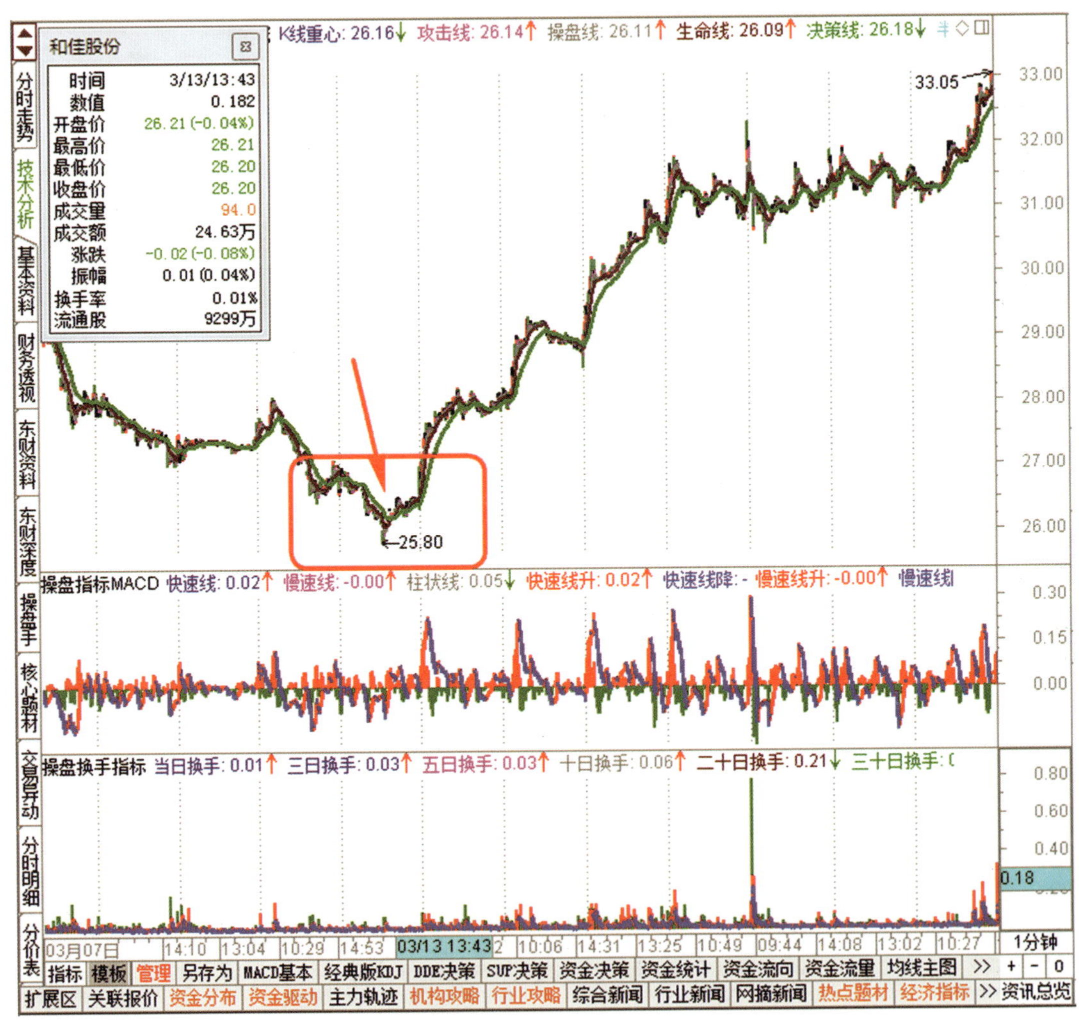

图例 143　和佳股份（300273）1 分钟 K 线走势图谱

职业操盘手实训要点：

对照软件，认真观察实战图谱，把它们的走势特点写下来：

（1）趋势的起点位置：______________________________

（2）K 线的结构特征：______________________________

（3）成交量的结构特征：______________________________

（4）MACD 结构特征：______________________________

（5）操盘手临盘决策：______________________________

【道破趋势天机】实战图谱 144

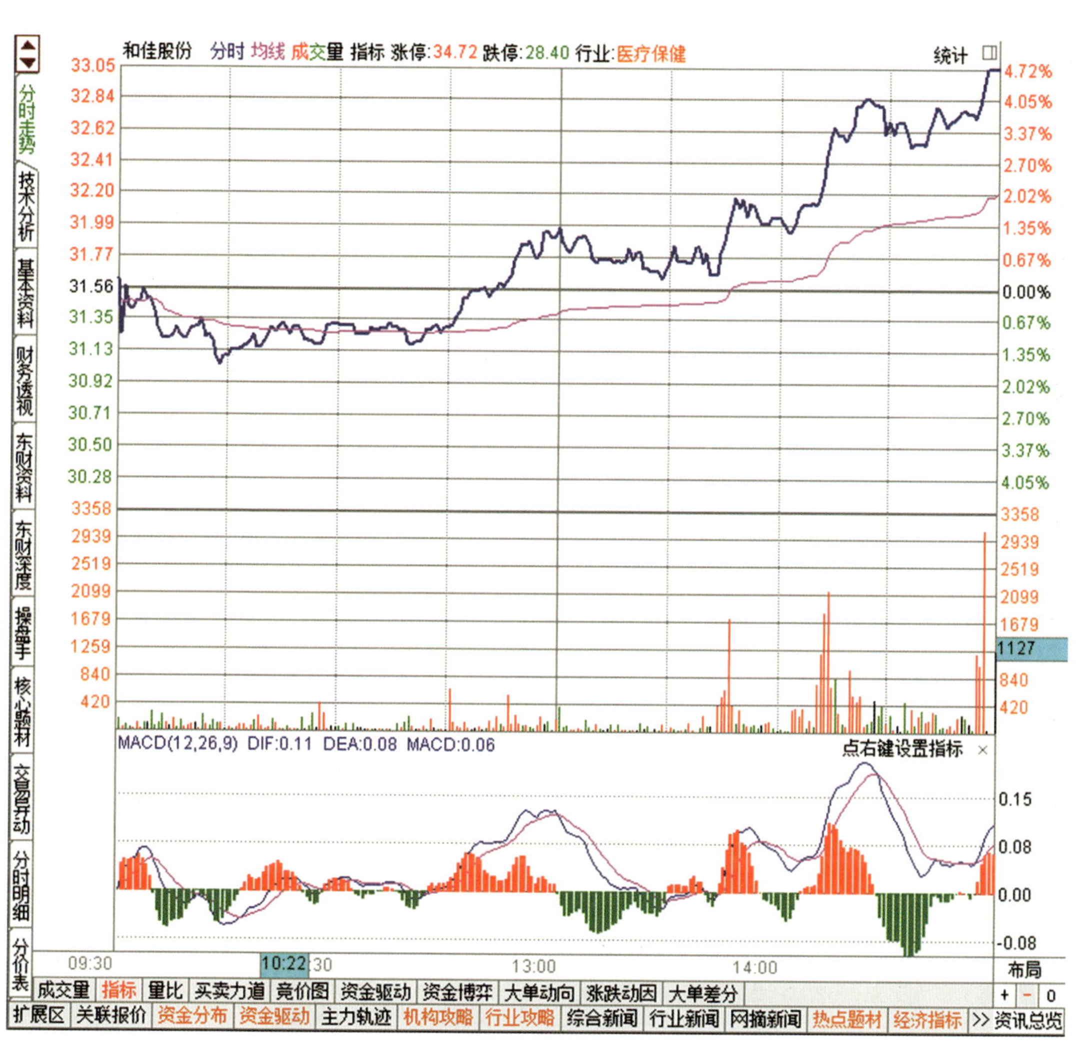

图例 144　和佳股份（300273）盘口即时走势图谱

职业操盘手实训要点：

对照软件，认真观察实战图谱，把它们的走势特点写下来：

（1）趋势的起点位置：______

（2）K 线的结构特征：______

（3）成交量的结构特征：______

（4）MACD 结构特征：______

（5）操盘手临盘决策：______

【道破趋势天机】实战图谱 145

图例 145　和佳股份（300273）3 日分时走势图谱

职业操盘手实训要点：

对照软件，认真观察实战图谱，把它们的走势特点写下来：

（1）趋势的起点位置：______

（2）K线的结构特征：______

（3）成交量的结构特征：______

（4）MACD结构特征：______

（5）操盘手临盘决策：______

【道破趋势天机】实战图谱 146

图例 146 和佳股份（300273）5 日分时走势图谱

职业操盘手实训要点：

对照软件，认真观察实战图谱，把它们的走势特点写下来：

（1）趋势的起点位置：________________

（2）K 线的结构特征：________________

（3）成交量的结构特征：________________

（4）MACD 结构特征：________________

（5）操盘手临盘决策：________________

【道破趋势天机】实战图谱 147

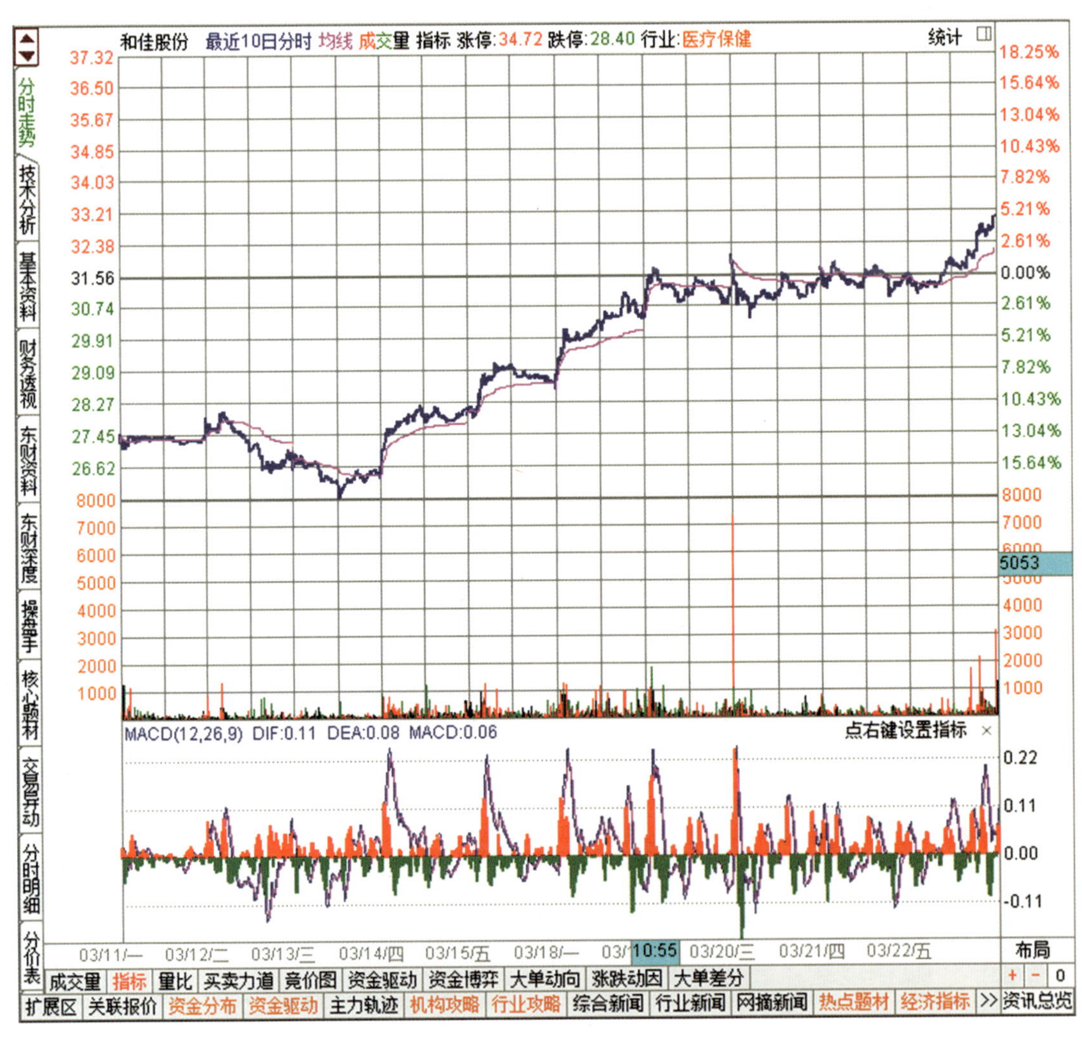

图例 147 和佳股份（300273）10 日分时走势图谱

职业操盘手实训要点：

对照软件，认真观察实战图谱，把它们的走势特点写下来：

（1）趋势的起点位置：____

（2）K 线的结构特征：____

（3）成交量的结构特征：______________________________________

（4）MACD 结构特征：____

（5）操盘手临盘决策：____

第六节　转战省广股份（002400）

【道破趋势天机】实战图谱 148

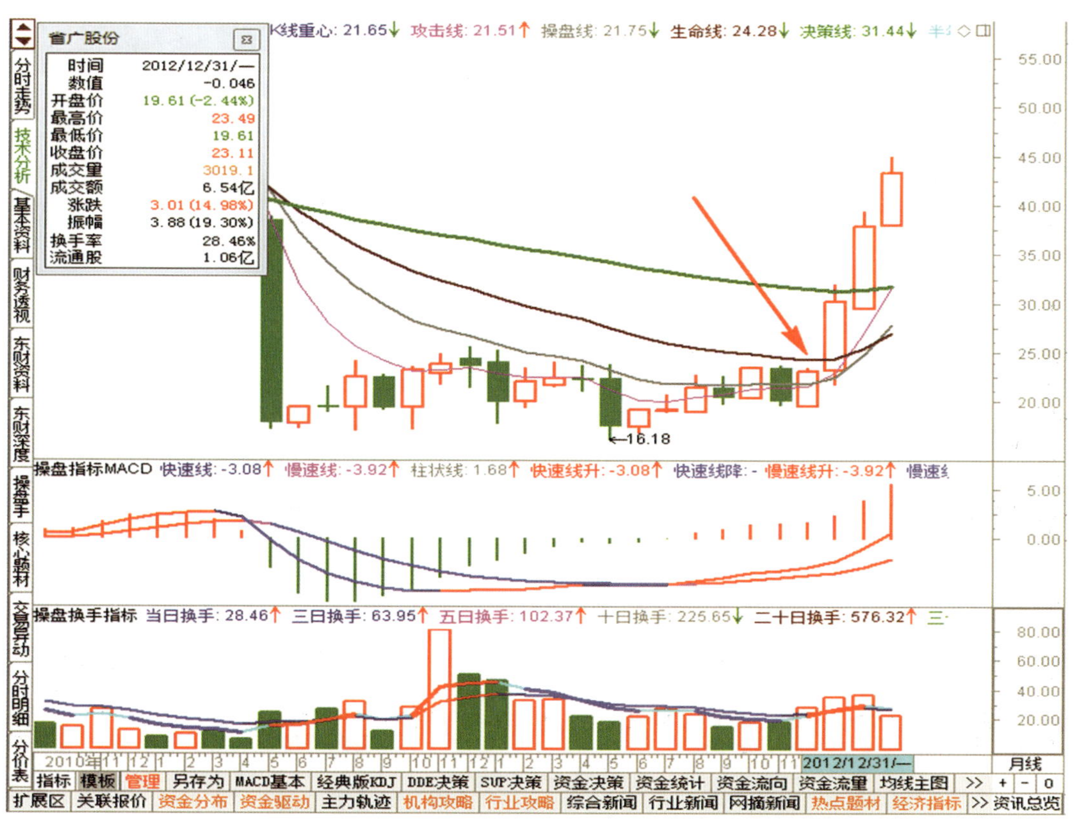

图例 148　省广股份（002400）月 K 线走势图谱

职业操盘手实训要点：

对照软件，认真观察实战图谱，把它们的走势特点写下来：

（1）趋势的起点位置：________________

（2）K 线的结构特征：________________

（3）成交量的结构特征：________________

（4）MACD 结构特征：________________

（5）操盘手临盘决策：________________

【道破趋势天机】实战图谱 149

图例 149 省广股份（002400）周 K 线走势图谱

职业操盘手实训要点：

对照软件，认真观察实战图谱，把它们的走势特点写下来：

（1）趋势的起点位置：________________

（2）K 线的结构特征：________________

（3）成交量的结构特征：________________

（4）MACD 结构特征：________________

（5）操盘手临盘决策：________________

【道破趋势天机】实战图谱 150

图例 150　省广股份（002400）日 K 线走势图谱

职业操盘手实训要点：

对照软件，认真观察实战图谱，把它们的走势特点写下来：

（1）趋势的起点位置：________________

（2）K 线的结构特征：________________

（3）成交量的结构特征：________________

（4）MACD 结构特征：________________

（5）操盘手临盘决策：________________

【道破趋势天机】实战图谱 151

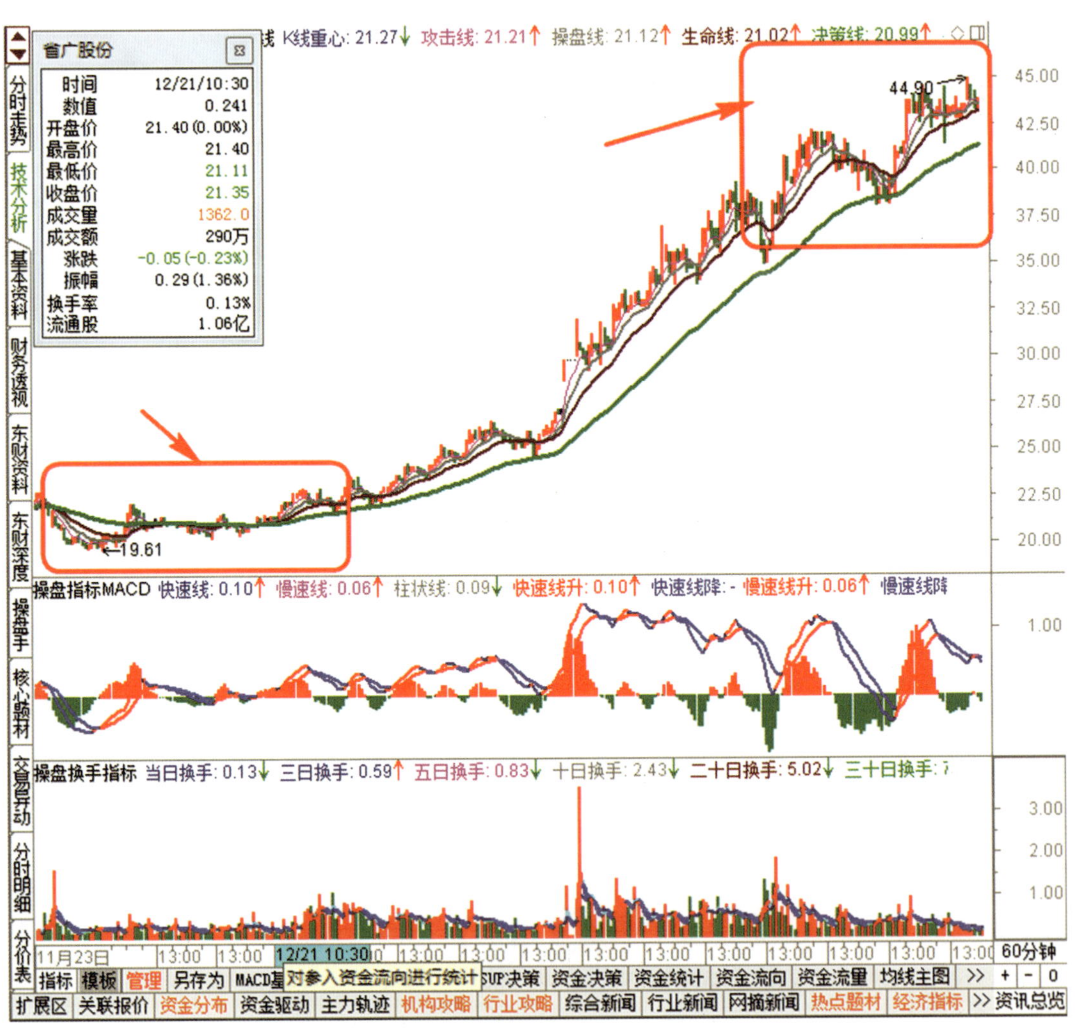

图例 151　省广股份（002400）60 分钟 K 线走势图谱

职业操盘手实训要点：

对照软件，认真观察实战图谱，把它们的走势特点写下来：

（1）趋势的起点位置：________________

（2）K 线的结构特征：________________

（3）成交量的结构特征：________________

（4）MACD 结构特征：________________

（5）操盘手临盘决策：________________

【道破趋势天机】实战图谱 152

图例 152　省广股份（002400）30 分钟 K 线走势图谱

职业操盘手实训要点：

对照软件，认真观察实战图谱，把它们的走势特点写下来：

（1）趋势的起点位置：__________

（2）K线的结构特征：__________

（3）成交量的结构特征：__________

（4）MACD结构特征：__________

（5）操盘手临盘决策：__________

【道破趋势天机】实战图谱 153

图例153　省广股份（002400）15分钟K线走势图谱

职业操盘手实训要点：

对照软件，认真观察实战图谱，把它们的走势特点写下来：

（1）趋势的起点位置：____________________

（2）K 线的结构特征：____________________

（3）成交量的结构特征：____________________

（4）MACD 结构特征：____________________

（5）操盘手临盘决策：____________________

【道破趋势天机】实战图谱 154

图例 154　省广股份（002400）5 分钟 K 线走势图谱

职业操盘手实训要点：

对照软件，认真观察实战图谱，把它们的走势特点写下来：

（1）趋势的起点位置：________________

（2）K线的结构特征：________________

（3）成交量的结构特征：________________

（4）MACD结构特征：________________

（5）操盘手临盘决策：________________

【道破趋势天机】实战图谱 155

图例 155　省广股份（002400）1 分钟 K 线走势图谱

职业操盘手实训要点：

对照软件，认真观察实战图谱，把它们的走势特点写下来：

（1）趋势的起点位置：________________

（2）K 线的结构特征：________________

（3）成交量的结构特征：________________

（4）MACD 结构特征：________________

（5）操盘手临盘决策：________________

【道破趋势天机】实战图谱 156

图例 156 省广股份（002400）盘口即时走势图谱

职业操盘手实训要点：

对照软件，认真观察实战图谱，把它们的走势特点写下来：

（1）趋势的起点位置：________________

（2）K 线的结构特征：________________

（3）成交量的结构特征：________________

（4）MACD 结构特征：________________

（5）操盘手临盘决策：________________

【道破趋势天机】实战图谱 157

图例 157 省广股份（002400）3 日分时走势图谱

职业操盘手实训要点：

对照软件，认真观察实战图谱，把它们的走势特点写下来：

（1）趋势的起点位置：________________

（2）K 线的结构特征：________________

（3）成交量的结构特征：________________

（4）MACD 结构特征：________________

（5）操盘手临盘决策：________________

【道破趋势天机】实战图谱 158

图例 158 省广股份（002400）5 日分时走势图谱

职业操盘手实训要点：

对照软件，认真观察实战图谱，把它们的走势特点写下来：

（1）趋势的起点位置：________________

（2）K 线的结构特征：________________

（3）成交量的结构特征：________________

（4）MACD 结构特征：________________

（5）操盘手临盘决策：________________

【道破趋势天机】实战图谱 159

图例 159 省广股份（002400）10 日分时走势图谱

职业操盘手实训要点：

对照软件，认真观察实战图谱，把它们的走势特点写下来：

（1）趋势的起点位置：________________

（2）K 线的结构特征：________________

（3）成交量的结构特征：________________

（4）MACD 结构特征：________________

（5）操盘手临盘决策：________________

第七节　转战三聚环保（300072）

【道破趋势天机】实战图谱 160

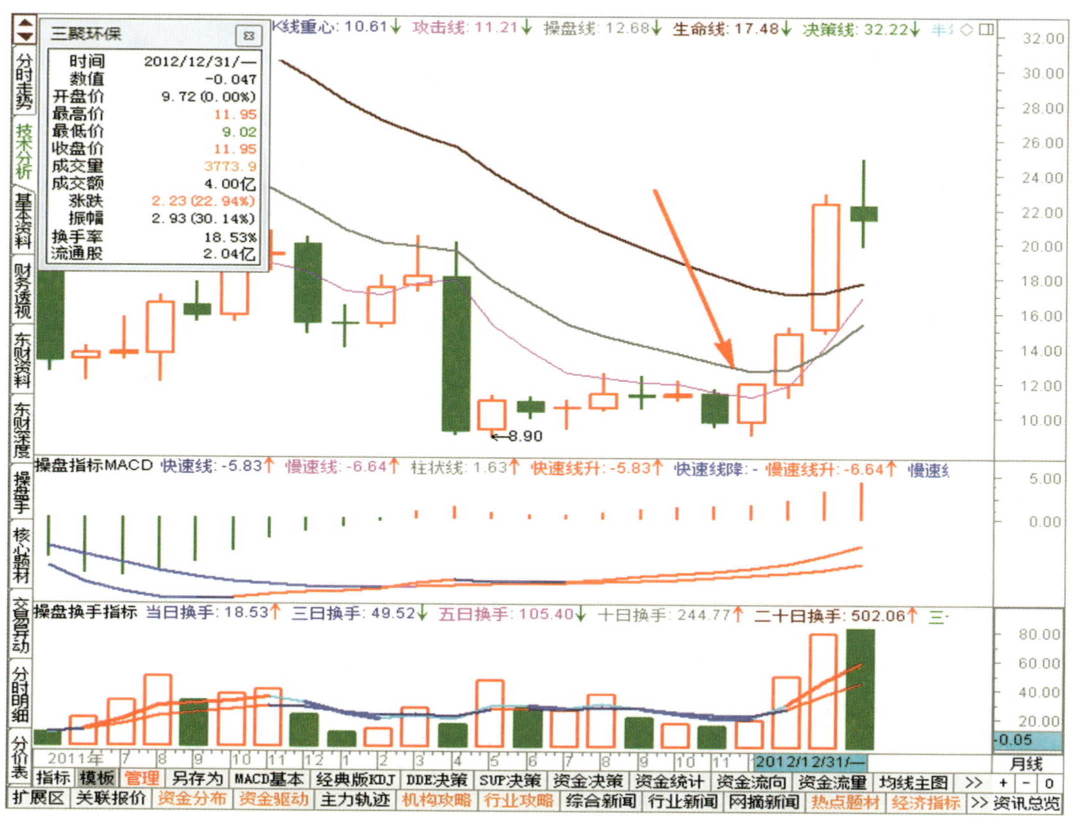

图例 160　三聚环保（300072）月 K 线走势图谱

职业操盘手实训要点：

对照软件，认真观察实战图谱，把它们的走势特点写下来：

（1）趋势的起点位置：______

（2）K线的结构特征：______

（3）成交量的结构特征：______

（4）MACD结构特征：______

（5）操盘手临盘决策：______

【道破趋势天机】实战图谱 161

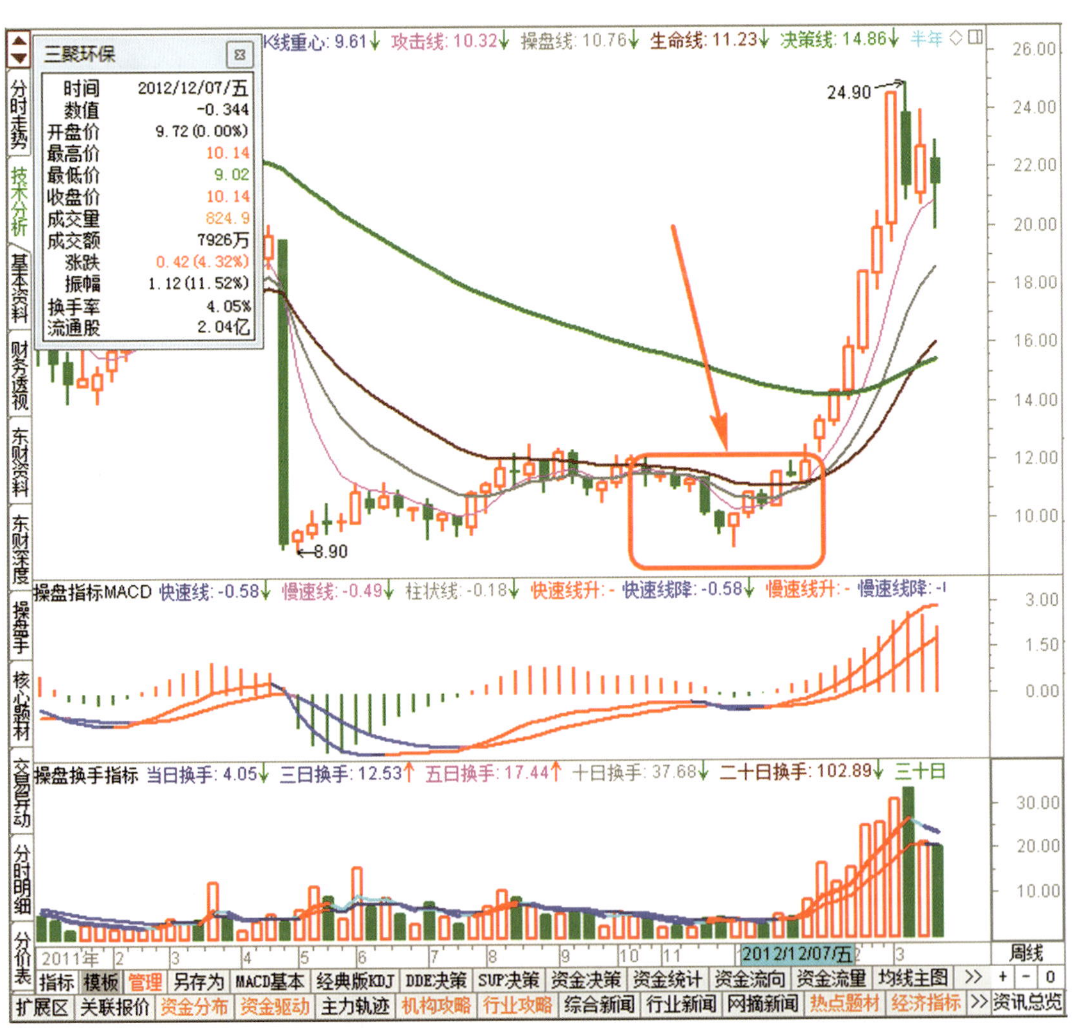

图例 161　三聚环保（300072）周K线走势图谱

职业操盘手实训要点：

对照软件，认真观察实战图谱，把它们的走势特点写下来：

（1）趋势的起点位置：________________

（2）K 线的结构特征：________________

（3）成交量的结构特征：________________

（4）MACD 结构特征：________________

（5）操盘手临盘决策：________________

【道破趋势天机】实战图谱 162

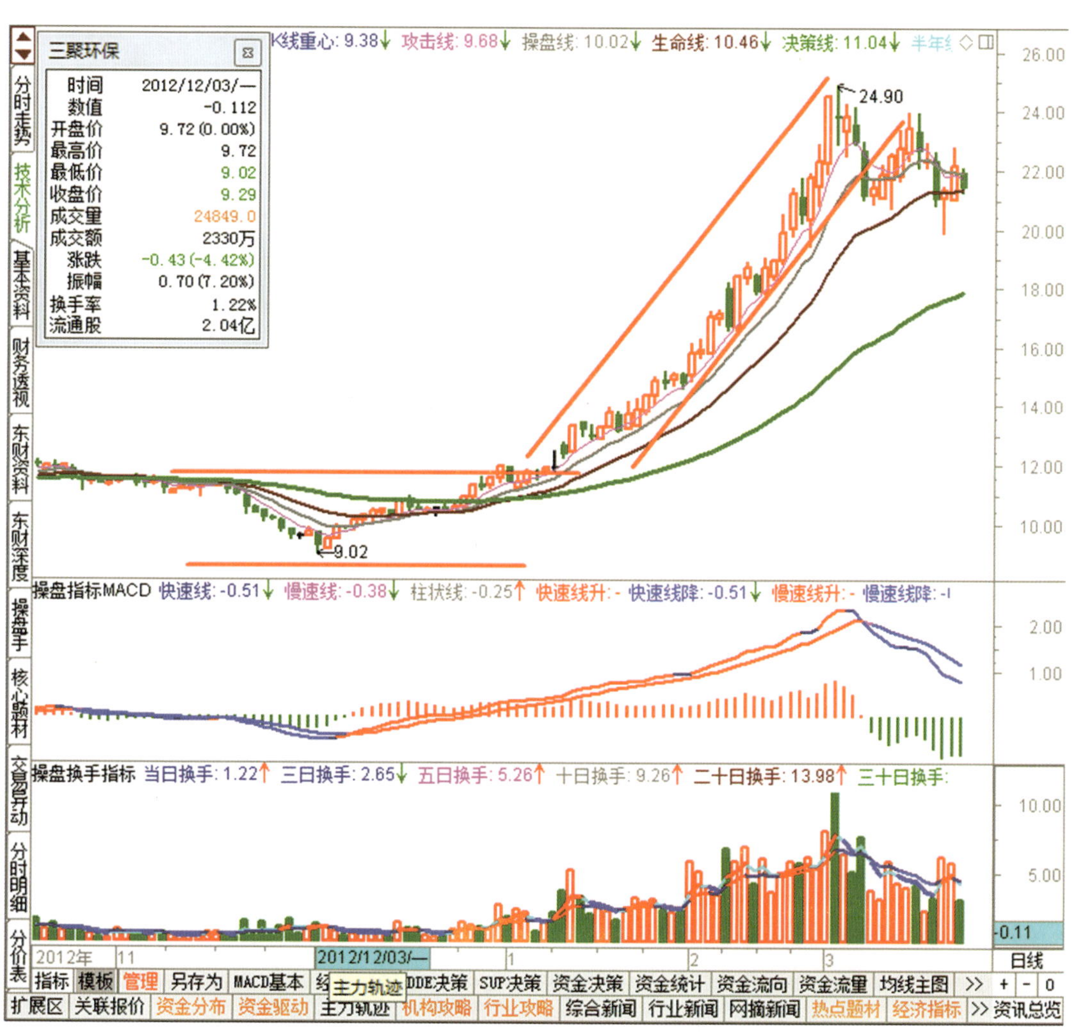

图例 162　三聚环保（300072）日 K 线走势图谱

职业操盘手实训要点：

对照软件，认真观察实战图谱，把它们的走势特点写下来：

（1）趋势的起点位置：________________

（2）K 线的结构特征：________________

（3）成交量的结构特征：________________

（4）MACD 结构特征：________________

（5）操盘手临盘决策：________________

【道破趋势天机】实战图谱 163

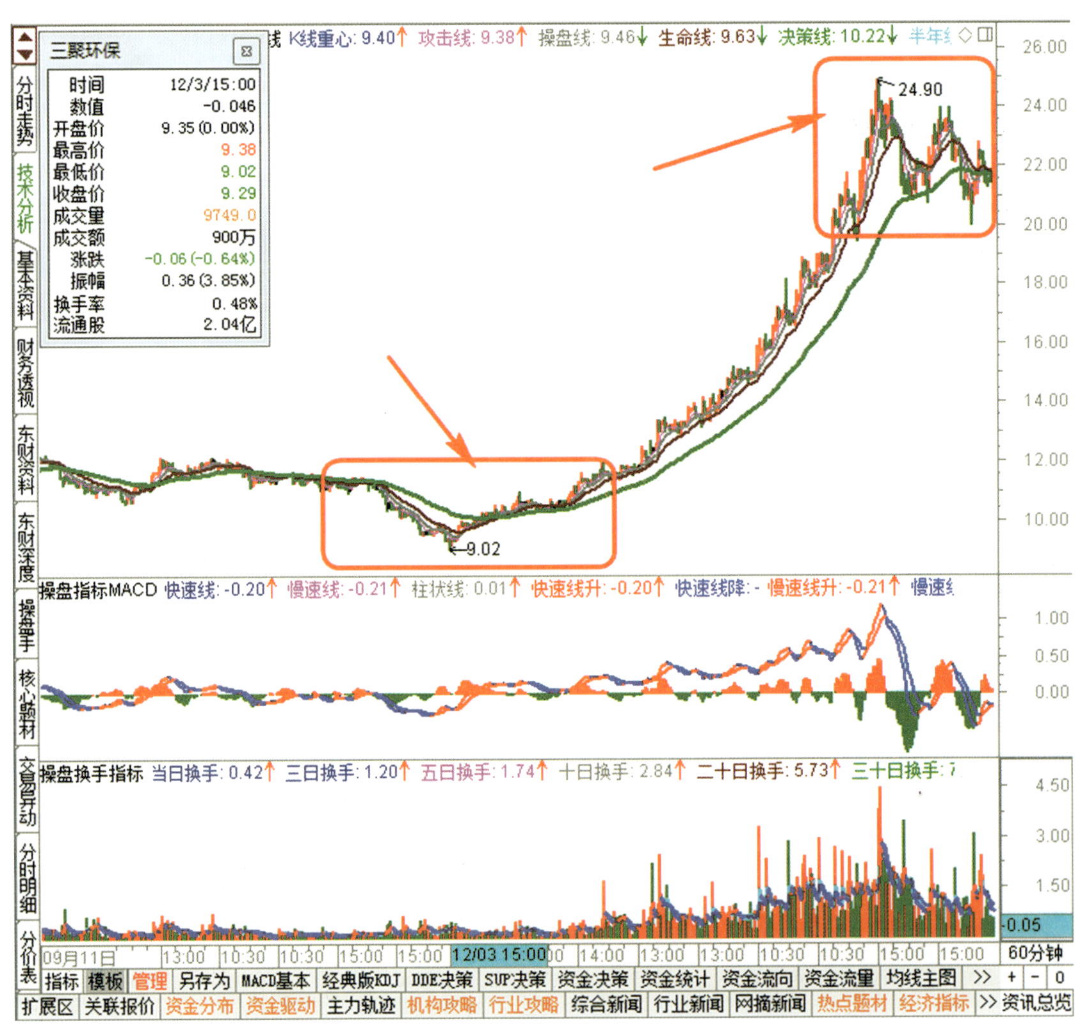

图例 163　三聚环保（300072）60 分钟 K 线走势图谱

职业操盘手实训要点：

对照软件，认真观察实战图谱，把它们的走势特点写下来：

（1）趋势的起点位置：________________

（2）K 线的结构特征：________________

（3）成交量的结构特征：________________

（4）MACD 结构特征：________________

（5）操盘手临盘决策：________________

【道破趋势天机】实战图谱 164

图例 164 三聚环保（300072）30 分钟 K 线走势图谱

职业操盘手实训要点：

对照软件，认真观察实战图谱，把它们的走势特点写下来：

（1）趋势的起点位置：____________________

（2）K 线的结构特征：____________________

（3）成交量的结构特征：____________________

（4）MACD 结构特征：____________________

（5）操盘手临盘决策：____________________

【道破趋势天机】实战图谱 165

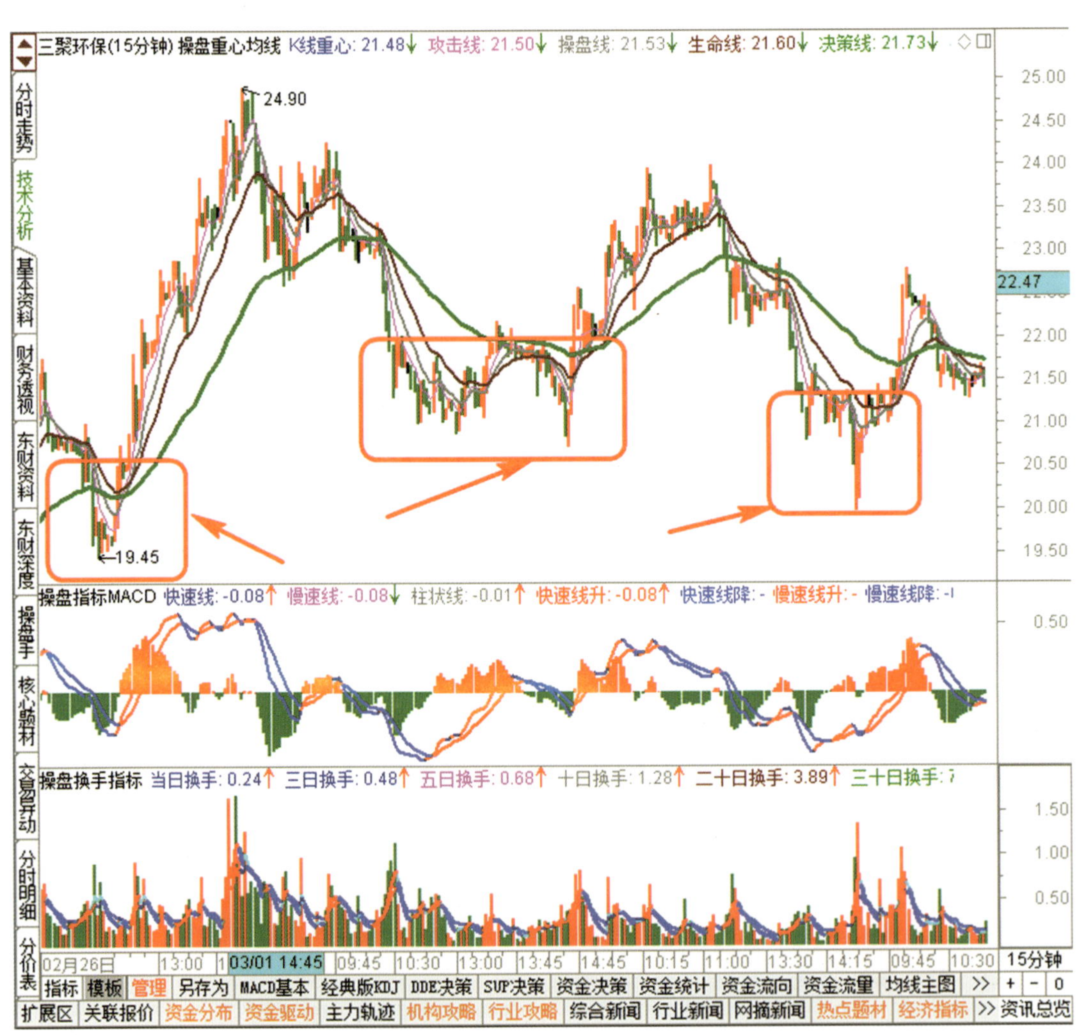

图例 165　三聚环保（300072）15 分钟 K 线走势图谱

职业操盘手实训要点：

对照软件，认真观察实战图谱，把它们的走势特点写下来：

（1）趋势的起点位置：________________

（2）K 线的结构特征：________________

（3）成交量的结构特征：________________

（4）MACD 结构特征：________________

（5）操盘手临盘决策：________________

【道破趋势天机】实战图谱 166

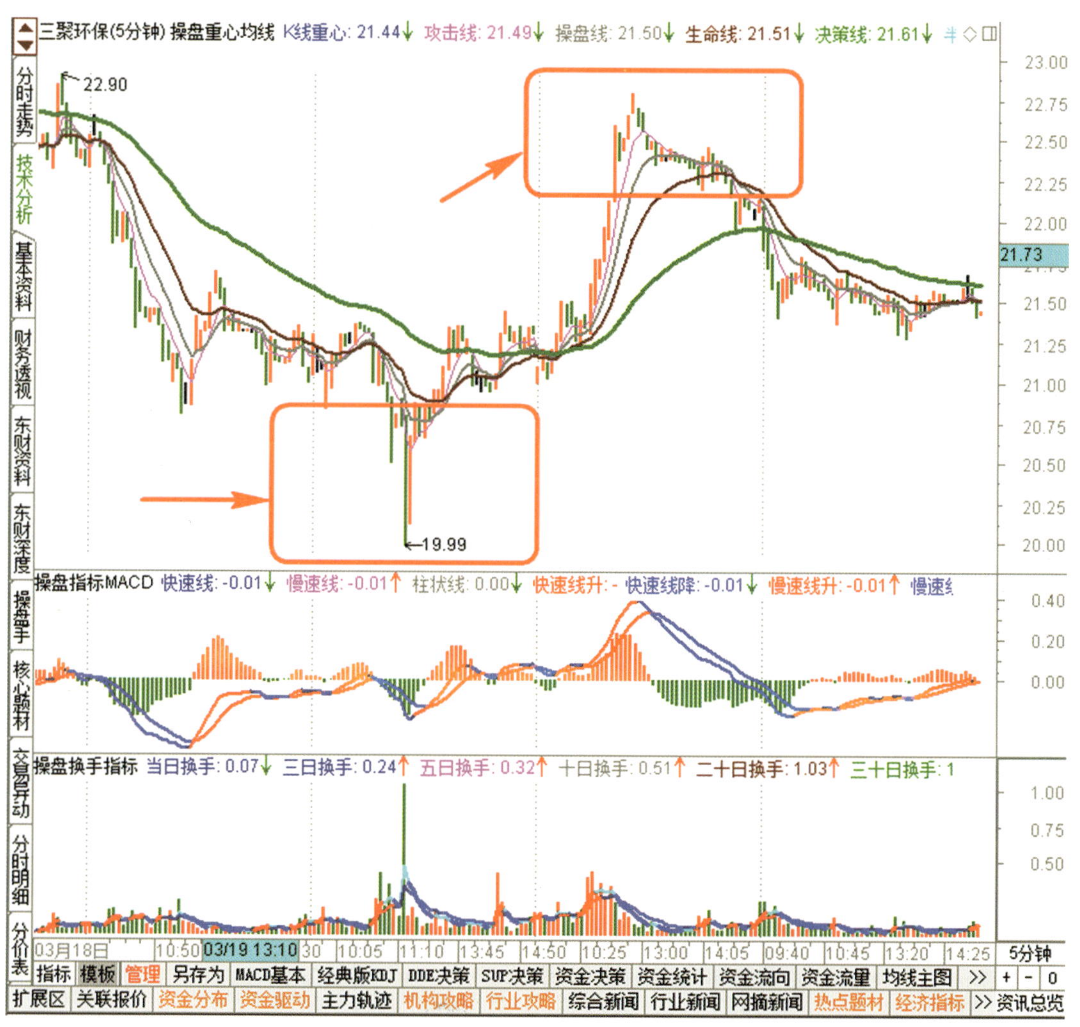

图例 166　三聚环保（300072）5 分钟 K 线走势图谱

职业操盘手实训要点：

对照软件，认真观察实战图谱，把它们的走势特点写下来：

（1）趋势的起点位置：________________

（2）K 线的结构特征：________________

（3）成交量的结构特征：________________

（4）MACD 结构特征：________________

（5）操盘手临盘决策：________________

【道破趋势天机】实战图谱 167

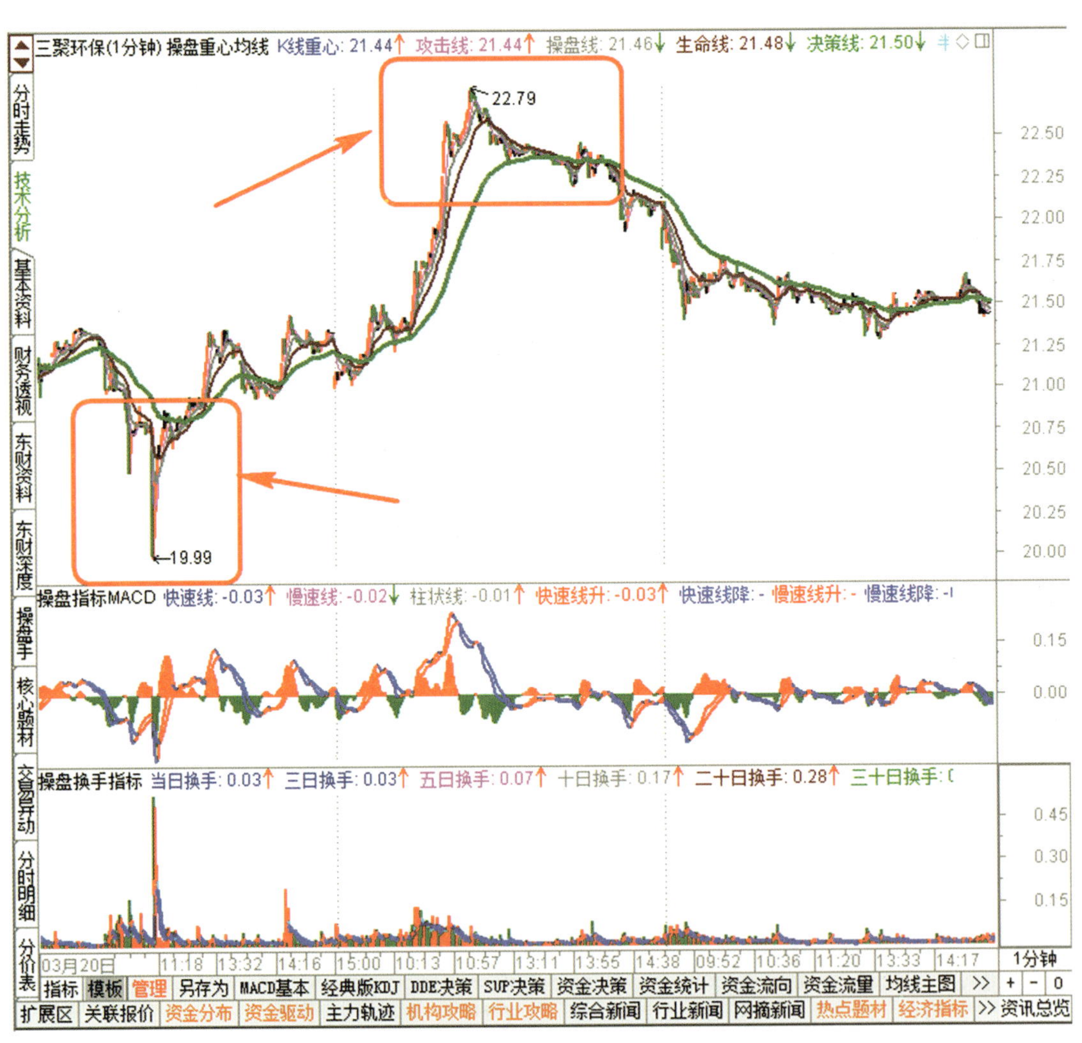

图例 167　三聚环保（300072）1 分钟 K 线走势图谱

职业操盘手实训要点：

对照软件，认真观察实战图谱，把它们的走势特点写下来：

（1）趋势的起点位置：______________________________

（2）K 线的结构特征：______________________________

（3）成交量的结构特征：______________________________

（4）MACD 结构特征：______________________________

（5）操盘手临盘决策：______________________________

【道破趋势天机】实战图谱 168

图例 168　三聚环保（300072）盘口即时走势图谱

职业操盘手实训要点：

对照软件，认真观察实战图谱，把它们的走势特点写下来：

（1）趋势的起点位置：______

（2）K 线的结构特征：______

（3）成交量的结构特征：______

（4）MACD 结构特征：______

（5）操盘手临盘决策：______

【道破趋势天机】实战图谱 169

图例 169　三聚环保（300072）3 日分时走势图谱

职业操盘手实训要点：

对照软件，认真观察实战图谱，把它们的走势特点写下来：

（1）趋势的起点位置：________________

（2）K 线的结构特征：________________

（3）成交量的结构特征：________________

（4）MACD 结构特征：________________

（5）操盘手临盘决策：________________

【道破趋势天机】实战图谱 170

图例 170　三聚环保（300072）5 日分时走势图谱

职业操盘手实训要点：

对照软件，认真观察实战图谱，把它们的走势特点写下来：

（1）趋势的起点位置：________________

（2）K 线的结构特征：________________

（3）成交量的结构特征：________________

（4）MACD 结构特征：________________

（5）操盘手临盘决策：________________

【道破趋势天机】实战图谱 171

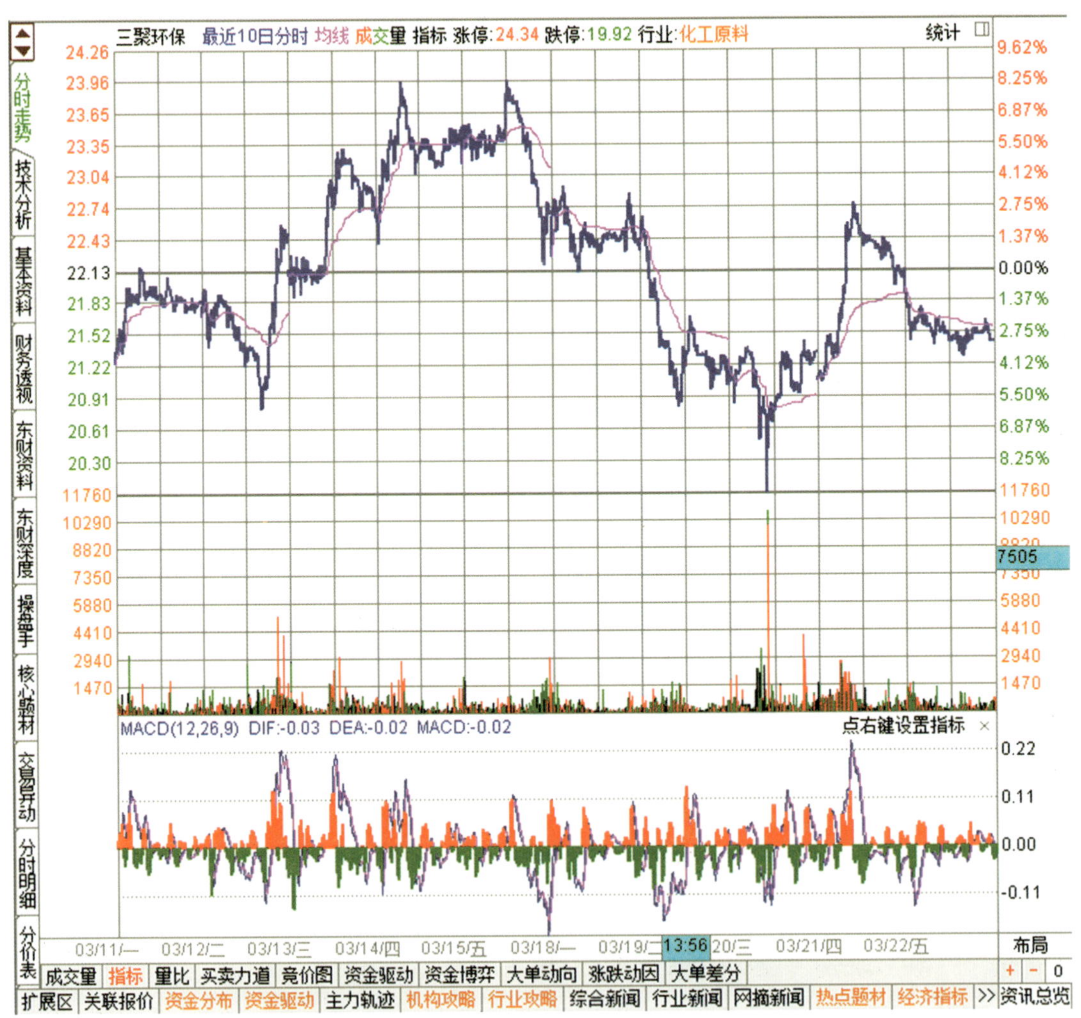

图例 171 三聚环保（300072）10 日分时走势图谱

职业操盘手实训要点：

对照软件，认真观察实战图谱，把它们的走势特点写下来：

（1）趋势的起点位置：________________

（2）K 线的结构特征：________________

（3）成交量的结构特征：________________

（4）MACD 结构特征：________________

（5）操盘手临盘决策：________________

第八节　转战龙净环保（600388）

【道破趋势天机】实战图谱 172

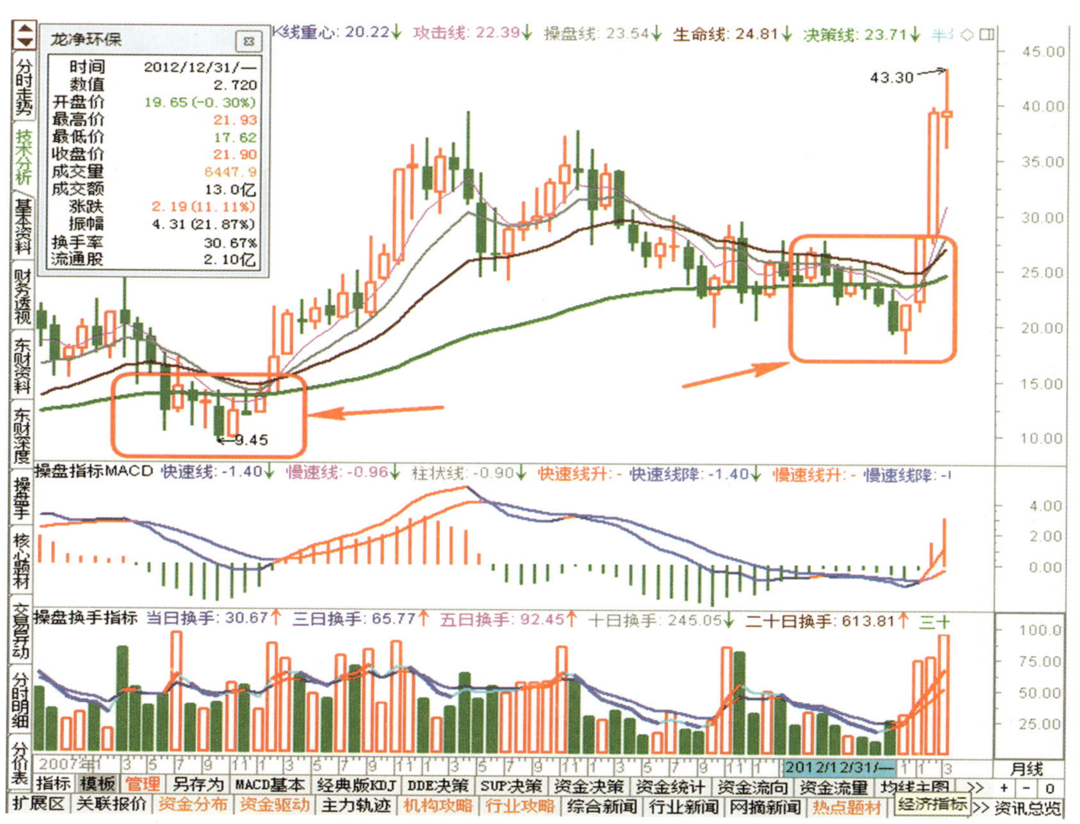

图例 172　龙净环保（600388）月 K 线走势图谱

第四章　实训模版

职业操盘手实训要点：

对照软件，认真观察实战图谱，把它们的走势特点写下来：

（1）趋势的起点位置：________________

（2）K 线的结构特征：________________

（3）成交量的结构特征：________________

（4）MACD 结构特征：________________

（5）操盘手临盘决策：________________

【道破趋势天机】实战图谱 173

图例 173　龙净环保（600388）周 K 线走势图谱

职业操盘手实训要点：

对照软件，认真观察实战图谱，把它们的走势特点写下来：

（1）趋势的起点位置：______________________

（2）K 线的结构特征：______________________

（3）成交量的结构特征：______________________

（4）MACD 结构特征：______________________

（5）操盘手临盘决策：______________________

【道破趋势天机】实战图谱 174

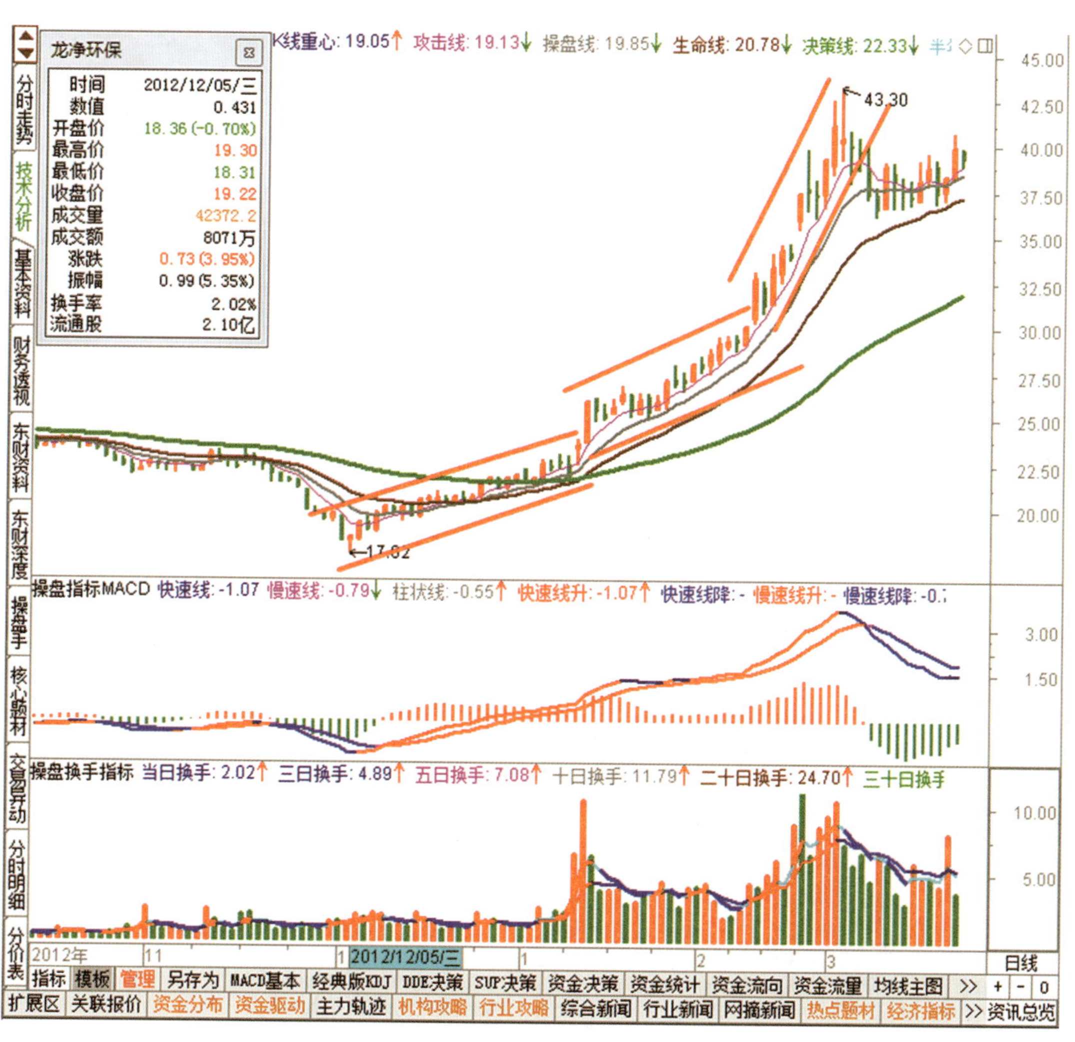

图例 174　龙净环保（600388）日 K 线走势图谱

职业操盘手实训要点：

对照软件，认真观察实战图谱，把它们的走势特点写下来：

（1）趋势的起点位置：________________

（2）K 线的结构特征：________________

（3）成交量的结构特征：________________

（4）MACD 结构特征：________________

（5）操盘手临盘决策：________________

【道破趋势天机】实战图谱 175

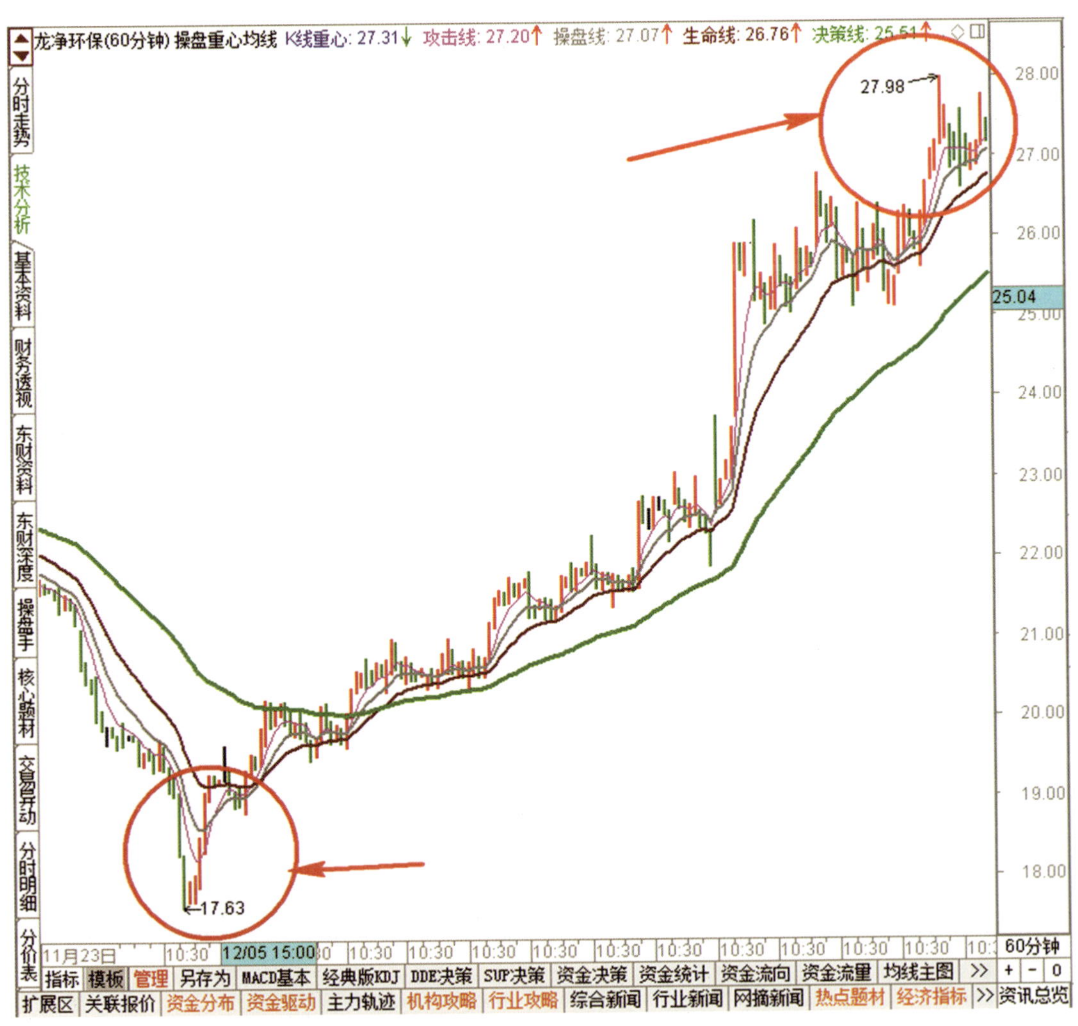

图例 175　龙净环保（600388）60 分钟 K 线走势图谱

职业操盘手实训要点：

对照软件，认真观察实战图谱，把它们的走势特点写下来：

（1）趋势的起点位置：________________

（2）K 线的结构特征：________________

（3）成交量的结构特征：________________

（4）MACD 结构特征：________________

（5）操盘手临盘决策：________________

【道破趋势天机】实战图谱 176

图例 176　龙净环保（600388）30 分钟 K 线走势图谱

职业操盘手实训要点：

对照软件，认真观察实战图谱，把它们的走势特点写下来：

（1）趋势的起点位置：________________

（2）K 线的结构特征：________________

（3）成交量的结构特征：________________

（4）MACD 结构特征：________________

（5）操盘手临盘决策：________________

【道破趋势天机】实战图谱 177

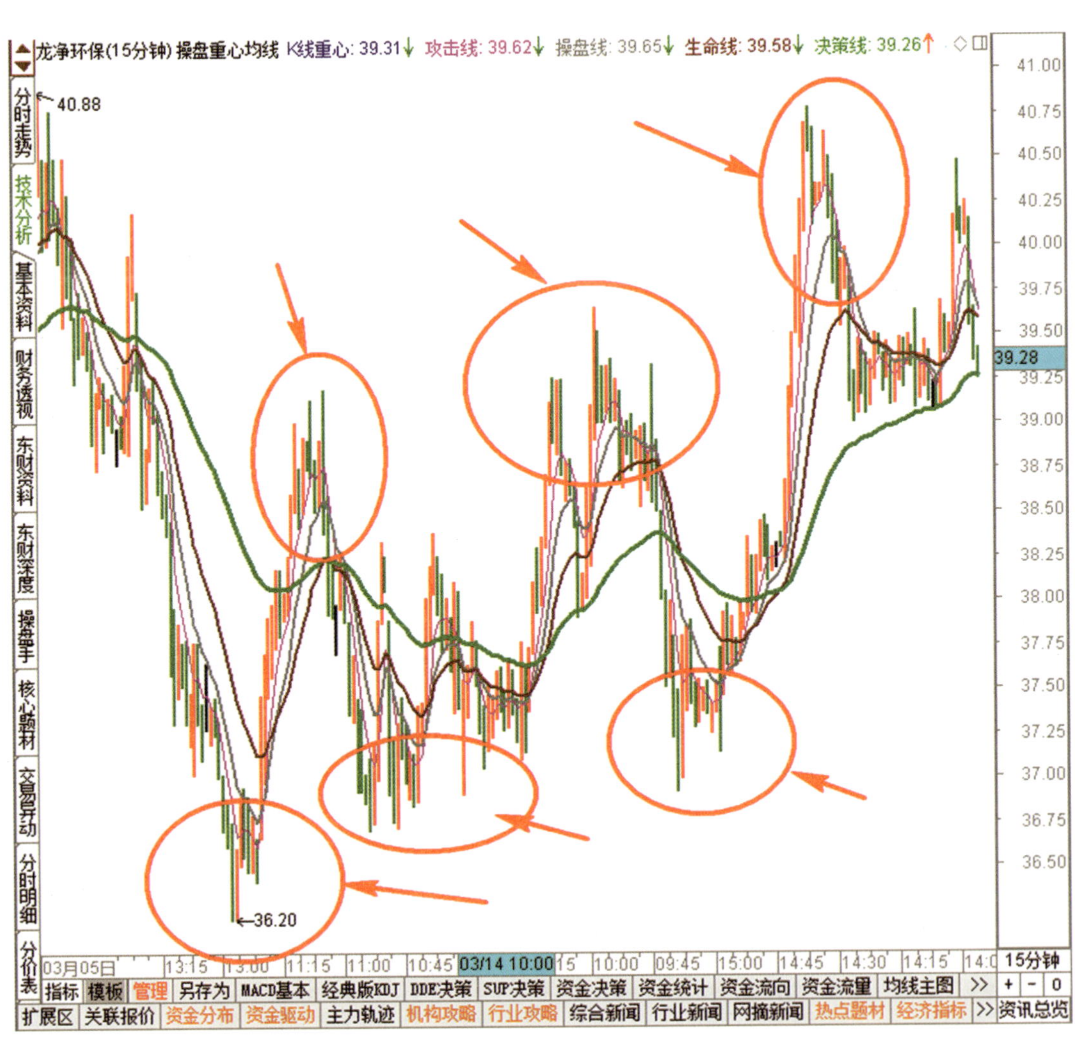

图例 177　龙净环保（600388）15 分钟 K 线走势图谱

职业操盘手实训要点：

对照软件，认真观察实战图谱，把它们的走势特点写下来：

（1）趋势的起点位置：______

（2）K 线的结构特征：______

（3）成交量的结构特征：______

（4）MACD 结构特征：______

（5）操盘手临盘决策：______

【道破趋势天机】实战图谱 178

图例 178　龙净环保（600388）5 分钟 K 线走势图谱

职业操盘手实训要点：

对照软件，认真观察实战图谱，把它们的走势特点写下来：

（1）趋势的起点位置：________________

（2）K线的结构特征：________________

（3）成交量的结构特征：________________

（4）MACD结构特征：________________

（5）操盘手临盘决策：________________

【道破趋势天机】实战图谱 179

图例 179　龙净环保（600388）1 分钟 K 线走势图谱

职业操盘手实训要点：

对照软件，认真观察实战图谱，把它们的走势特点写下来：

（1）趋势的起点位置：______

（2）K 线的结构特征：______

（3）成交量的结构特征：______

（4）MACD 结构特征：______

（5）操盘手临盘决策：______

【道破趋势天机】实战图谱 180

图例 180 龙净环保（600388）盘口即时走势图谱

职业操盘手实训要点：

对照软件，认真观察实战图谱，把它们的走势特点写下来：

（1）趋势的起点位置：________________

（2）K 线的结构特征：________________

（3）成交量的结构特征：________________

（4）MACD 结构特征：________________

（5）操盘手临盘决策：________________

【道破趋势天机】实战图谱 181

图例 181 龙净环保（600388）3 日分时走势图谱

职业操盘手实训要点：

对照软件，认真观察实战图谱，把它们的走势特点写下来：

（1）趋势的起点位置：________________

（2）K 线的结构特征：________________

（3）成交量的结构特征：________________

（4）MACD 结构特征：________________

（5）操盘手临盘决策：________________

【道破趋势天机】实战图谱 182

图例 182　龙净环保（600388）5 日分时走势图谱

职业操盘手实训要点：

对照软件，认真观察实战图谱，把它们的走势特点写下来：

（1）趋势的起点位置：________________

（2）K 线的结构特征：________________

（3）成交量的结构特征：________________

（4）MACD 结构特征：________________

（5）操盘手临盘决策：________________

【道破趋势天机】实战图谱 183

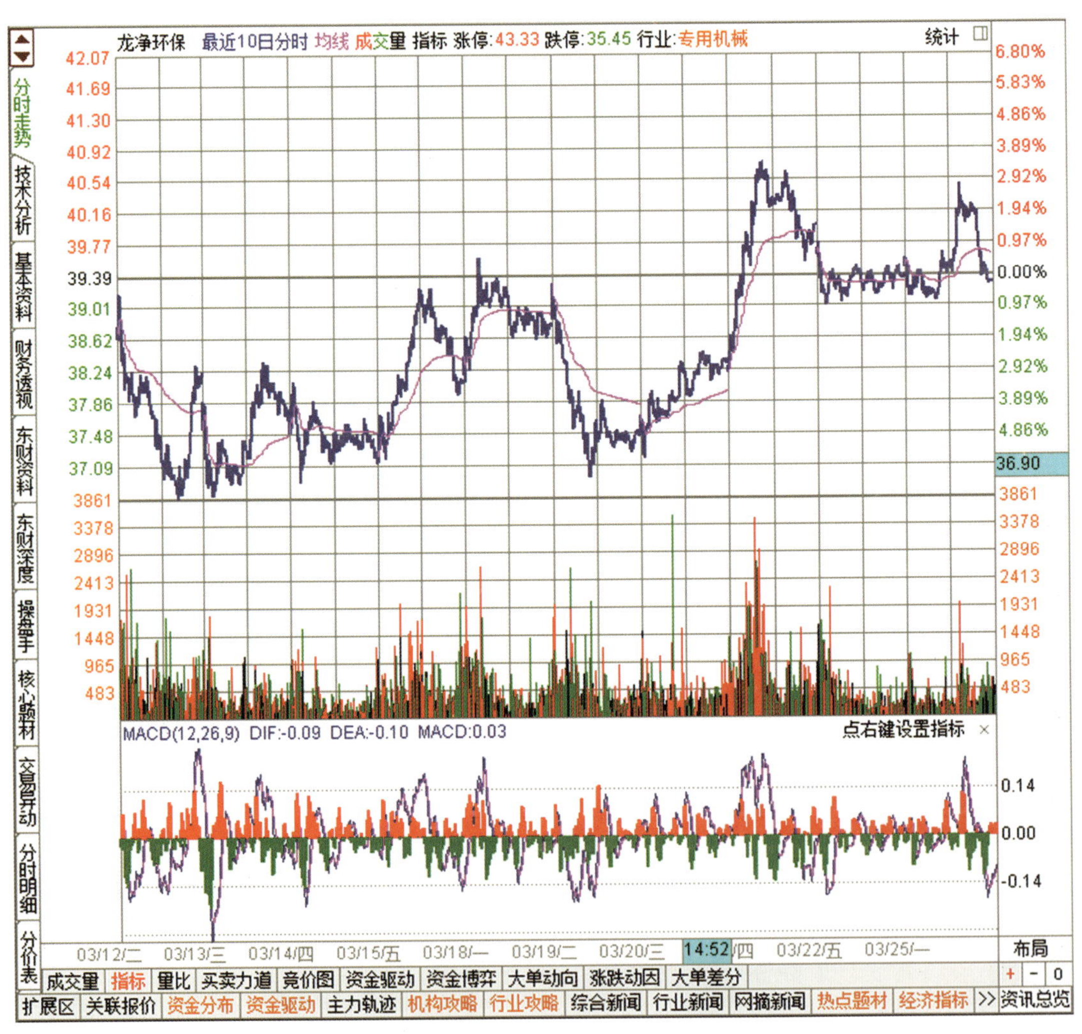

图例 183　龙净环保（600388）10 日分时走势图谱

职业操盘手实训要点：

对照软件，认真观察实战图谱，把它们的走势特点写下来：

（1）趋势的起点位置：＿＿＿＿＿＿＿＿＿＿＿＿＿＿＿＿

（2）K 线的结构特征：＿＿＿＿＿＿＿＿＿＿＿＿＿＿＿＿

（3）成交量的结构特征：＿＿＿＿＿＿＿＿＿＿＿＿＿＿＿

（4）MACD 结构特征：＿＿＿＿＿＿＿＿＿＿＿＿＿＿＿＿

（5）操盘手临盘决策：＿＿＿＿＿＿＿＿＿＿＿＿＿＿＿＿

第九节　转战方正证券（601901）

【道破趋势天机】实战图谱 184

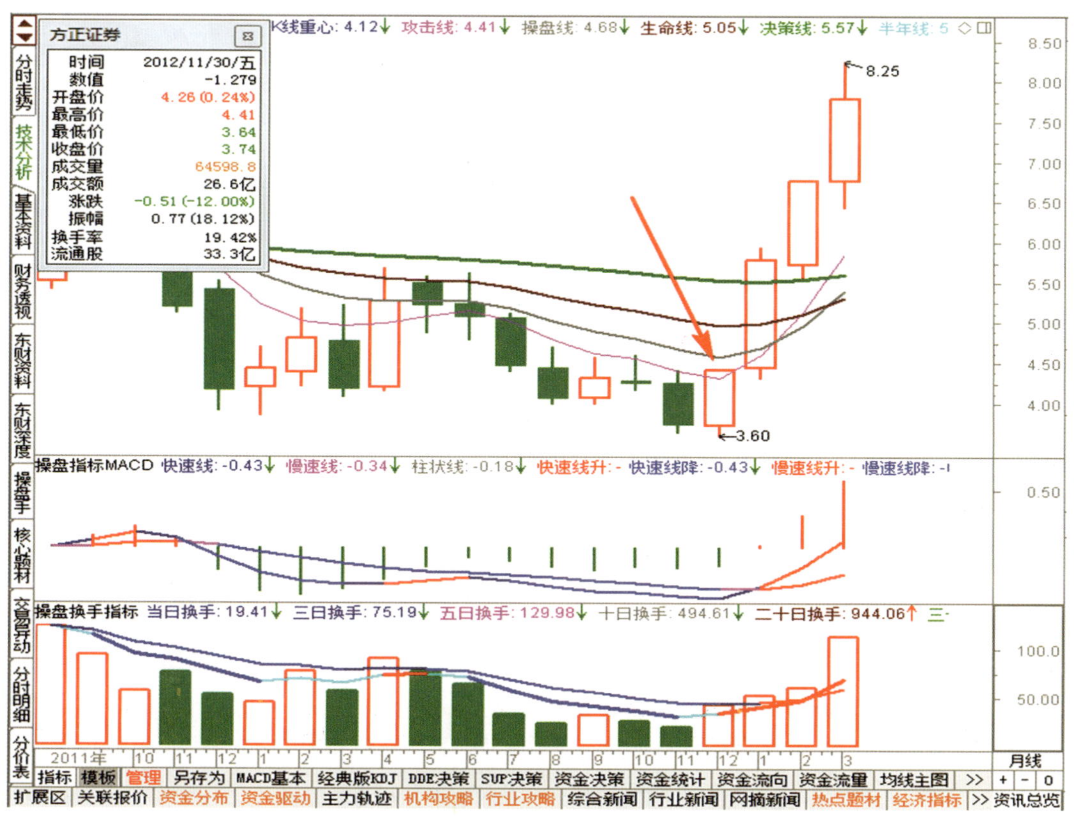

图例 184　方正证券（601901）月 K 线走势图谱

职业操盘手实训要点：

对照软件，认真观察实战图谱，把它们的走势特点写下来：

（1）趋势的起点位置：________________

（2）K 线的结构特征：________________

（3）成交量的结构特征：________________

（4）MACD 结构特征：________________

（5）操盘手临盘决策：________________

【道破趋势天机】实战图谱 185

图例 185 方正证券（601901）周 K 线走势图谱

职业操盘手实训要点：

对照软件，认真观察实战图谱，把它们的走势特点写下来：

（1）趋势的起点位置：____________________

（2）K 线的结构特征：____________________

（3）成交量的结构特征：____________________

（4）MACD 结构特征：____________________

（5）操盘手临盘决策：____________________

【道破趋势天机】实战图谱 186

图例 186 方正证券（601901）日 K 线走势图谱

职业操盘手实训要点：

对照软件，认真观察实战图谱，把它们的走势特点写下来：

（1）趋势的起点位置：________________

（2）K 线的结构特征：________________

（3）成交量的结构特征：________________

（4）MACD 结构特征：________________

（5）操盘手临盘决策：________________

【道破趋势天机】实战图谱 187

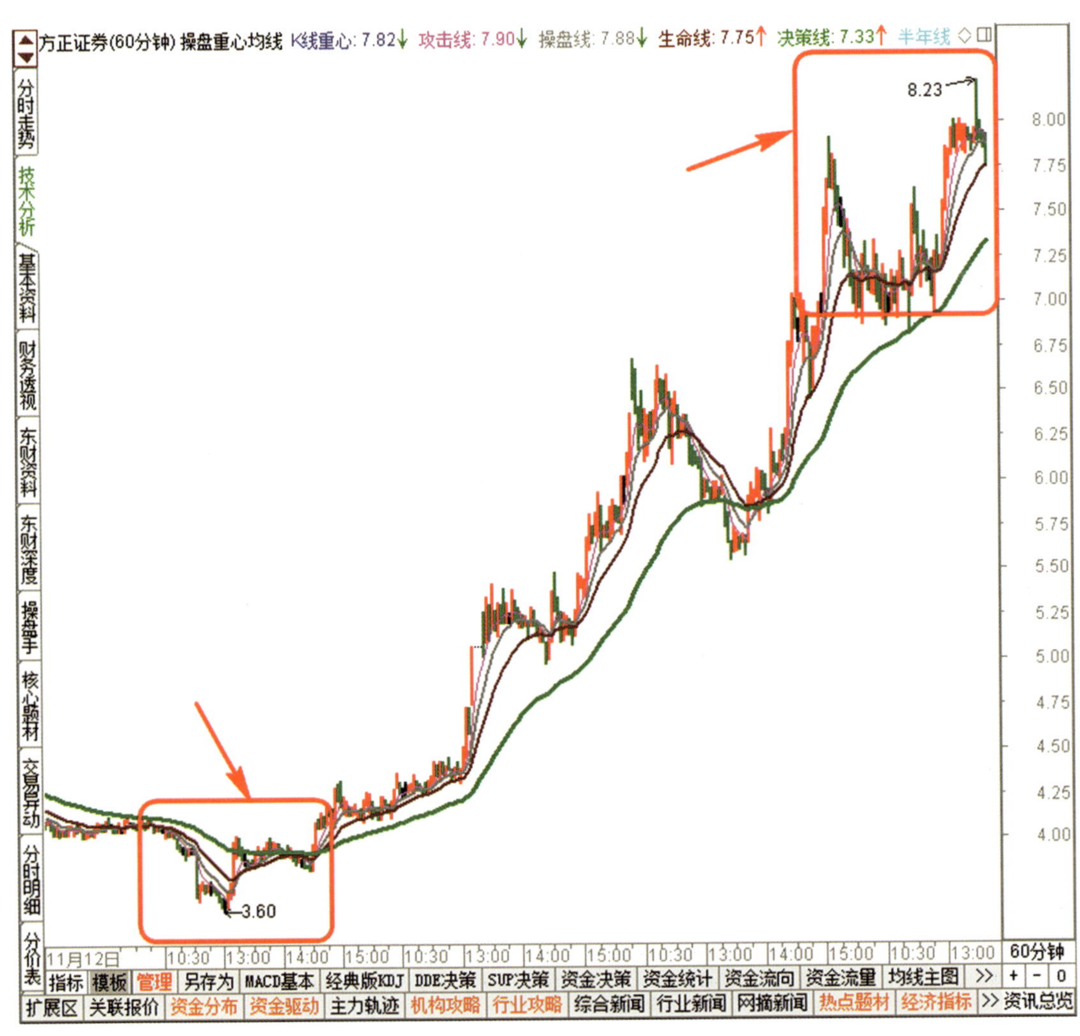

图例 187 方正证券（601901）60 分钟 K 线走势图谱

职业操盘手实训要点：

对照软件，认真观察实战图谱，把它们的走势特点写下来：

（1）趋势的起点位置：________________

（2）K 线的结构特征：________________

（3）成交量的结构特征：________________

（4）MACD 结构特征：________________

（5）操盘手临盘决策：________________

【道破趋势天机】实战图谱 188

图例 188 方正证券（601901）30 分钟 K 线走势图谱

职业操盘手实训要点：

对照软件，认真观察实战图谱，把它们的走势特点写下来：

（1）趋势的起点位置：________________

（2）K 线的结构特征：________________

（3）成交量的结构特征：________________

（4）MACD 结构特征：________________

（5）操盘手临盘决策：________________

【道破趋势天机】实战图谱 189

图例 189　方正证券（601901）15 分钟 K 线走势图谱

职业操盘手实训要点：

对照软件，认真观察实战图谱，把它们的走势特点写下来：

（1）趋势的起点位置：____________________

（2）K 线的结构特征：____________________

（3）成交量的结构特征：____________________

（4）MACD 结构特征：____________________

（5）操盘手临盘决策：____________________

【道破趋势天机】实战图谱 190

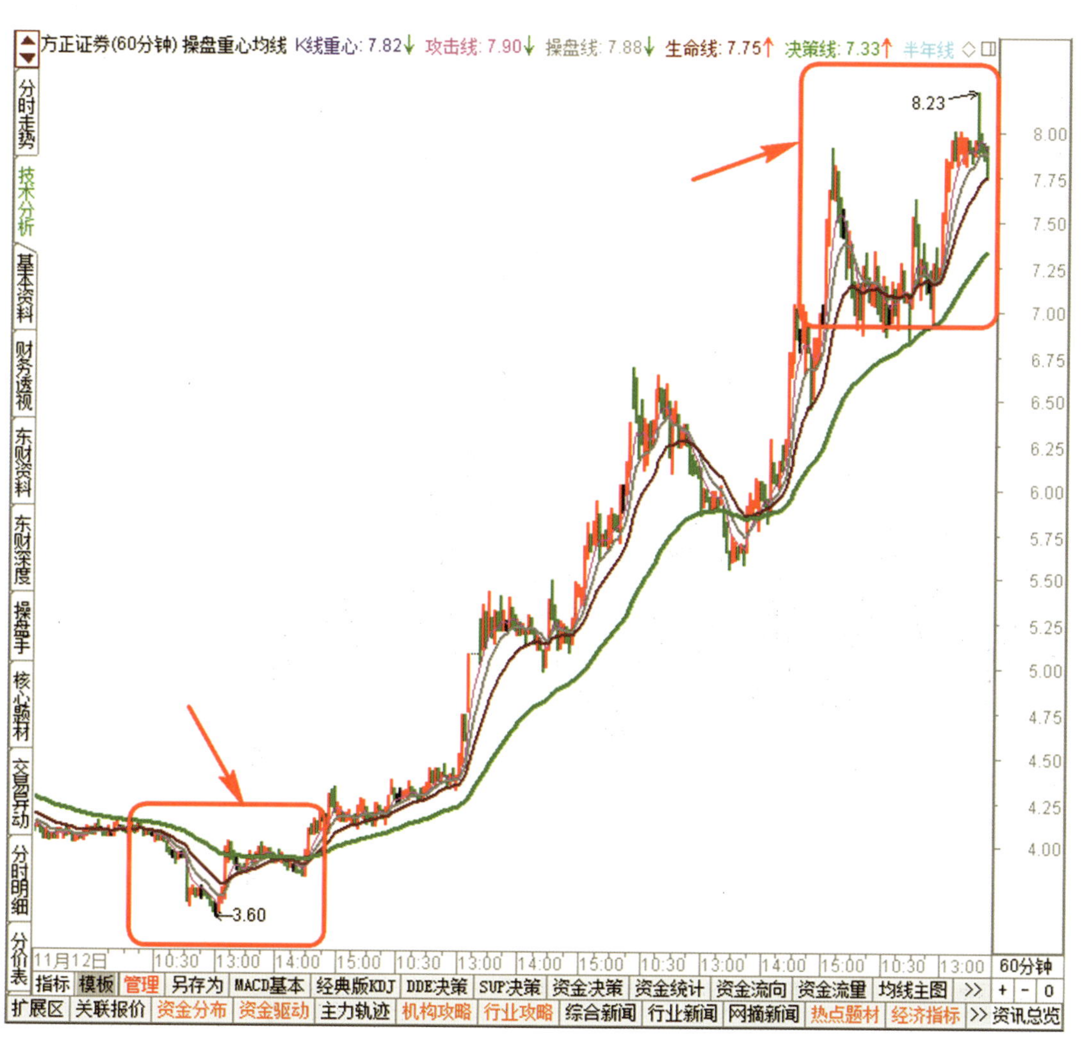

图例 187　方正证券（601901）5 分钟 K 线走势图谱

职业操盘手实训要点：

对照软件，认真观察实战图谱，把它们的走势特点写下来：

（1）趋势的起点位置：________________

（2）K 线的结构特征：________________

（3）成交量的结构特征：________________

（4）MACD 结构特征：________________

（5）操盘手临盘决策：________________

【道破趋势天机】实战图谱 191

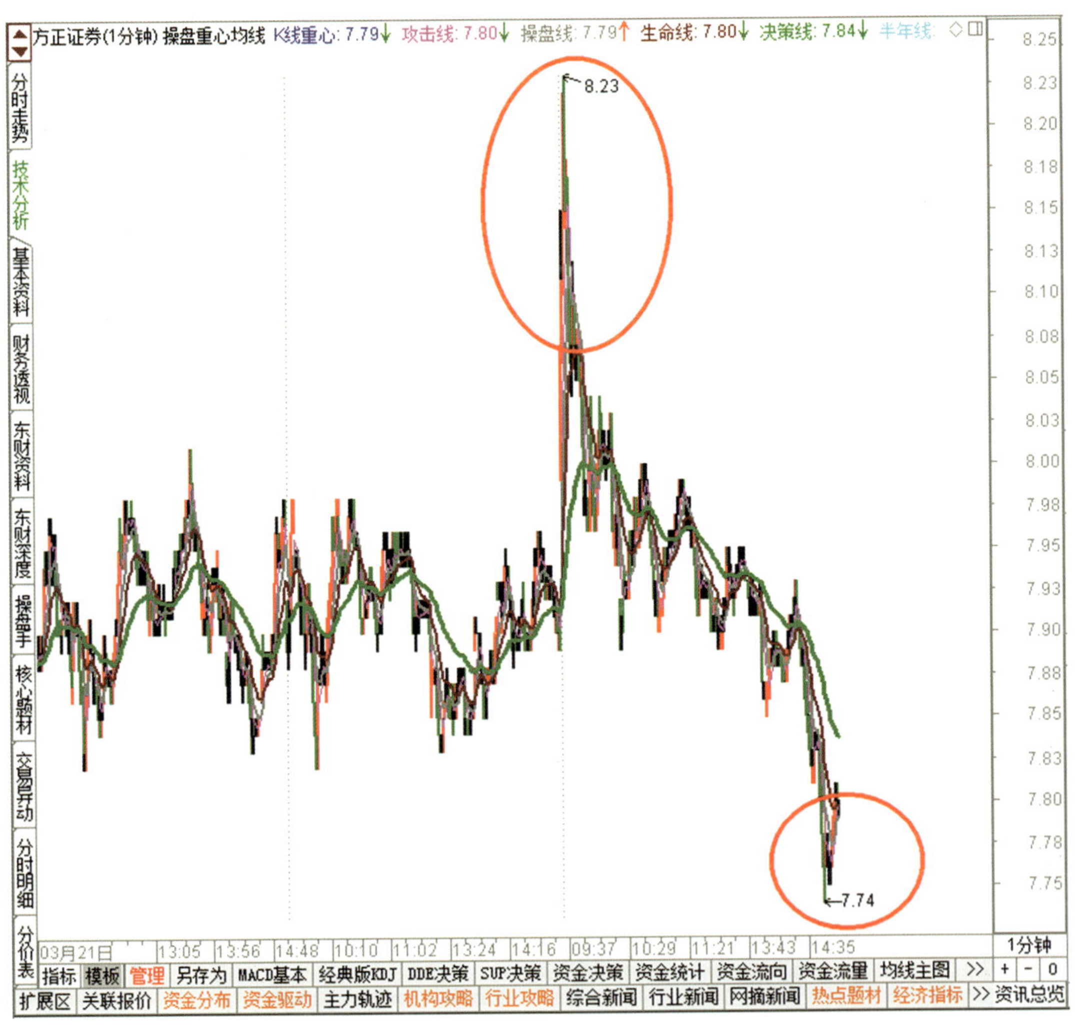

图例 191 方正证券（601901）1 分钟 K 线走势图谱

职业操盘手实训要点：

对照软件，认真观察实战图谱，把它们的走势特点写下来：

（1）趋势的起点位置：________________

（2）K 线的结构特征：________________

（3）成交量的结构特征：________________

（4）MACD 结构特征：________________

（5）操盘手临盘决策：________________

【道破趋势天机】实战图谱 192

图例 192 方正证券（601901）盘口即时走势图谱

职业操盘手实训要点：

对照软件，认真观察实战图谱，把它们的走势特点写下来：

（1）趋势的起点位置：

（2）K 线的结构特征：

（3）成交量的结构特征：

（4）MACD 结构特征：

（5）操盘手临盘决策：

【道破趋势天机】实战图谱 193

图例 193　方正证券（601901）3 日分时走势图谱

职业操盘手实训要点：

对照软件，认真观察实战图谱，把它们的走势特点写下来：

（1）趋势的起点位置：______________________________

（2）K 线的结构特征：______________________________

（3）成交量的结构特征：______________________________

（4）MACD 结构特征：______________________________

（5）操盘手临盘决策：______________________________

【道破趋势天机】实战图谱 194

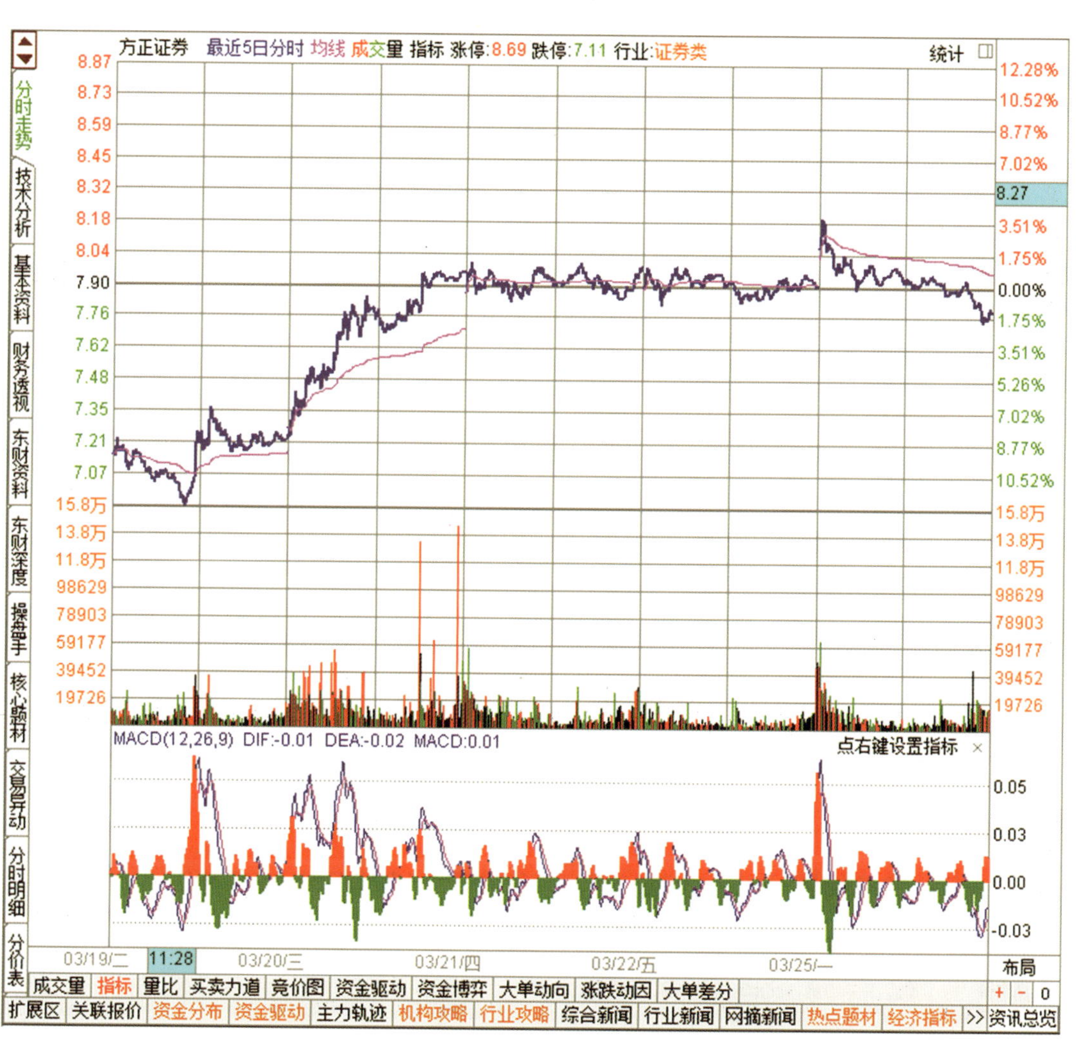

图例 194 方正证券（601901）5 日分时走势图谱

职业操盘手实训要点：

对照软件，认真观察实战图谱，把它们的走势特点写下来：

（1）趋势的起点位置：________________

（2）K 线的结构特征：________________

（3）成交量的结构特征：________________

（4）MACD 结构特征：________________

（5）操盘手临盘决策：________________

【道破趋势天机】实战图谱 195

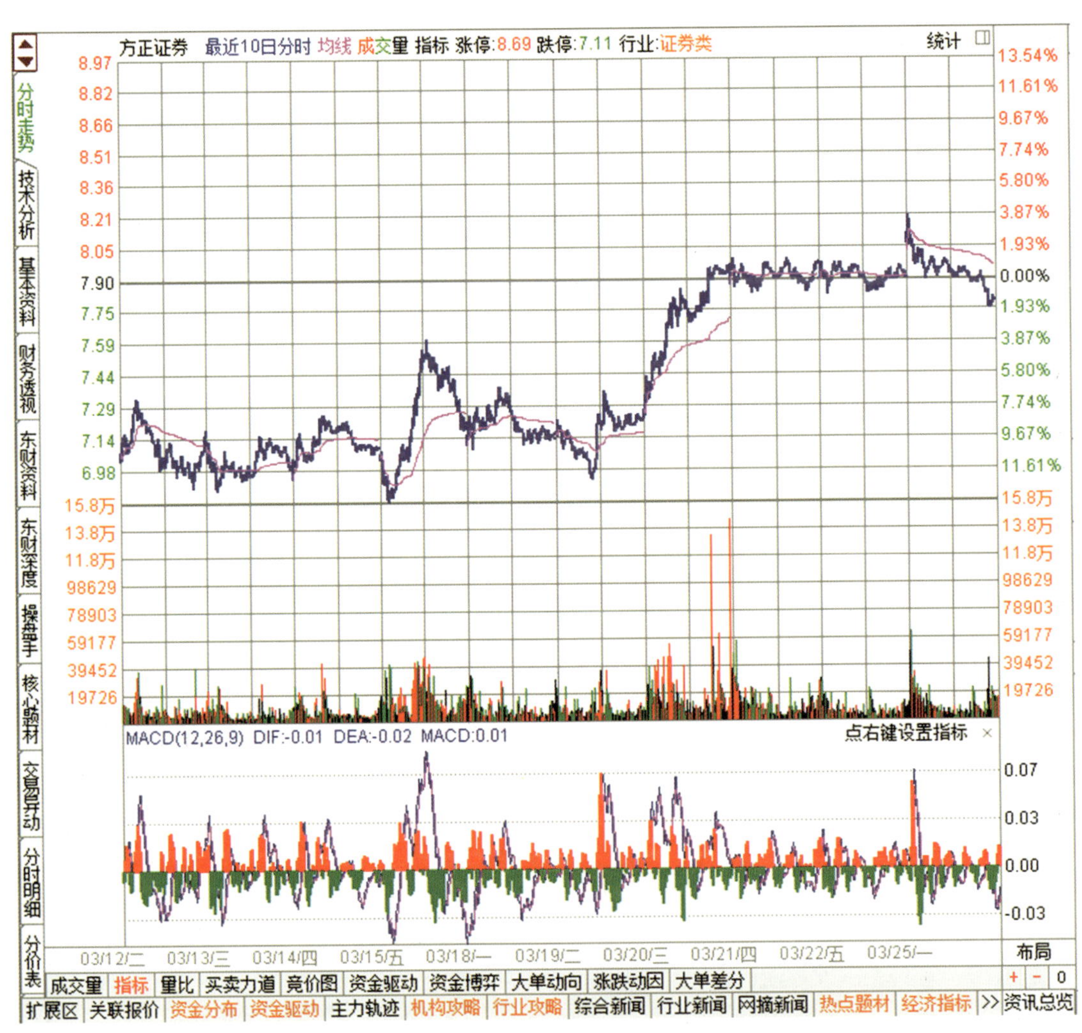

图例 195 方正证券（601901）10 日分时走势图谱

职业操盘手实训要点：

对照软件，认真观察实战图谱，把它们的走势特点写下来：

（1）趋势的起点位置：________________________________

（2）K 线的结构特征：________________________________

（3）成交量的结构特征：______________________________

（4）MACD 结构特征：________________________________

（5）操盘手临盘决策：________________________________

第十节　转战首创股份（600008）

【道破趋势天机】实战图谱 196

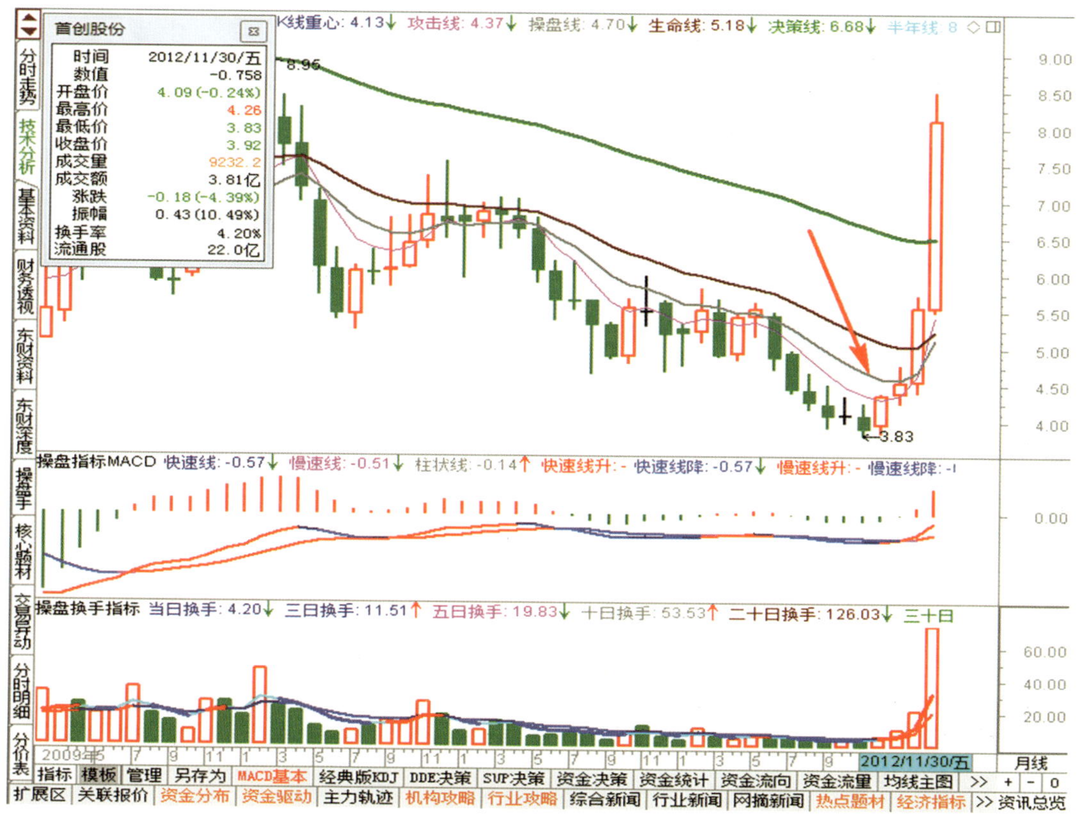

图例 196　首创股份（600008）月 K 线走势图谱

职业操盘手实训要点：

对照软件，认真观察实战图谱，把它们的走势特点写下来：

（1）趋势的起点位置：______

（2）K 线的结构特征：______

（3）成交量的结构特征：______

（4）MACD 结构特征：______

（5）操盘手临盘决策：______

【道破趋势天机】实战图谱 197

图例 197　首创股份（600008）周 K 线走势图谱

职业操盘手实训要点：

对照软件，认真观察实战图谱，把它们的走势特点写下来：

（1）趋势的起点位置：________________

（2）K 线的结构特征：________________

（3）成交量的结构特征：________________

（4）MACD 结构特征：________________

（5）操盘手临盘决策：________________

【道破趋势天机】实战图谱 198

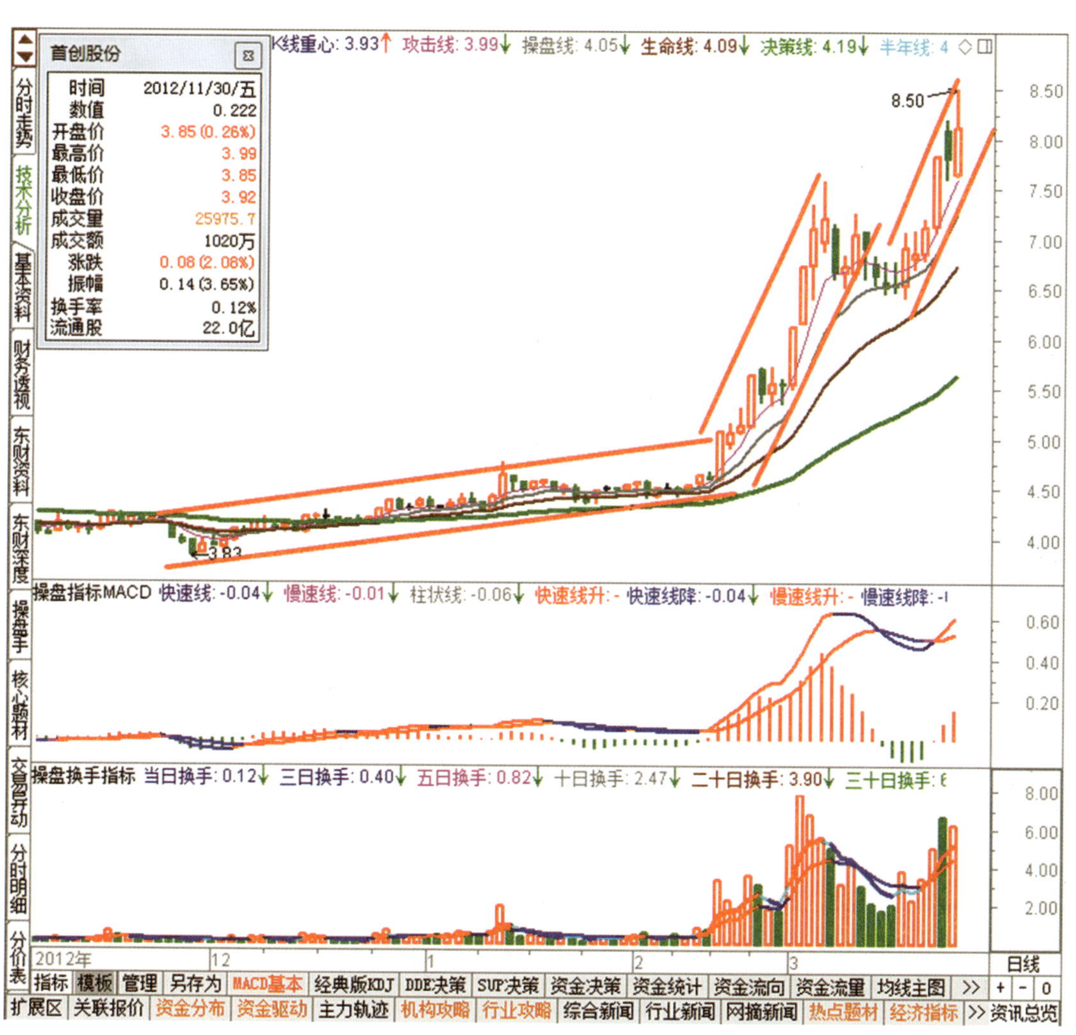

图例 198 首创股份（600008）日 K 线走势图谱

职业操盘手实训要点：

对照软件，认真观察实战图谱，把它们的走势特点写下来：

（1）趋势的起点位置：________________

（2）K 线的结构特征：________________

（3）成交量的结构特征：________________

（4）MACD 结构特征：________________

（5）操盘手临盘决策：________________

【道破趋势天机】实战图谱 199

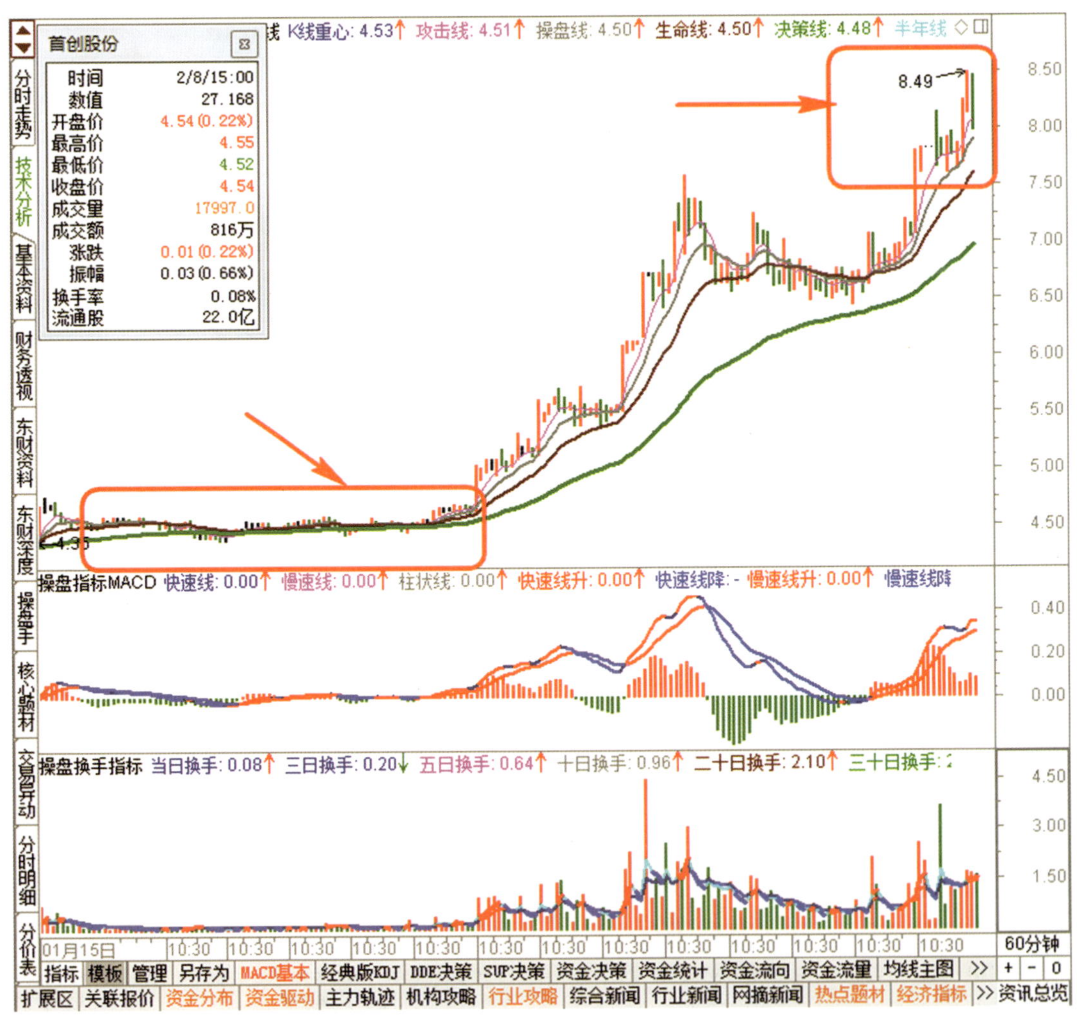

图例 199 首创股份（600008）60 分钟 K 线走势图谱

职业操盘手实训要点：

对照软件，认真观察实战图谱，把它们的走势特点写下来：

（1）趋势的起点位置：________

（2）K 线的结构特征：________

（3）成交量的结构特征：________

（4）MACD 结构特征：________

（5）操盘手临盘决策：________

【道破趋势天机】实战图谱 200

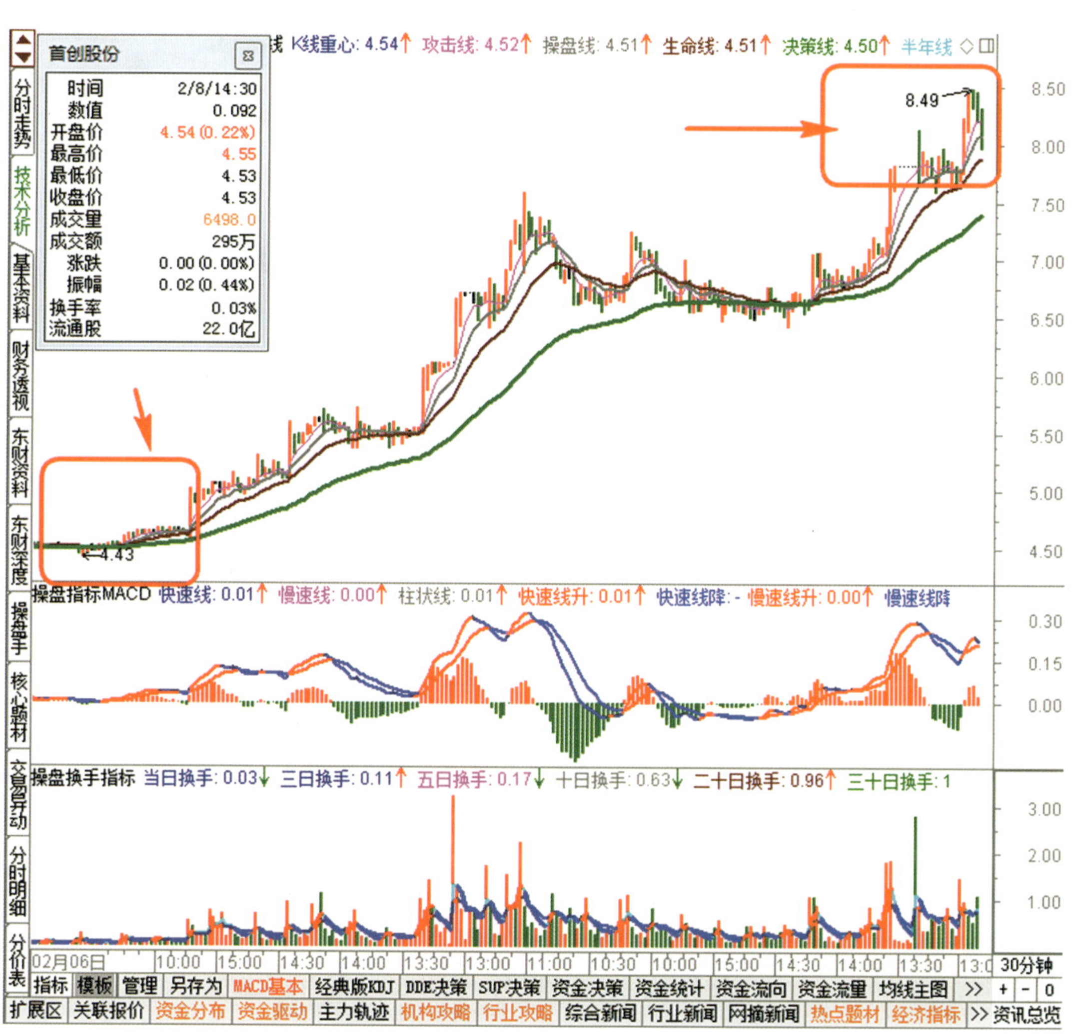

图例 200 首创股份（600008）30 分钟 K 线走势图谱

职业操盘手实训要点：

对照软件，认真观察实战图谱，把它们的走势特点写下来：

（1）趋势的起点位置：________________

（2）K 线的结构特征：________________

（3）成交量的结构特征：________________

（4）MACD 结构特征：________________

（5）操盘手临盘决策：________________

【道破趋势天机】实战图谱 201

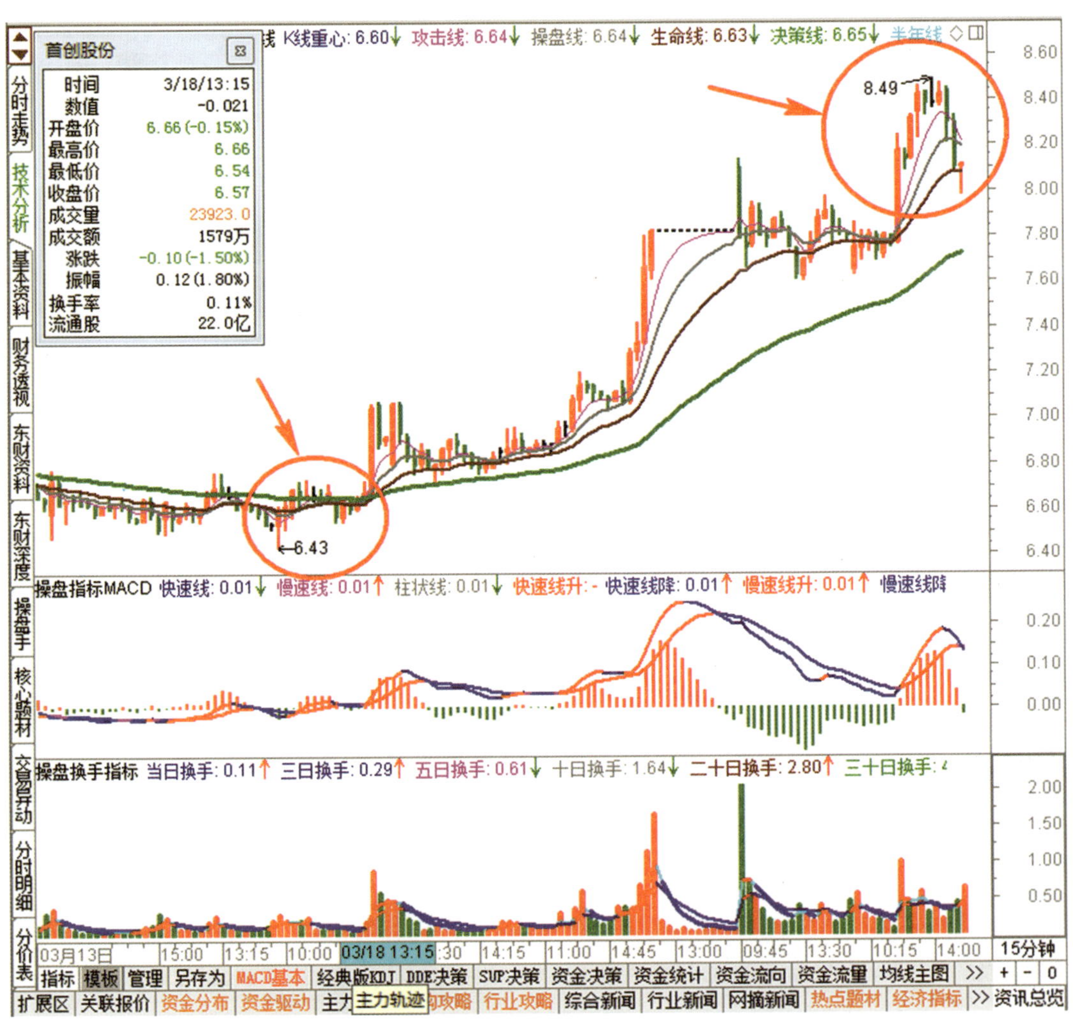

图例 201　首创股份（600008）15 分钟 K 线走势图谱

职业操盘手实训要点：

对照软件，认真观察实战图谱，把它们的走势特点写下来：

（1）趋势的起点位置：________________

（2）K 线的结构特征：________________

（3）成交量的结构特征：________________

（4）MACD 结构特征：________________

（5）操盘手临盘决策：________________

【道破趋势天机】实战图谱 202

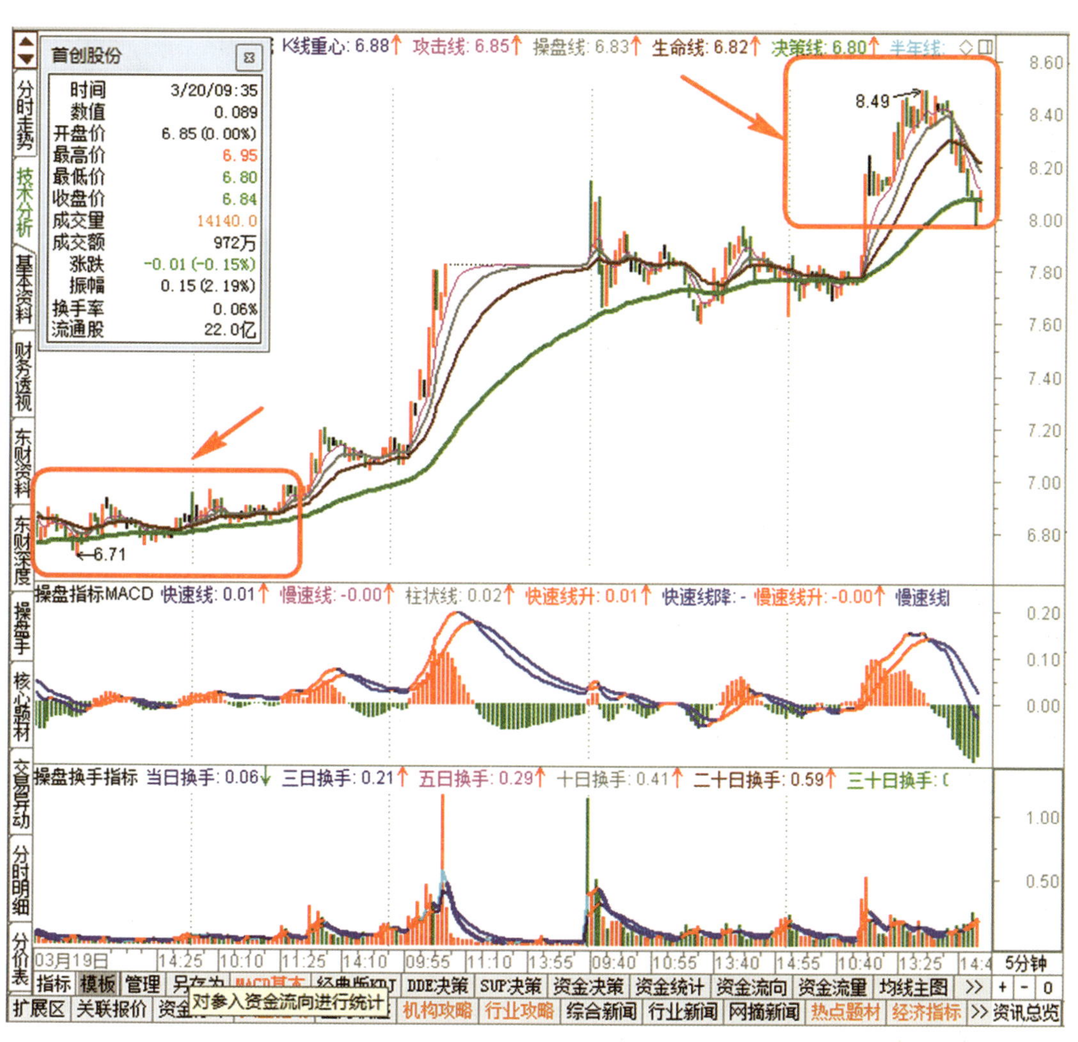

图例 202　首创股份（600008）5 分钟 K 线走势图谱

职业操盘手实训要点：

对照软件，认真观察实战图谱，把它们的走势特点写下来：

（1）趋势的起点位置：______

（2）K 线的结构特征：______

（3）成交量的结构特征：______

（4）MACD 结构特征：______

（5）操盘手临盘决策：______

【道破趋势天机】实战图谱 203

图例 203　首创股份（600008）1 分钟 K 线走势图谱

职业操盘手实训要点：

对照软件，认真观察实战图谱，把它们的走势特点写下来：

（1）趋势的起点位置：________________

（2）K 线的结构特征：________________

（3）成交量的结构特征：________________

（4）MACD 结构特征：________________

（5）操盘手临盘决策：________________

【道破趋势天机】实战图谱 204

图例 204 首创股份（600008）盘口即时走势图谱

职业操盘手实训要点：

对照软件，认真观察实战图谱，把它们的走势特点写下来：

（1）趋势的起点位置：______

（2）K线的结构特征：______

（3）成交量的结构特征：______

（4）MACD结构特征：______

（5）操盘手临盘决策：______

【道破趋势天机】实战图谱 205

图例 205　首创股份（600008）3 日分时走势图谱

职业操盘手实训要点：

对照软件，认真观察实战图谱，把它们的走势特点写下来：

（1）趋势的起点位置：________________

（2）K 线的结构特征：________________

（3）成交量的结构特征：________________

（4）MACD 结构特征：________________

（5）操盘手临盘决策：________________

【道破趋势天机】实战图谱 206

图例 206 首创股份（600008）5 日分时走势图谱

职业操盘手实训要点：

对照软件，认真观察实战图谱，把它们的走势特点写下来：

（1）趋势的起点位置：____________________

（2）K 线的结构特征：____________________

（3）成交量的结构特征：____________________

（4）MACD 结构特征：____________________

（5）操盘手临盘决策：____________________

【道破趋势天机】实战图谱 207

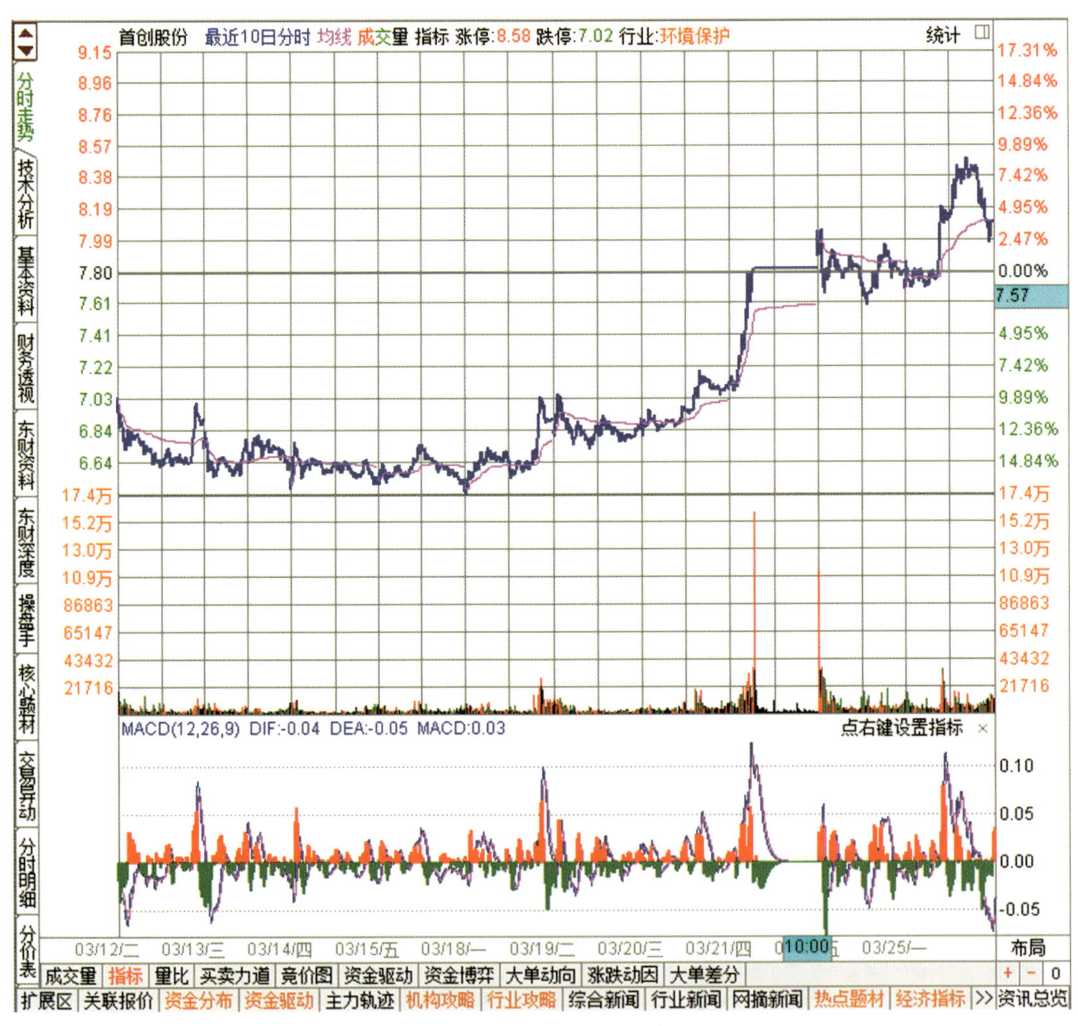

图例 207 首创股份（600008）10 日分时走势图谱

职业操盘手实训要点：

对照软件，认真观察实战图谱，把它们的走势特点写下来：

（1）趋势的起点位置：________________________________

（2）K 线的结构特征：________________________________

（3）成交量的结构特征：________________________________

（4）MACD 结构特征：________________________________

（5）操盘手临盘决策：________________________________

《道破趋势天机》彩图版后记

写到这里，《道破趋势天机》彩图版上册就算完成了。接下来，抽空来讲讲共振。先看图例208箭头所指的位置，主图的均线系统，附图的MACD、KDJ、RSI和换手均线指标，构成了典型的共振，股价向上发起攻击，势头很猛。

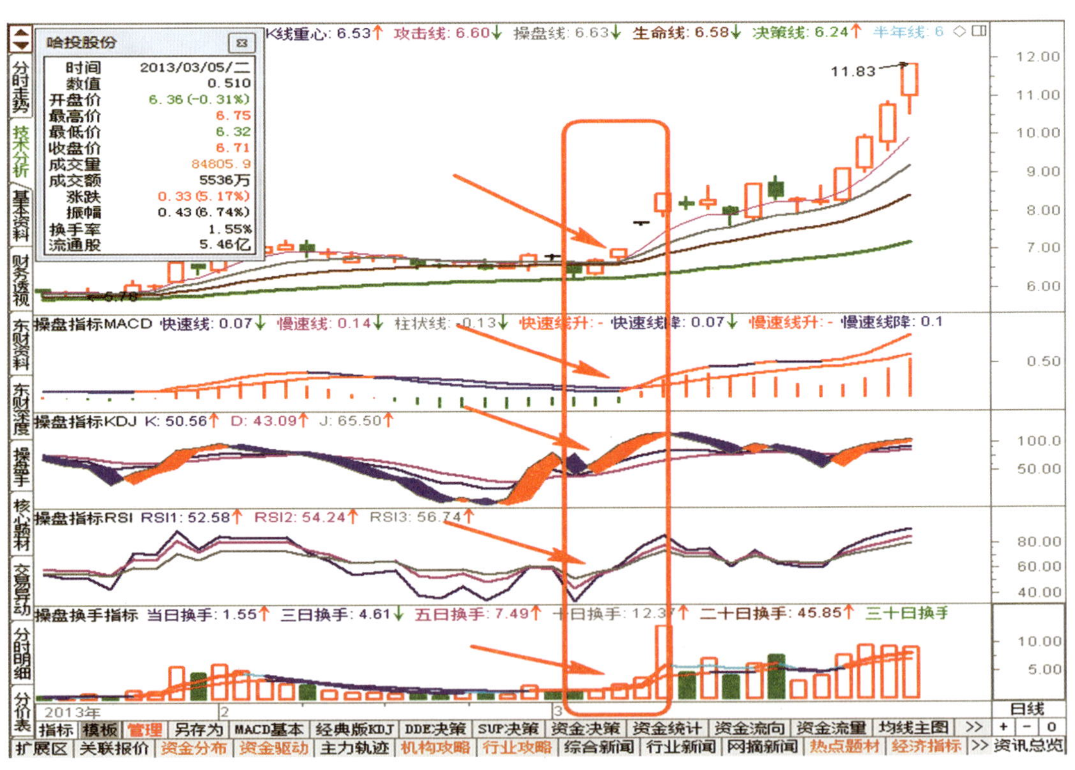

图例208 技术指标共振示意图

在国内外技术分析大师们的著作里，经常会提到共振这个词汇。

我对技术性共振这个概念有以下认识：

其一，是价格与资金的共振；

其二，是趋势与指标的共振；

其三，是趋势与外因的共振。

价格与资金的共振，是指当天成交价格获得资金的支持，从而形成价量齐增或价量齐减的状态。趋势与指标的共振，是指趋势线与技术指标构成金叉或死叉的共振。趋势与外因的共振，是指价格趋势与政策环境好坏或企业质变优劣构成共振。

在物理力学上，共振是一种类似于蝴蝶效应的巨大动能。

一百个人在一座桥梁集体跑步通过，可能会造成桥梁的崩塌。这是共振所产生的力量。

好，我们来看看，当技术性共振形成时，它对价格趋势状态所产生的作用是什么呢？

A、技术性金叉共振，做多没有悬念；

B、技术性死叉共振，做空就是必然。

上述两个结论，将构成我们平时的交易策略。

以上证指数为例，技术性共振贯穿了2011年上半年的行情。具体如下：

A、1月31日，攻击线与操盘线金叉，构成与MACD指标的金叉共振，做多趋势形成；

B、3月15日，攻击线与操盘线死叉，构成与MACD指标的死叉共振，做空趋势形成；

C、4月6日，MACD指标金叉，构成与均线的技术金叉共振，做多趋势形成；

D、4月21日，攻击线与操盘线死叉，构成与MACD指标的死叉共振，做空趋势形成。

技术性共振是一个物理力学的问题，在实际操作中，我们应力求它的完美。这个完美用什么来体现呢？很简单，就是要在所有的指标中，找到一组能够在大多数情况下形成最有效的共振组合指标。比如：

其一，运用移动平均线和MACD、KDJ、RSI等指标的共振组合；

其二，运用MACD、KDJ、RSI、换手率等指标的共振组合。

上面所讲的指标组合只是抛砖引玉，仅供参考。有心的人还可以不断进行优化组合，从而找到最佳的技术性共振。

在此要提醒的是：技术性共振只是基于技术分析的一种手段，它可以作为一个独立的交易策略而存在。但它也不是万能的。它也有技术上的缺陷。无论你如何运用，请一定务必要注意风险或控制风险！

接下来我跟大家讲一讲趋势技术与短线操作，以及与波段操作的关系。要明白不是每一个人都能成为短线操盘高手的。如果你的能力与潜质可以成就你成为为中线波段王，那么，说明你是有慧根的，每年清明节，你应该多到你的祖上去烧高香。

有人问：伍老师，是不是我不应该一味追求短线收益啊？

我说，是的。要根据你个人情况来决定。

给大家讲个故事吧。

我在广州曾经遇到一个朋友，他告诉我他以前是怎么亏过来的，后来又是怎么赚回来的。他在 2005 年进入股市，当时的行情已经开始反弹走好了。在那个时候，一开始进去还能赚钱。但到了 2007 年年底，他发现自己总在亏钱。他弄不明白究竟是为什么？于是，他做了一个决定，把这两年来的所有交易流水想办法全打印出来。每一笔每一笔地对照现在的价格图谱进行总结检查。

这样大概花了两个星期的时间，一直把自己关在房间里。

他发现了一个问题，就是当时自己所买的股票在斩仓卖出后，有大约 30% 在两个月内涨了 50% 以上，有大约 50% 的股票在半年内涨了 50% 以上，还有大约 50% 的股票在一年内涨了 1 倍以上！这个结果让他很惊讶。

如果当时自己不斩仓，可能自己的总资金至少已经赚了 50% 。如果时间再放长一点，以一年为限，那么则至少会赚一倍以上。

2008 年 6 月底，他开始实施这一投资方案。

他精选了三只能源股，一只煤炭股、一只太阳能股和一只锂电池股，分别是 600348 国阳新能、600644 乐山电力和 002091 江苏国泰。他的策略如下：

第一，能源战略在全球都是重点，既要发展新能源，更要依赖传统能源。煤炭是传统能源的重点，新能源重点看好太阳能，新型应用能源重点看好锂电池。在这三个领域，国家应该会出台政策扶持。

第二，每个行业只选最优秀的上市公司。

第三，彻底抛弃过去短线快进快出的不理智交易方式，采用价值投资中长线配置的投资策略。上述三个策略可以说是一种投资观念的革命。

幸运的是，2008 年 6 月份到现在，他的持仓股还是这三只，甚至都没有卖过一股。而投资回报已经远远大于他公司的经营利润。

他的投资成功之路告诉我们：你如果不适合做短线，就不要在里面死扛着。价值投资的模式你不妨好好借鉴研究一下，说不定，你会在这方面获得成功。

当然，做短线好不好呢？

无疑是非常好的！如果你的技术能够做到今天买进，明天就能涨停的话，短线投资是你的最佳选择。当然，如果周一买进，在周五就能获得10%以上的利润，那你也是短线高手。

我有一个学生，他说自己不适合做短线。是他主动说的。

他私下找到我说，伍老师，你看这样好不好。我发现自己总是在短线的买点上把握不准，一买进就挨套。但是，如果时间稍微放长一点，比如一个月，或者两个星期，我就会赚钱。

我说，恩，完全可以放弃短线交易模式。根据自己的性格、生活环境、工作环境等情况来决定自己的交易风格是对的。一般情况下，我不太赞成，持股时间过长。因为那样，容易离开这个市场，成不了职业交易高手。如果做波段，持股时间在3－5周左右，资金收益率在20%以上，我是很认同这一交易模式的。

这个学生听从了我的建议，改为中线波段交易模式。毫无疑问，他也获得了巨大的成功！资金收益率在去年年底春节以来至今已经达到了数倍之巨！

伍朝辉

2013年4月18日